FLENSBURGER HEFTE

Individualität

Ich sein oder Ich haben?

Aus dem Inhalt

Zu den Steiner-Zitatangaben in den FLENSBURGER HEFTEN: Die GA-Nummern beziehen sich auf die jeweilige Bibliographie-Nummer der Rudolf Steiner Gesamtausgabe im Rudolf Steiner Verlag, Dornach/Schweiz. Danach sind in der Regel das Erscheinungsjahr der benutzten Ausgabe, das Vortragsdatum bzw. Kapitel und die Seitenzahl angegeben, von der Autor-, Titel- und Ortsnennung wird abgesehen. Nach Bibliographie-Nummern geordnet ist die Rudolf Steiner Gesamtausgabe im Katalog des Rudolf Steiner Verlags aufgeführt. Der Katalog ist durch den Buchhandel erhältlich.

Liebe Leserinnen und Leser!

Im Gegensatz zu den Naturreichen hat der Mensch ein Ich. Aber es ist ein Unterschied, ob man ein Ich hat oder ob man ein Ich ist, ob man lediglich ein Ich unter vielen ist oder ob man ichhaft und individuell gestaltend die eigene Individualität der Welt aufprägt.

Was ist überhaupt unser Ich, unsere Individualität? Ist unsere Individualität überhaupt unser Ich? Erfassen wir unser Ich, indem wir denken, fühlen, Willenstaten verrichten, oder erfahren wir unser Ich, indem wir ein Bewußtsein unser selbst, ein Ich-Bewußtsein, haben?

Wo bleibt unser Ich, wenn sich unser Bewußtsein verändert – sei es durch Krankheiten, nachts oder nach dem Tode? Die Fülle des Lebens wirkt in jedem Moment auf uns ein, und wir gestalten dieses Leben und die Welt mit unserem individuellen Engagement. Aber sind diese Spuren, die wir hinterlassen und die uns prägen, unser Ich, oder gehört alles zusammen nur zu einem Mantel unserer Individualität?

Es ist nicht leicht, dem Ich auf die Spur zu kommen; es ist fast unmöglich, das Ich eines Menschen in seiner Ganzheit zu erfassen. In diesem FLENSBURGER HEFT versuchen wir, uns dem Ich des Menschen, seiner Individualität, von verschiedenen Seiten zu nähern. Daß nicht jeder Autor die gleichen Inhalte mit dem Wesen des Ich oder dem Begriff der Individualität verbindet, zeigt, wie individuell verschieden die Menschen sind bzw. die Kulturen und Weltanschauungen, durch die sie geprägt wurden.

In den folgenden acht Beiträgen nähern wir uns dem Ich von gänzlich verschiedenen Seiten: von der Anthroposophie und der Naturwissenschaft, im politischen Engagement, in der Betrachtung der sich verändernden Individualitäten bei Schülern und Studenten, im Blick auf die türkisch-islamische Kultur und in einem Essay und einer philosophischen Betrachtung.

Es grüßt Sie Ihre
FLENSBURGER HEFTE-Redaktion

Das Ich ist urgesund

Interview mit Volker Fintelmann

von Wolfgang Weirauch

Prof. Dr. med. Volker Fintelmann, *geb. 1935 in Berlin. Abitur in Hannover. Studium der Medizin von 1955–1960 in Tübingen, Berlin, Heidelberg und Hamburg. Staatsexamen 1960. Promotion 1961. Arzt für Innere Medizin 1968, Teilgebietsbezeichnung Gastroenterologie 1977. Leitender Arzt der DRK-Klinik Helenenstift Hamburg, seit 1977 zusätzlich Leitender Arzt der Medizinischen Abteilung des DRK-Krankenhauses Beim Schlump Hamburg. Seit 1980 Leitender Arzt der Medizinischen Abteilung B am Krankenhaus Rissen der DRK-Schwesternschaft Hamburg e.V., dessen Ärztlicher Direktor und Geschäftsführer seit 1986, von 1994 bis Ende 1996 überwiegend in der Geschäftsführung tätig. Seit 1997 in privatärztlicher Praxis am Krankenhaus Rissen und als Vorstand der Carl Gustav Carus Akademie für Ganz-*

heitsmedizin in Hamburg freiberuflich tätig. 1996 Verleihung des Ehren-
titels Professor durch den Staat der Freien und Hansestadt Hamburg.

Wissenschaftliche Arbeiten in der Hepatologie, im besonderen zu toxi-
schen Leberschäden und chronisch-aktiven Hepatitiden; praktische und
methodische Ausarbeitung einer modernen Phytotherapie und einer an-
throposophisch ergänzten Medizin. Mitglied der Zulassungs- und Aufbe-
reitungskommission für Phytotherapie beim Bundesgesundheitsamt Ber-
lin (Kommission E) von 1978 bis 1989, deren Vorsitzender seit 1983. 1989
bis 1991 1. Vorsitzender der Deutschen Gesellschaft für Phytotherapie.
Zahlreiche Publikationen, Vorträge und Seminare zu den o.g. Wissen-
schaftsgebieten.

Wichtige Veröffentlichungen in Buchform:
Intuitive Medizin. Hippokrates Verlag, Stuttgart, 4. Auflage 2000;
Phytotherapie Manual (zusammen mit H.G. Menßen u. C.-P. Siegers).
Hippokrates Verlag, Stuttgart 1993; Lehrbuch der Phytotherapie (zusam-
men mit R.F. Weiß. Hippokrates Verlag, Stuttgart, 10. Auflage 2002;
Alterssprechstunde. Verlag Urachhaus, 2. Auflage 1999; Krebssprechstun-
de. Verlag Urachhaus, Stuttgart 1994; Gesundheitswegweiser (zusammen
mit S. Thor-Wiedemann). Herbig Verlag, München 1993; Quo vadis?
Medizin am Scheideweg. Verlag Johannes M. Mayer, Stuttgart 2000.

Jeder sagt völlig selbstverständlich zu sich „Ich", aber wissen wir überhaupt, was das bedeutet? Welche Wesenheit verbirgt sich hinter dem Ich?
Ist dies unser geistiger Wesenskern, oder sind unsere Gedanken, Gefühle
und Willensimpulse zugleich unser Ich? Wie hängt das Ich mit den anderen Wesensgliedern zusammen, wie weit ist es inkarniert und welche
Beziehung hat es zu dem physisch-materiellen Leib und dem Phantomleib?

In einer Zeit, in der sich immer mehr Menschen über ihren physische
Leib definieren, gerät das Ich in Vergessenheit. Auch dort, wo Menschen
sich nur über ihre seelischen Eigenschaften bestimmen, ist das Ich gefährdet. Aber keine Zeit braucht die Spuren unserer Individualität, den
Einsatz unseres Ich nötiger als unsere Gegenwart. Von daher sind eine
Art Ichkunde, ein möglichst umfangreiches Wissen über das Ich, individuelle Ich-Erfahrungen im täglichen Leben sowie der aktive individuelle
Willenseinsatz des Menschen die Samenkörner, mit denen wir eine neue
zukünftige Welt erbauen können.

Im folgenden Interview mit Volker Fintelmann versuchen wir, uns
dem Allerheiligsten, der wahren Wesenheit des Menschen, ein wenig zu

nähern. Wir grenzen das Ich zur Seele ab, sprechen über Ich-Erfahrungen und Ich-Übungen und darüber, inwieweit das Ich mit den anderen Wesensgliedern zusammenhängt, speziell mit dem physischen Leib. Volker Fintelmann geht auch auf verschiedene Bereiche des Zusammenwirkens zwischen physischem Leib und Ich, sowohl tags als auch nachts, ein, spricht über ich-stärkende und ich-gefährdende Krankheiten und erwähnt auch nachtodliche Einschränkungen des Ich-Bewußtseins. Wir werfen einen Blick in die Biographie des Menschen mit ihren einzelnen Ich-Stationen, besprechen den Phantomleib des Menschen und die Beziehung des Ich zum Christus.

Wolfgang Weirauch: Was ist das Ich des Menschen?

Volker Fintelmann: Eigentlich ist das Ich das Allerheiligste des Menschen. Letztlich ist das Ich in seinem vollen Umfang nicht beschreibbar, nicht einmal durch den Geistesforscher Rudolf Steiner selbst.

Das Ich ist dasjenige im Menschen, was von außen völlig unangreifbar ist; allerdings muß man das differenziert betrachten, da es heute doch Kräfte gibt, die das Ich angreifen. Als Arzt bewegt mich vor allem das, was Steiner einmal an einer Stelle ausgesprochen hat: daß das Ich urgesund ist. In sich kann das Ich nicht krank werden. Deshalb trete ich auch dem Begriff der Ichschwäche immer wieder entgegen. Es kann be- und gehindert werden, aber in sich ist es gesund. Seitdem ich das begriffen habe, gibt es für mich keine unheilbare Krankheit mehr. Es ist nur eine Frage, ob ich als Arzt zusammen mit dem Ich des Kranken seine Gesundheit wiederherstellen kann. Letztlich ist das Ich ein Geheimnis.

Das Ich ist der Mensch selbst

Auf der anderen Seite steht die Vorstellung, die Rudolf Steiner in seiner grundlegenden Menschenkunde, „Theosophie" (GA 9), darlegt: Dieses Ich ist der Mensch selbst. In diesem Zusammenhang bezeichnet Steiner den Leib und die Seele als Hüllen, in denen das Ich wirkt. Das, was wir im eigentlichen Sinne Mensch nennen, ist das Ich. Das Ich ist der geistige Kern, der Gottesfunke, die Entelechie, der ewige Kern des Menschen. Im Ich faßt der Mensch alles zusammen, was er als leibliche und seelische Wesenheit erlebt.

Und in einer Zeit, in der der Mensch vor allem als Leib erlebt wird, vielleicht zunehmend auch als Seele, kommt dieses Ich eigentlich gar nicht vor. Vor allem in der modernen Medizin ist der Begriff Ich überhaupt nicht existent.

Person und Individualität

W.W.: Gibt es einen Unterschied zwischen Ich und Individualität?

V. Fintelmann: Das Ich hat Nuancen. Wenn es sich auf den Leib einläßt, wird es zur Ich-Organisation. Andererseits gibt es einen Bereich des Ich, der sich nie auf den Leib einläßt und sich als rein geistiges bzw. kosmisches Ich erhält.

Steiner hat die beiden etwas unglücklichen Begriffe niederes und höheres Ich gewählt. Ich habe diese Begriffe differenziert – bin dabei aber nicht unumstritten –, und zwar in Person und Individualität. Individualität beschreibt alles das, was wir wirklich sind. Und das, was wir wirklich sind, ist eigentlich nicht existent, sondern es ist das, was wir werden wollen. Für mich hat das Ich immer auch einen willenhaften Charakter, sich auf ein Ziel hin verändern zu wollen, andererseits aber auch den Vergangenheitscharakter, der in die Ich-Organisation hereinragt und dort leibbildend wirkt.

Ich finde es interessant, daß wir einen Personalausweis haben, der uns zeigt, was wir als Person sind, und daß wir auf der anderen Seite einen göttlichen, geistigen Namen haben, der unsere Individualität beschreibt und der mit dem Namen unseres Personalausweises nichts zu tun hat. Individualität ist also das dauerhafte, das übergreifende, das von Anfang bis Ende wirkende Ich, während die Person der Anteil ist, der ein Erdenschicksal ergreift, leibbildend wird. Das ist aber eine sehr persönliche Ansicht. In der alten Steinerschen Nomenklatur würde ich sagen, daß die Individualität genau das Ich repräsentiert.

W.W.: Der Mensch lebt auf Erden gewöhnlich in drei Bewußtseinszuständen: dem Schlafbewußtsein, dem Traumbewußtsein und dem Wachbewußtsein. Auf welche Weise erfaßt man sein Ich in diesen drei Bewußtseinszuständen?

V. Fintelmann: Die unmittelbare Ich-Erfahrung haben wir weder im Wach- noch im Tiefschlafbewußtsein. Steiner macht immer wieder darauf aufmerksam, daß sich das Ich auch heute noch in einer ganz jungen Entwicklung befindet, manchmal nennt er es sogar noch das Babyhafte des Menschen.

Eine wirkliche Ich-Erfahrung hat man erst in der Intuition. Allerdings

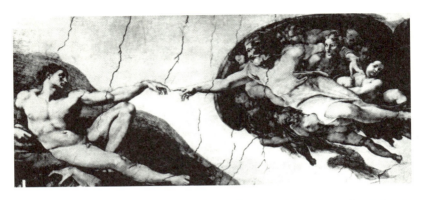

Michelangelo Buonarroti: Sixtinische Kapelle, Deckenbild Ausschnitt. Die Erschaffung des Adam, Vatikan, Rom

gibt es viele Zwischen- und Vorstufen. Eine dieser Vorstufen ist die Ich-Empfindung, eine andere die Ich-Wahrnehmung. Aber das Ich als Ich wahrzunehmen – ein erster Anfang beginnt mit der Bewußtseinsseelen-ausbildung –, ist mit den heutigen normalen Bewußtseinszuständen, dem Schlaf, Traum und Wachbewußtsein, nicht möglich.

Keine Erfahrung des Ich

W.W.: Immer wieder verwechselt man sich in seinem Seelenleben mit den eigenen Gedanken und Gefühlen oder auch den Willensimpulsen. Warum habe ich das Ich noch nicht erfaßt, wenn ich lediglich denke, fühle und will?

V. Fintelmann: Wenn man sein Denken beobachtet, wird man sehr schnell feststellen, daß man fast nie eigentätig aktiv denkt. Man kann das sehr leicht feststellen, indem man einfach einmal versucht, zwei bis drei Minuten überhaupt nicht zu denken. Das gelingt nur mit äußerster Anstrengung. Ähnlich ist es mit dem Fühlen und Wollen. Diese drei Seelentätigkeiten haben also etwas sehr Instinktives, Archaisches. Wenn man aber ausschließlich so denkt, wie Rudolf Steiner es in seiner „Philosophie der Freiheit" veranlagt hat, dann kommt man sicherlich an den Punkt, daß man sagen kann: Ich denke. Und diese Art des Ich-Denkens wird organunabhängig.

Im Denken, Fühlen und Wollen wirkt eine Ich-Wahrnehmung mit, aber keine unmittelbare Ich-Erfahrung. Und das gilt für alle Arten des alltäglichen Denkens, auch für das mathematische und philosophische. An keiner Stelle haben wir eine unmittelbare Erfahrung des Ich.

W.W.: Wenn ich gedanklich etwas verstehe, gehe ich ohne Widerstand im Gedanken auf. Wenn ich aber etwas nicht verstehe, meldet sich das Ich. Ähnlich ist es mit den Begierden: Auch hier meldet sich das Ich sehr viel eher bei der Nichterfüllung. Wie kommt das?

V. Fintelmann: Vermutlich hängt das mit dem Rätsel zusammen, daß das Ich zwischen Sympathie und Antipathie agiert. Auch hier kann ich mich wieder auf Steiner stützen. In dem Moment, in dem ich eine Sympathiegeste vollziehe, auch bei einer Wahrnehmung, schläft mein Ich mehr oder weniger ein. Ich schlafe in mein Gegenüber hinein. In der Antipathie stelle ich mich dagegen einer Sache gegenüber, verbinde mich nicht mit ihr. In dieser Antipathiegeste hat man eine schärfere Ich-Empfindung. Diese Ich-Empfindung hat zwar etwas Bewußtes, ist aber im wirklichen Kern noch unterbewußt.

Das wirkliche Ich steht eigentlich immer zwischen den Dingen. Will ich mich als Ich erfahren, muß ich mich von Sympathie und Antipathie vollkommen freimachen. Das Inter-esse, das Dazwischensein, ist m.E. die ganz typische Charakterisierung unserer heutigen Ich-Situation. Immer, wenn ich mich ganz in die Dinge verliere, genauso aber, wenn ich mich ganz aus ihnen herausziehe, bin ich nie wirklich im Ich. Dann bin ich nur Seele bzw. Ich in der Seele.

In der „Theosophie" beschreibt Rudolf Steiner das Ich als Seelenkern. Das entspricht der Normalsituation des heutigen Menschen. Und nun entsteht die Frage, wie sich das Ich durch die Bewußtseinsseelenentwicklung aus den drei Seelenkräften Denken, Fühlen und Wollen so heraushebt, daß es sich als reiner Geist erlebt. Damit wären wir in der Sprache Steiners bei dem Geistselbst-Begriff. Aber selbst im Geistselbst bin ich nicht reines Ich. Es ist eine Nuance, wie das Ich im Selbsterleben den Geist ergreift, aber es ist keine reine Ich-Erfahrung.

Grundlegend muß man unterscheiden, ob man auf einer Ebene ist, in der oder durch die sich das Ich mitteilt – Seele oder Leib –, oder ob man dort ist, wo das Ich ganz für sich selbst ist.

Ich und Wille

W.W.: Kommen wir im Willen näher an das Ich heran? Wie wirkt das Ich z.B. beim Urteilen, beim Ja- oder Nein-Sagen?

V. Fintelmann: Es gibt einen großen Bereich des Willenhaften, der überhaupt nicht ich-durchdrungen ist, also z.b. Reflexe, Ticks und Zwangshandlungen. Andererseits gibt es den Bereich des Willenhaften, an den Sie jetzt denken, also Handlungen, denen eine Urteilsbildung vorausgegangen ist. In diesem echten Willen ist das Ich am stärksten zu erleben, stärker als im Denken und Fühlen. Wenn man mich fragen würde, was das Ich aus seiner Substanz heraus ist, dann würde ich sagen: Wille. Ein anderer Aspekt, der gerade für den Arzt wichtig geworden ist, ist der Mut, obwohl Mut etwas nuancierter ist. Die reine Substantialität des Ich ist eigentlich Wille. Insofern ist in jeder echten Handlung aus Freiheit das Ich am stärksten unmittelbar anwesend.

Eine wirkliche Handlung bedeutet, daß man etwas für die Zukunft wirkt, von dem man nicht voraussagen kann, wie es ausgeht, aber es verbindet sich immer mit der Eigenverantwortlichkeit. Daran können wir auch erkennen, wie wenige Ich-Menschen eigentlich existieren. Es gibt nur ganz wenige Menschen, die ihr Ich aktiv handhaben. Das Sich-verantwortlich-Machen für etwas, was man getan hat, läßt immer mehr nach, sowohl in Politik und Wirtschaft als auch im persönlichen Umfeld.

Das Ich agiert bis in den Stoff hinein

W.W.: Welche Rolle hat das Ich in den Wochen vor der Geburt in bezug auf die Gestaltung eines neuen Astralleibes, Ätherleibes und physischen Leibes?

V. Fintelmann: Hier steht die Frage im Raum, inwieweit sich ein Ich wirklich inkarniert. Wenn man Steiner liest, so sind seine Aussagen eindeutig, daß das Ich nur in die Wärmeverhältnisse eingreift. Gemeint ist eine Wärme, die nichts mit einer physikalischen Entität zu tun hat. Es ist eine geistige Wärme im Leiblichen, die man in alten Zeiten auch einfach Feuer genannt hat. Und dort, wo diese Wärme auf das Leibliche stößt, hat sie tendenziell die Eigenschaft des Verbrennens oder Abbauens. Insofern inkarniert sich das Ich sehr wohl, aber nur mittelbar. Es hat seine Diener, und die heißen Astralleib, Ätherleib und physischer Leib, und in die hinein agiert es. Das Ich schreibt sich bis in den Stoff hinein. Ein gesunder Mensch ist bis in die Struktur der einzelnen Zelle ichhaft. Immunologie und Transplantationsmedizin zeigen das ganz deutlich. Daran hätte die moderne Medizin eigentlich längst aufwachen müssen, und sie hätte die Individualität entdecken müssen. Andererseits ist es auch wieder faszinierend, daß sich eine solche Wissenschaft von ihrer eigenen Dogmatik blenden läßt und einen solchen Schritt noch nicht gegangen ist.

Vorgeburtlich faßt das Ich den Entschluß, wieder Erdenmensch zu werden. Dafür unternimmt es ungeheure Schritte, z.B. bei der Konstellation der Eltern und anderer Vorfahren sowie bei der Ausgestaltung eines kosmisch-vorgeburtlichen Leibes. Dies ist ein viergliedriger Leib mit einem Astralleib, in den vieles wieder eingearbeitet wird, was vorher veranlagt bzw. noch nicht bearbeitet wurde; mit einem Ätherleib, der aus dem allgemeinen Weltenäther zusammengezogen wird, der aber auch so imprägniert wird, daß er später etwas werden kann, was dem Ich seinen Inkarnationswillen ermöglicht; und mit einem geistig-physischen Leib, dem sogenannten Phantomleib. Letzterer ist ein Leib, der mit voller Berechtigung physisch genannt wird, obwohl er nur geistiger Natur ist.

Den physisch-materiellen Leib könnten wir nicht bilden, wenn uns unsere Eltern nicht einen Leib vorbilden würden, den wir dann im weiteren Verlauf des Lebens mühsam zu dem eigenen Leib umgestalten. Das Ich aber ist es, das den vorgeburtlichen Leib bildet und während des Lebens den Modelleib der Eltern umformt.

Im „Pastoral-Medizinischen Kurs" (GA 318) schildert Rudolf Steiner, daß immer das höhere Glied das jeweils niedere umgestaltet. Beispielsweise gestaltet der kosmische Ätherleib im ersten Lebensjahrsiebt den Modelleib der Eltern um, bis hin zum völligen Austausch des Stoffes. Im zweiten Lebensjahrsiebt vollzieht der Astralleib etwas Ähnliches mit dem Ätherleib, und im dritten Lebensjahrsiebt das Ich mit dem Astralleib. Eigentlich schafft das Ich das gesamte Leben, vorwiegend am Astralleib; mit dem Ergebnis, daß man nie ganz zufrieden mit sich selbst ist.

W.W.: Steiner spricht an manchen Stellen darüber, daß sämtliche materiellen Stoffe nach spätestens sieben Jahren vollkommen ausgetauscht werden und der Mensch somit nach sieben Jahren ein anderer sein müßte, wenn man ihn auf die Materie beschränken würde. Ist das eigentlich naturwissenschaftlich haltbar?

V. Fintelmann: Es ist weitgehend haltbar, und die Naturwissenschaft hat keine absoluten Gegenargumente. Sie *denkt* aber anders. Man kann heute genau nachrechnen, in welcher Zeit sich die Stoffe auswechseln. Eine Leber regeneriert in einigen Jahren, eine Schleimhaut in wenigen Tagen, und am allerschnellsten vollzieht sich die Erneuerung im Blut selbst. Es gibt aber Ausnahmen, und zwar die Zähne, bedingt auch die Nägel. Erst sehr spät hat man entdeckt, daß sogar die Nervenzellen regenerieren, allerdings ist der Nerven-Stoffwechsel derartig langsam, daß man ihn in Jahren denken muß, während der Stoffwechsel einer Schleimhaut in Tagen vor sich geht. Aber daß ein Mensch in sieben Jahren vollkommen ausgetauscht ist, das bezweifle ich doch ein bißchen, vor allem in bezug auf das Gehirn des Menschen.

W.W.: Aber wenn diese These Steiners weitgehend haltbar ist, dann müßte man doch seitens der Naturwissenschaft einen Akteur annehmen, der den Menschen Mensch sein läßt.

V. Fintelmann: Diesen Gedanken denkt die Naturwissenschaft überhaupt nicht, sie stellt sich einen Deus ex machina vor, auch wenn er heute Stammhirn, Automatismus oder Regulationskreis genannt wird. Sie abstrahiert etwas, was sie mit Händen greifen könnte. Eigentlich müßte die Naturwissenschaft das geistige Prinzip des Ich formulieren, aber sie will es nicht.

Differenzierte Inkarnation

W.W.: Können Sie einige wesentliche Schritte der Inkarnation des Ich in der Biographie des Menschen benennen?

V. Fintelmann: Am Anfang zieht das Ich mit großer Vehemenz über die Ich-Organisation in den Leib hinein, und je nach Ort zieht es sich früher oder später wieder ganz daraus zurück. An den Knochen bildet das Ich etwa das erste Lebensdrittel und zieht sich dann wieder ganz aus ihnen zurück; aus dem Gehirn schon sehr viel früher. Ein Grundgedanke Steiners ist, daß eine der wichtigsten Funktionen der Organe – vom Ich aus gesehen – ihre Spiegelungsfähigkeit ist. Spiegelung bedeutet, daß sich etwas einer Sache gegenüberstellt. In dem Moment, in dem ich ganz in etwas versinke, kann ich mich weder daran spiegeln noch ein Bewußtsein bilden.

Es gibt also Organe, vor allem im Nerven-Sinnesbereich, aus denen sich das Ich nach Ausbildung dieser Organe wieder fast ganz herauszieht. An dieser Stelle kann man vielleicht Steiners geheimnisvolle Äußerung erwähnen, daß das Gehirn ein nicht ganz zu Ende gebildeter Knochen sei. Das Ich zieht sich aus Gehirn und Knochensystem zurück, weil es beide für die Spiegelung und die Bewegungsart braucht.

Auf der anderen Seite gibt es Organe wie z.B. die Leber, in denen das Ich ganz inkarniert und auch während des gesamten Lebens tätig ist.

Deshalb haben wir von dem Organ Leber auch überhaupt kein Bewußtsein. Die Leber ist auch noch bei einem sehr alten Menschen regenerationsfähig, was man nur mit größtem Staunen beobachten kann. Eine anthroposophische Auffassung, die den Menschen immer nur ganzmenschlich betrachtet, ist auf dem Holzweg, denn Steiner hat vor allem uns Ärzte sehr deutlich darauf aufmerksam gemacht, daß man alle Organe, Wesensglieder und Seelentätigkeiten ganz differenziert betrachten muß.

W.W.: Wie gilt das für die einzelnen Phasen des Lebens?

V. Fintelmann: In den ersten drei Jahren des Kindes ergreift das Ich den gesamten Leib einheitlich, wenn auch in unterschiedlichen Geschwindigkeiten. Der Kopf ist relativ früh fertig, die Stoffwechselorgane und endogenen Geschlechtsteile relativ spät. Zwar sind die weiblichen und männlichen Geschlechtshormone früh veranlagt, aber im Verhältnis zum Kopf werden sie relativ spät vom Ich ergriffen.

Auf der anderen Seite gibt es eine Darstellung Steiners, die die bisher angesprochene Thematik erheblich erschwert. Steiner sagt, daß das Ich beim Zeitpunkt der Geburt stehenbleibt und den Rest seines Lebens der Erdenentwicklung zuschaut. Dieses Rätsel kann ich persönlich nur lösen, indem ich das Ich in das schaffende Ich innerhalb der Ich-Organisation und in das kosmisch überdauernde Ich differenziere. Aber es gibt eine Kommunikation zwischen dem kosmischen Ich und der auf Erden inkarnierten menschlichen Wesenheit, und zwar ist es der menschliche Ätherleib, der jede Nacht die Brücke zwischen beiden Bereichen schlägt. Dieses kosmische Ich ist aber kaum in dieser Weise aktiv, sondern nur in einer gewissen Weise beobachtend.

Der aktive Teil ist die Ich-Organisation. Leider sind im Gesamtwerk Steiners Ich und Ich-Organisation nicht immer exakt zu unterscheiden, denn es gibt Aspekte, die er Ich-Organisation nennt, obwohl sie das kosmische Ich betreffen. Ich persönlich habe mich entschieden, unter der Ich-Organisation das leibbildende Ich zu verstehen. Insofern ist Ihre Frage nicht einheitlich zu beantworten. Es gibt Aspekte, die zeigen, daß das Ich den biographischen Weg bis ins hohe Alter mitgeht, vor allem in Blut und Leber; aus anderen Organen – Gehirn, Nerven, Sinnesorganen – zieht sich das Ich während des Lebens relativ früh zurück; und ein dritter Aspekt ist, daß das Ich bei der Geburt stehenbleibt und der weiteren Biographie zuschaut.

Ich-Stationen

W.W.: Können Sie weitere biographische Ich-Stationen nennen? Wann kann man bei einem Kind von einer ersten Ich-Äußerung sprechen?

V. Fintelmann: Steiner beschreibt immer wieder sehr schön die drei Vollzüge des Aufrichtens, des Ergreifens der Sprache und des Denkens. In meiner „Alterssprechstunde" habe ich diesen Vorgang umgekehrt und beschrieben, daß der Verlust dieser drei Fähigkeiten die Vorstufe zum Tod ist. Aber gerade in den ersten Lebensjahren eines Kindes kann man sehr viel von der Ichtätigkeit wahrnehmen: Wie vollzieht sich das Aufrichten? Wie vollzieht sich das Ergreifen der Sprache? Welche Laute der Sprache werden genial ergriffen, mit welchen Lauten hat das Kind Schwierigkeiten? An diesen Begebenheiten, auch an der Ergreifung des Denkens, kann man die Ichtätigkeit außerordentlich gut beobachten. Diese Entwicklung kulminiert etwa im dritten Lebensjahr, indem der Mensch nicht mehr sagt: „Wolfgang möchte gerne", sondern „Ich will". Es ist faszinierend und zugleich ein großes Rätsel, daß dieser Zeitpunkt immer früher eintritt. Das Ich-Ergreifen im Wort geschieht heute erstaunlich früh. Manche sehen das außerordentlich positiv, ich habe dort aber meine Fragezeichen.

Der Rubikon

W.W.: Gibt es weitere Ich-Stationen?

V. Fintelmann: Ein weiterer Punkt ist die etwas eigenartige Welt des neun- bis zehnjährigen Kindes. Steiner beschreibt vor allem das Ende des neunten Lebensjahres und den Übergang in das zehnte, und unter vielen Anthroposophen kursiert der populär gewordene Begriff Rubikon, auch wenn viele gar nicht wissen, was damit gemeint ist. Steiners Definition ist ganz exakt: Es ist der Augenblick, in dem das Ich plötzlich die Außenwelt erlebt. Die Phase, in der das Ich eigentlich noch Außenwelt ist, geht verloren, und das Ich hat zum ersten Mal ein Ich-Erlebnis. Man bemerkt, daß man nicht diese Welt ist, sondern von dieser Welt gesondert ist. Das ist ein Zeitpunkt, an dem manche Kinder sehr still werden, sehr ernst, fast traurig. Eltern machen sich oft Gedanken, was mit dem Kind los ist. Hin und wieder wird dieser Punkt aber auch von den Kindern nahtlos überspielt. Also erst nach neun Jahren erlebt das Ich zum ersten Mal, daß es nicht mehr die Welt ist. Im Vorgeburtlichen hatte das Ich immer dieses Erlebnis der Einheit mit der Welt, denn dort gab es keine Trennung zwischen Ich und Welt.

Um das 14. Lebensjahr herum gibt es einen weiteren Ich-Entwicklungsschritt. Das Ich tritt in die Welt der Seele ein und erlebt die Welt noch etwas intensiver von innen, und man stellt die Frage, wer man eigentlich ist. Und mit 21 ist das Ich eigentlich zum ersten Mal richtig da, und man erkennt, wer man ist, warum man ist und was man in dieser Welt eigentlich will.

Mit 28 Jahren hören alle Hilfen auf

Ein Schlüsselgedanke ist für mich der Hinweis aus dem „Pastoral-Medizinischen Kurs", in dem Steiner beschreibt, daß der Mensch um das 28. Lebensjahr herum an den Punkt kommt, an dem er mit allen Kräften, die seinem Ich bei der Gestaltung des Menschenleibes und der Seele helfen, abschließt. Ab diesem Moment ist der Mensch vollkommen auf sich selbst gestellt. Auch das ist ein Aspekt der Ich-Entwicklung. Alle geistigen Hilfen, alle hierarchischen Kräfte, die den Menschen bei seiner Ich-Entwicklung unterstützen, hören heutzutage spätestens mit dem 28. Lebensjahr auf, und erst dann ist der Mensch in der Lage, sich in seine ganz persönliche Ich-Erfahrung zu begeben. Eigentlich kann man erst ab diesem Moment von einer umfassenden Verantwortlichkeit des Menschen sprechen. Diese Beschreibung Steiners hat mich sehr nachdenklich gemacht.

Das 42. Lebensjahr

Ein weiterer deutlicher Biographiepunkt ist das 42. Lebensjahr. In dieser Phase erlebt man das Wir und das Du in einer ganz anderen Art. Hier beginnt die Phase des Altruismus; und Alter heißt ja eigentlich: der andere. Das 42. Lebensjahr ist eine Art Spiegelachse in der Biographie. Die ersten 42 Jahre bekommt man zugestanden, um eigentlich nur sich selbst zu leben, danach kommt man allerdings in die Phase, in der die geistige Welt von einem erwartet, den anderen immer mehr in den Blick zu nehmen. Das Gründen einer Familie findet meist zu einem sehr viel früheren Zeitpunkt statt, aber ich bemerke auch mit Erstaunen, daß in der letzten Zeit immer mehr Frauen erst deutlich spät entscheiden, in diese Verantwortlichkeit einzutreten. Das ist oft weit nach dem 30. Lebensjahr, und eigentlich sind diese Menschen ganz modern.

Früher galten die Frauen, die von der Geburtsfähigkeit her alt waren, als hoch risikobeladen, heute ist das überhaupt nicht mehr der Fall. 40jährige und noch ältere bekommen problemlos ihr erstes Kind, und es sind meist ganz gesunde Kinder. Hier ist m.E. etwas in der Ich-Welt geschehen, so daß man aus einer ganz anderen Perspektive Entscheidungen fällen kann. Bis vor einem halben Jahrhundert war es fast noch eine biologische Selbstverständlichkeit, daß die Frau etwa ab dem 20. Lebensjahr ihre Kinder bekam. Daß immer weniger oder zu immer späteren Zeitpunkten Kinder geboren werden, bringt auch viele Probleme mit sich, aber von seiten der Ich-Frage her ist es eine logische Entwicklung.

Das gilt allerdings vorwiegend für die westlichen Länder. Natürlich gab es auch in der Vergangenheit Ich-Menschen, die selbst unserer heutigen Zeit noch voraus waren. Der größte Repräsentant eines Ich-Menschen ist für mich nach wie vor Paulus, ein Mensch, der seiner Zeit weit voraus war, ein „Vorzügler", wie Steiner solche Menschen genannt hat. Gemeint sind damit Menschen, die einer gewissen Entwicklung wie einer Art Urbild vorausgehen. Aber daß sich immer mehr Menschen in diese Richtung entwickeln, ist neu und entspricht unserer heutigen Zeit.

Gefahren für das Ich

W.W.: Welche Abweichungen vom gesunden Ich-Bewußtsein gibt es speziell in heutiger Zeit?

V. Fintelmann: Das ist sehr schwierig zu beantworten, weil es immer weniger Menschen gibt, deren Ich und deren Leib in einem harmonischen Zusammenspiel verbunden sind. In letzter Zeit ist in der Medizin im Bereich der Psychosomatik der Begriff Autonomie entstanden; ich persönlich finde den Begriff Identität geeigneter. Menschen, die ich-identisch sind, erlebe ich immer weniger. Zu den großen Gefahren und Beeinträchtigungen der Ich-Identität gehört auf der einen Seite die Egoität. Egoismus ist im Steinerschen Sinne ein absolut positiv besetzter Begriff, denn mit Hilfe des Egoismus machen wir uns 40 Jahre zu dem Menschen, der dann auch altruistisch werden kann. Mit dem Christuswort „Liebe deinen Nächsten wie dich selbst" ist dies auch schon vorgegeben. Man kann einen anderen Menschen nicht lieben, wenn man sich nicht selbst lieben kann. Und damit beginnt es bereits heute, denn wir erleben immer mehr Menschen, die sich nicht selbst akzeptieren können. Normalerweise nennen wir das mangelndes Selbstbewußtsein, aber eigentlich geht es dabei um die nicht vorhandene Selbstliebe bzw. nicht vorhandene Selbstakzeptanz. Den Menschen fällt es immer schwerer, sich so zu akzeptieren, wie sie sind, und sie sehen auch nicht, daß sich jeder Mensch verändern und weiterentwickeln kann.

Auf der anderen Seite steht die Selbstsucht, wie Rudolf Steiner es nennt, womit gemeint ist, daß man nur sich selbst sieht. Ärztlich gesprochen bedeutet das, daß sich das Ich mehr oder weniger vollkommen an den Leib verliert.

Zwänge und Süchte

Bei der verfehlten Ich-Entwicklung treten zwei ganz große Gefahrenbereiche auf: Dort, wo sich die Ich-Entwicklung verfrüht einstellt und nicht ausreifen kann, treten die Zwänge auf, bis hin zu den Zwangskrankheiten. Auf der anderen Seite steht, daß man sich in der Entwicklung verspätet und nie zu einer wirklichen Ich-Ausbildung kommt. Dieses Phänomen finden wir im Bereich der Süchte. In der Welt der Zwänge ist das Ich seelisch determiniert, bei den Süchten ist es leiblich determiniert.

Durch die Bewußtseinsseelenentwicklung ist das Ich heute gezwungen, bis in die tiefsten Schichten der Leiblichkeit einzudringen. Der physische Leib wird heute bis in die Knochen so vom Ich durchdrungen, daß das Ich dort in eine – meist nur dem Arzt bekannte – Faszination einer Wunderwelt gerät. Wer einmal sieht, wie ein Leberläppchen bis in die kleinste Einzelheit aufgebaut ist, der ist fasziniert, denn es ist kunstvoll, geometrisch, schön. Eine zukünftige Medizin könnte auch eine Art ästhetischer Medizin werden. Der physisch-mineralische Leib ist vielerorts unendlich schön. Wenn man einen Knochenschnitt macht, wird man von der Schönheit dieser Knochenwelt fasziniert, auch von der Architektur des Knochens. Er setzt mechanische Gesetze vollkommen außer Betrieb und funktioniert trotzdem. Ähnlich ist es im Bereich des Knochenmarks, wo die Blutbildung stattfindet. Das sind Bereiche, in denen das Ich tief integriert ist und sich ganz außerordentlich leicht in die Faszination dieser Welt verlieren kann.

Selbstsucht

Und aus diesem tiefen Geschehen steigt die Welt der Süchte auf, und hierbei geht es nicht nur um die Drogen- oder Alkoholsucht, sondern um sämtliche Süchte. Ein Sammelwort dafür ist der Begriff Steiners, die Selbstsucht. Der Leib wird zum Selbst. Und wenn Sie in unsere westliche Gesellschaft schauen, finden Sie zahlreiche Bereiche, in denen man diese Tendenz mit Händen greifen kann: Wellness, die kosmetische Welt der Operationen usw.

Auf der Seite der seelischen Determinierung wird das Ich auch sehr stark angegriffen. Die Depression ist nur ein extremes Beispiel eines Ich, das sich ganz verlieren kann.

In diese beiden Richtungen wird das Ich verhindert.

Das Ich findet nicht seinen richtigen Leib

Es gibt darüber hinaus auch die Möglichkeit, daß das Ich überhaupt nicht seinen richtigen Leib findet. Immer mehr kindliche Störungen treten auf, besonders verbreitet sind die Eßstörungen. Aber damit drücken die Kinder nur aus: „Das will ich nicht sein." Weiter geht es bis hin zu Krankheiten wie der Neurodermitis, die man erst dann verstehen wird, wenn man begreift, daß aus der Ich-Perspektive der vorgefundene Leib abgelehnt wird. Vielleicht hängt das auch mit dem Gedanken zusammen, den Steiner ausspricht, daß immer weniger Kinder den Leib vorfinden werden, den sie als Modell brauchen. Das kann daran liegen, daß neugeborene Kinder ihre Eltern nicht mehr finden oder daß die Eltern sich so verhalten, daß der von ihnen gebildete Modelleib schon ein Stückweit verdorben ist.

Es gibt viele Giftstoffe, die heute die menschlichen Leiber von Geburt an stark belasten. Von dieser Seite kommt eine dritte Kraft der Ichbeschränkung, die sich so auswirkt, daß das Ich eigentlich den Leib negiert. Für die Diagnose ist das ein ausgesprochen schwieriges Problem, da man meist nicht klar erkennen kann, ob das nun ein Problem des Ich oder des Leibes ist. Es gibt sicherlich Situationen, in denen das Ich zur Inkarnation in einen Leib hinabsteigt, aber – ich sage das jetzt einmal etwas burschikos – so hat sich das Ich die Gesamtsituation nicht vorgestellt. Und dann begegnet das Ich einer Leiblichkeit, die nur ganz mühsam umgestaltet werden kann.

W.W.: Bei dem heutigen Durcheinander der menschlichen Verhältnisse sind es sicherlich zahlreiche Iche, die in einen Leib hineinmüssen, der nicht ihren Vorstellungen entspricht.

V. Fintelmann: Das genau ist das Problem. Man darf nie die Wechselbeziehung zwischen Ich und materiellem Leib vergessen. Die physischen Leiber werden immer mehr korrumpiert, ähnlich wie der mit Chemikalien gedüngte Boden, und die Kinderärzte haben immer mehr zu tun, um die „verkarsteten" Leiber wieder für das Ich fruchtbar zu machen.

Das Ich nimmt sich im Tun wahr

W.W.: Wie entsteht tagsüber die Wahrnehmung, und welche Rolle spielt das Ich während des Tagesbewußtseins bei der Wahrnehmung?

V. Fintelmann: Das ist eine schwierige Frage. Die Grundfrage ist: Wie nimmt das Ich sich selbst wahr?

Eine Ich-Wahrnehmung ist nur mit Hilfe des Leibes möglich. Zwar kann das Ich sich auch unabhängig von einem Leib wahrnehmen, das geht aber nur, wenn man den okkulten Schulungsweg geht. Für unser gewöhnliches Bewußtsein ist es nicht möglich. Steiner beschreibt diesen Wahrnehmungsvorgang als einen Spiegelungsprozeß, der gleichzeitig mit einem Abbauvorgang verbunden ist. In bezug auf den Abbau darf man das nicht so sehen, daß tagsüber etwas zerstört wird, was nachts wieder mühsam regeneriert wird, sondern Abbau bedeutet für mich immer das, was Michelangelo mit einem Marmorblock gemacht hat, indem er aus dem chaotisch ungeformten Brocken eine Gestalt herausgearbeitet hat. Das Ich nimmt sich im Tun wahr. Das schaffende Ich ist ein Schlüsselgedanke der Ich-Wahrnehmung. Steiner hat von den Mitgliedern der Hochschule für Geisteswissenschaft auch verlangt, daß sie tätig sein wollende Mitglieder seien. Ein tätig sein wollender Mensch ist jemand, der sein Ich bereits ergriffen hat. Ein solcher Ich-Mensch erlebt, daß das Tun der Ort ist, an dem man sich selbst am ehesten erfährt.

Das Ich spiegelt sich an den Organen

Bei dem Spiegelungsvorgang beschreibt Steiner, daß sich das Ich an den Organen des materiellen Leibes spiegelt. Bei manchen Anthroposophen herrscht darüber allerdings eine falsche Vorstellung, nämlich daß der Leib eine Art ruhender Spiegel sei und das Ich der Narziß, der sich spiegelt. Diese Vorstellung habe ich sehr lange ganz abgelehnt. Mein Verständnis ist, daß das Ich sich an der Stelle wahrnimmt, an der es plastisch arbeitet. Vorwiegend ist das das Gehirn sowie das zentrale Nervensystem.

In der „Theosophie" beschreibt Rudolf Steiner, daß der Leib einen dem Denken entsprechenden Bau habe. Das Ich muß sich jeden Tag den Leib so von neuem schaffen, daß es in diesem Leib im richtigen Sinne ein denkendes Ich sein kann, gleichzeitig aber auch ein fühlendes und ein wollendes Ich. Die Ich-Wahrnehmung vollzieht sich immer an den Stellen im Leib, an denen das Ich tätig wird.

W.W.: Spiegeln bedeutet dann also am physischen Leib arbeiten?

V. Fintelmann: Ja.

W.W.: Wenn man es einmal räumlich denkt: Wo ist das Ich, wo ist der Spiegel?

V. Fintelmann: Das ist das Problem, denn man ist immer wieder geneigt, die gesamten Prozesse räumlich zu denken. Das Gehirn ist natürlich räumlich, und nun muß man das nichträumliche Ich in dieses Räumliche hineingeheimnissen. Eigentlich kann man in bezug auf das Ich nicht sagen, daß es von vorne oder hinten, links oder rechts oder von innen oder außen arbeitet. Für das Ich ist es eigentlich gleich. Für mich lasse ich nur einen Begriff gelten: Das Ich braucht ein Gegenüber, eine Oberfläche. Insofern glaube ich, daß die Bewußtseinstätigkeit, die zur Eigenwahrnehmung wird, immer an denjenigen Orten geschieht, an denen der Organismus eine Peripherie bildet.

Wahrnehmungsorte

W.W.: Können Sie dafür einmal ein Beispiel nennen?

V. Fintelmann: Wahrnehmungsorte sind z.B. die Gelenke. Wenn man ein gesundes Gelenk, z.B. ein Kniegelenk, rein in Gedanken einmal aufklappen würde, dann würde man sehen, welch unglaublich schöne Spiegelungsflächen dieses Gelenk hat. An diesen Stellen gibt es einen Punkt unmittelbarer Ich-Wahrnehmung. Ohnehin ist der Gliedmaßenmensch für den zukünftigen Menschen sehr wichtig, weil er ein Ort ständiger Ich-Wahrnehmung ist. Das geht bis in die einzelnen Fingerknöchelchen hinein.

Weitere Orte sind die serösen Häute. Wir haben z.B. ein Lungen-, ein Rippen- und ein Herzfell, eine Oberfläche der Leber, die spiegelglatt ist. Wenn man ganz genau hinschaut, ist jedes Organ von einer ganz glatten spiegelnden Außenhaut umgeben. Und diese Häute sind ein ungeheuer wichtiger Ort der Ich-Wahrnehmung. Das Ich erlebt sich in einer ganz bestimmten Weise an der Leber, wieder anders am Rippenfell und noch einmal anders am Herzfell usw.

W.W.: Das Ich schaut also nicht nur von oben, sondern auch von unten auf diese Haut?

V. Fintelmann: Ganz genau. Wahrscheinlich spiegelt sich das Ich von beiden Seiten gleichzeitig, vielleicht sogar noch aus einer dritten und vierten Dimension. Dadurch kommt es auch zu einer so umfassenden Wahrnehmung seiner selbst. Die Leber hat ein Vorne und Hinten, ein Links und Rechts, ein Oben und Unten, ein Innen und Außen. Diese vier Dimensionen muß man bei der Ich-Wahrnehmung berücksichtigen. Und im alltäglichen Leben nehmen wir das Ich oft nur eindimensional wahr, also Aspekte des Ich. Es ist sehr problematisch, wenn man das Ich fortwährend nur eindimensional wahrnimmt, z.B. vor dem Fernseher oder im Kino. Irgendwie glaubt man, daß ein leiblich-räumlicher Nachrichtensprecher vor einem sitzt, in Wirklichkeit aber ist es nur eine Fläche. Das sind Illusionierungen, die auf die Ich-Wahrnehmung zurückschlagen. Das ist m.E. einer der Gründe, warum viele Menschen heutzutage eine so oberflächliche Ich-Wahrnehmung haben.

Nachts ist alles anders

W.W.: Was macht das Ich nachts?

V. Fintelmann: Jede Nacht verläßt das Ich unter Mitnahme des Astralleibes gewisse Bereiche des physischen Leibes und des Ätherleibes. Und wenn man heute die reiselustigen Menschen anschaut, so sind sie eigentlich ein Zerrbild dessen, was das Ich allerdings in sich trägt, indem es jede Nacht auf Wanderschaft geht. In der geistigen Welt herrschen vollkommen andere Gesetzmäßigkeiten, z.B. gibt es dort kein Gedächtnis wie bei einem inkarnierten Menschen. Das Ich muß sich also jede Nacht neu orientieren, wie die menschenbildende Tätigkeit gedacht ist. Das Ich orientiert sich jede Nacht am Urbild Mensch, um dann während des Tages die persönliche Seite entsprechend weiter auszugestalten. Ein Grundgedanke der Ich-Tätigkeit ist, daß sie jeden Morgen neu gegriffen werden muß. Das ist kein Automatismus.

W.W.: Steiner formuliert meist, daß nachts Ich und Astralleib den vom Ätherleib durchdrungenen physischen Leib verlassen. Diese Schilderung ist aber etwas unscharf. Wie ist es wirklich?

V. Fintelmann: Astralleib und Ich ziehen sich nur aus dem Nerven-Kopfbereich heraus. Steiner nennt das auch den sichtbaren Menschen, den stofflich erscheinenden Menschen. Der eigentlich dauernde und bleibende andere und unsichtbare Mensch geht in der Nacht sehr viel tiefer in das Leibliche, wirkt bis in die Aufbauvorgänge hinein. Daß unser Leib nachts wieder regeneriert, ist Ich-Tätigkeit. Wenn ein Ich nachts den Leib regeneriert, kann es nicht vollständig aus dem Leib herausgezogen werden. Das ist wie eine Schaukel: Der eine Teil zieht sich heraus, der andere greift um so intensiver hinein.

W.W.: Und wie verhält sich dazu Steiners Aussage, daß das Ich nachts aus dem Kopf herauszieht und morgens durch die Füße wieder hereinkommt?

V. Fintelmann: Eigentlich ist dieses Bild gar nicht so verkehrt, denn die Schaukel schwingt aus dem Nerven-Sinnesbereich heraus und in den Stoffwechsel-Gliedmaßenbereich wieder hinein. Das ist die Doppelheit der beiden Ich-Arme.

W.W.: Aber die Vorstellung ist schwierig: Aus dem Kopf zieht sich das Ich nachts zurück, im Stoffwechsel-Gliedmaßensystem bleibt es intensiv arbeitend. Müßte es nicht in den Kopf zurückschwingen? Wie kann ein Ich, das im unteren Menschen enthalten ist, in diesen unteren Menschen wieder einziehen?

V. Fintelmann: Diese Schwierigkeit in der Vorstellung kann ich sehr gut verstehen. Ich bin auch nicht so sicher, ob Steiner an dieser Stelle mit Kopf und Fuß nur die reine Anatomie gemeint hat. Vielleicht steht Kopf für Nerven-Sinnessystem, Fuß für Stoffwechsel-Gliedmaßensystem. Aber ich sehe das genauso wie Sie: Wenn sich das Ich aus dem Bereich, den wir den Kopfbereich nennen, herausgezogen hat – und damit meinen wir natürlich auch das gesamte Nerven-Sinnessystem, das auch bis in die Füße hineinragt –, dann muß das Ich in diesen Bereich auch wieder einziehen. Sonst stimmte auch diese Schaukelbewegung nicht. Das ist in der Tat rätselhaft.

W.W.: Das Ich spiegelt sich tags am Gehirn, am Nervensystem, am Knochensystem, aber auch an den Organhäuten. Nachts zieht es sich aber nur aus dem Nerven-Sinnesbereich heraus. Warum findet nachts kein Spiegelungsvorgang statt, der uns zum Bewußtsein unserer selbst führt?

V. Fintelmann: Das hängt einfach damit zusammen, daß das Ich aus dem Bereich des Nerven-Sinnessystems herausgezogen ist.

W.W.: Dann bedeutet das, daß wir nur durch die Spiegelung am Nerven-Sinnessystem zum Ich-Bewußtsein kommen!

V. Fintelmann: Richtig. Hinzufügen muß man aber, daß auch die serösen Häute der Organe zur Struktur des Nerven-Sinnessystems gehören, auch wenn sie im Stoffwechsel-Gliedmaßensystem liegen. Ein ganz wesentlicher Bereich der Ich-Wahrnehmung ist die Intima, die Innenhaut der arteriellen Blutgefäße. Sie ist unendlich glatt und bietet dem Ich die Spiegelungsmöglichkeit. Das betrifft aber nur den tagwachen Menschen. Beim Nachtmenschen hat das Ich keine Ich-Wahrnehmung.

Die Möglichkeit, seelisch paralysiert zu werden

W.W.: Wie ist es nun nach dem Tode? Der physische Leib mit allen Spiegelungsmöglichkeiten fällt weg, aber trotzdem verfällt der Mensch nicht in ein bewußtloses Sein.

V. Fintelmann: Ich wäre mir da nicht ganz so sicher. Der moderne Mensch *sollte* das Ich-Bewußtsein mit dem Tod nicht verlieren, sondern nach dem Tode ein Bewußtsein von sich als Ich haben. Meiner Meinung nach ist das aber nicht selbstverständlich. Ich-Bewußtsein ist etwas, was man während des Lebens erwerben muß. Steiner schildert den Ärzten, daß heute immer weniger Menschen während des Schlafes die Wanderung zum Urbildmenschen – durch die Planeten- und Tierkreissphären – machen. Das geht nämlich nur dann, wenn man während des Tages spirituelle Gedankeninhalte gedacht hat, und das gilt z.B. für Menschen, die mit Selbstverständlichkeit am Tage beten oder meditieren. Lediglich etwas Geistvolles zu lesen, reicht nicht. Allerdings kann ich mich auch in der Natur auf geistige Inhalte einlassen, indem ich z.B. einem Baum ablausche, wer er eigentlich ist.

Alle diese Bereiche machen uns fähig, nachts in einen Bereich einzutreten, der überhaupt nicht mehr von Raum und Zeit beeinflußt wird. Und Steiner beschreibt auch, daß jeder Mensch in jeder Nacht einem Hüterwesen gegenübergestellt wird, das diese Entscheidung zu treffen hat, und zwar nicht aus moralischen, sondern aus Gründen des Schutzes. Wenn man unberechtigterweise am Hüter vorbeikommt, dann – so beschreibt es Rudolf Steiner – „wird man seelisch paralysiert". (GA 260/1963/01.01.1924/S. 258)

Gesund am Hüter vorbeigehen

Im Kern geht es darum, daß immer mehr Menschen gesund am Hüter vorbeigehen dürfen. Und es ist ein Thema unserer Zeit, daß immer weniger Menschen diese geistige Seite während ihres Schlafs erreichen, was ein weiterer Aspekt der Ich-Behinderung wäre. Sie bleiben dann in einer Art Zwischenreich, d.h. sie verharren in der elementaren Welt. In den Bereich der astralen und der unteren und oberen geistigen Welt gelangen sie nicht. Von daher ist es nicht selbstverständlich, daß ein Mensch nach dem Tode sein Ich-Bewußtsein aufrechterhält.

Steiner beschreibt ganz konkret, daß immer mehr Menschen nachtodlich in einer Art Zwischenreich umherirren, und es gibt aus der Psychotherapie sehr interessante Berichte von Menschen, die Angstkrankheiten, Persönlichkeitsstörungskrankheiten, z.B. Multiple Persönlichkeitsstörungen, haben. Man kann einmal den Gedanken denken – ohne daß das so sein muß –, daß bei solchen Krankheitsbildern Verstorbene aus diesem Zwischenreich einwirken, um durch die Kranken einen neuen Leib zu bekommen. Eine Amerikanerin will dies durch Hypnose herausbekommen haben, und sie versucht, diesen verstorbenen Seelen klarzumachen, daß sie am falschen Platz wirken. Ich kann nicht beurteilen, ob das stimmt, aber man kann diesen Gedanken einmal denken. (Edith Fiore: The Unquiet Dead. New York 1988)

Das sind Themen, die innerhalb des Anthroposophischen nicht zum Alltäglichen gehören und um die wir uns mehr oder weniger herumdrücken. Für ein zukünftiges Verständnis der Menschheitssituation sind sie aber von großer Bedeutung. Auf der einen Seite braucht der sich inkarnierende Mensch sehr viel Hilfe von den Verstorbenen, gleichzeitig kann aus diesem Bereich aber auch eine große Behinderung kommen. Ich fürchte, daß wir hier noch eine Welt entdecken werden, die wir von seiten der Anthroposophie sträflich vernachlässigen. Um diese Welt der Verstorbenen wie auch um die Welt der Ungeborenen müssen wir uns viel intensiver bemühen.

Intensivmedizin

Ich glaube nicht, daß jeder Mensch nach seinem Tod mit vollem Ich-Bewußtsein antreten kann, sondern daß es eine Welt gibt, die für mich am erschreckendsten Dante in seiner „Göttlichen Komödie" beschrieben hat. Mit der Hölle beschreibt er nicht das Kamaloka, sondern Bereiche, in denen Menschen vegetieren, die nicht den richtigen Weg gefunden haben. Das ist auch ein Thema der Intensivmedizin. Wie sehr durch die künstliche Lebensverlängerung der eigentliche Todesaugenblick eines Menschen verhindert wird und welche Auswirkungen das

hat, können wir beide uns wahrscheinlich gar nicht vorstellen. Mit Schuld-
zuweisungen sollte man allerdings vorsichtig sein, aber man sollte klar
konstatieren, daß hier in das Schicksal von Menschen eingegriffen wird,
ohne daß die Akteure wissen, was sie tun.

W.W.: Aus diesen Zwischenwelten heraus gibt es auch Beeinflussun-
gen bei spiritistischen Sitzungen, vielleicht auch in der Reinkarnationsthe-
rapie und dem Familienstellen.

V. Fintelmann: Mit Sicherheit. Steiner hat diesen Bereich die Astralwelt
genannt und hat sehr vor den Täuschungen und Illusionen gewarnt, denen
man unterliegen kann, wenn man den Zugang zu diesen Welten sucht.

Ich-Bewußtsein im Nachtodlichen

W.W.: Wenn der Sterbeprozeß normal verläuft, dann schreiben sich
die Erlebnisse des Ätherleibes in den Weltenäther ein. Und diese einge-
zeichneten Erlebnisse sieht der Verstorbene ständig vor sich und erhält
dadurch sein Bewußtsein, gleichzeitig die Erinnerung an das vergangene
Leben. Die Menschen, die sie jetzt angesprochen haben, die in dieser Art
Zwischenreich verharren müssen, werden denselben Prozeß durchmachen. Aber es würde bedeuten, daß sie so bewußtseinsgetrübt sind, daß
sie davon keine Wahrnehmungsmöglichkeit haben.

V. Fintelmann: Davon bin ich überzeugt. Vielleicht hängt damit auch
zusammen, daß sich die Menschen wieder schneller inkarnieren, als das
nach der eigentlichen Gesetzlichkeit einmal vorgesehen war.

Die größere Zahl der Menschen geht im Nachtodlichen wahrscheinlich nach wie vor ihren natürlichen Weg, und bei ihnen passiert genau
das, was Sie soeben beschrieben haben: Ihre bisherige Innenwelt wird
jetzt zur Außenwelt. Nachtodlich spiegelt sich das Ich an dem, was es
während des Lebens am Leibe innerlich erlebt hat.

Das existentielle Ich-Erlebnis

Zum Aufrechterhalten des Ich-Bewußtseins gehört m.E. aber noch
mehr als das, was Steiner in verschiedenen Ausführungen dargestellt hat.
Und zwar kommen wir hier zu einem Punkt, der für mich heute zu den
wesentlichen Ich-Erfahrungen gehört. Ein moderner Mensch kann heute
den Schritt von der Ich-Erfahrung zum Ich-Bin tun. In meinen Vorträgen
nenne ich das immer das existentielle Ich-Erlebnis. Der Mensch hat heute

die Möglichkeit, ein geistiges Wesen zu erfahren, das Christus genannt wird, und dieses Christuswesen ist das Urbild dieses Ich-Bin. Daran kann sich der Mensch orientieren. Etwas von diesem Wesen steht auch an der Schwelle zum Tode, was diejenigen, die eine Nah-Todeserfahrung hatten, berichten.

Und hier wird von Anthroposophen etwas nicht genügend berücksichtigt, was in der evangelischen Kirche eine große Rolle spielt: die Gnade. Ich glaube, daß für viele Menschen, die den regulären nachtodlichen Weg nicht gehen können, durch das Gnadewesen ein Weg eröffnet wird. Das setzt aber voraus, daß zu dem eigenen Unvermögen das faustische „Wer immer strebend sich bemüht ..." hinzukommen muß.

Das wirkliche Problem liegt bei denjenigen Menschen, die im tiefsten Sinne agnostisch oder atheistisch sind. Das sind Menschen, die radikal ablehnen, daß es irgend etwas eigenständig Geistiges in der Welt gibt. Davon ist die Medizin ganz extrem befallen. Und diejenigen, die während ihres Lebens aufgrund ihres Schicksals nicht in Kontakt mit etwas Spirituellem gekommen sind, dies aber auch nicht bewußt ablehnen, erfahren m.E. das Gnadenmoment.

Ganz modern wäre es, diesen Weg ins Nachtodliche aus eigener Kraft zu schaffen. Ein nachtodliches Leben im 20. und 21. Jahrhundert in der Hoheit des Ich zu führen, heißt für mich, während des Lebens bereits eine Christuserfahrung gemacht zu haben. Und hier sollte man sich vor Hochmut hüten, der gerade auch bei Anthroposophen hin und wieder anzutreffen ist. – Für den Bereich der Medizin kann ich es überschauen: Was Rudolf Steiner von uns erwartet hat, war, daß wir eine christliche Medizin entwickeln sollen, natürlich nicht im konfessionellen Sinne, sondern im ethisch-moralischen Handeln. Und über das wenige, was heute innerhalb der anthroposophischen Medizin auf diesem Sektor entwickelt worden ist, bin ich sehr betrübt. Statt dessen kämpfen wir auf Nebengleisen, wie z.B. dem Gesundheitswesen, der Erstattungsfähigkeit usw., die im Grunde nur Ablenkungsmanöver dessen sind, worum wir eigentlich kämpfen müßten.

Anthroposophie und Wahrheitssinn

Es ist einfach notwendig – und das ist sicherlich auch Ihre Triebfeder –, daß die Menschen heute wenigstens einmal im Leben der Anthroposophie begegnen, und zwar durch einen Menschen, der sie repräsentiert und an dem sie etwas erleben, was für mich ganz wichtig geworden ist: daß es gar nicht so sehr darauf ankommt, was er weiß, sondern daß dieser Mensch ein Stück Anthroposophie ist. Gerade junge Menschen haben eine Art 13. Sinn, eine Art Wahrheitssinn. Sie schauen besonders darauf, ob das, was jemand sagt, eigentlich auch wahr ist. Wenn man mit dieser Echtheit die Anthroposophie an die Welt heranbringt, dann wird bei vielen Menschen wie durch ein kleines Medikament etwas befruchtet, woran die Menschen in der nachtodlichen Welt anknüpfen können. Gerade auf diesem Gebiet möchte man wünschen, daß die Anthroposophie segensreich in der Welt wirkt. Schließlich ist das eine ihrer ganz großen Aufgaben. Anthroposophen sollen diese Wege vorüben, denn jeder, der den okkulten Schulungsweg geht, betritt unmittelbar die nachtodliche Welt. Die Inhalte können andere sein, aber es ist die gleiche Welt, die Welt des Übersinnlichen, in der kein Leib mehr existiert. Und hier haben die Anthroposophen eine Vorbildfunktion, eine Vorübefunktion.

Ich habe das jetzt alles so ausführlich geschildert, weil ich davor warnen möchte, das nachtodliche Sein, so, wie es Steiner beschrieben hat, allzu selbstverständlich zu nehmen. Dabei denke ich an das etwa dreitägige Lebenspanorama unmittelbar nach dem Tod, an das Kamaloka, welches etwa ein Drittel der Lebenszeit beträgt, und dann an den Übertritt in die geistige Welt. Diese Wege sollte man nicht als zu selbstverständlich nehmen. Es war einmal so, ist auch heute noch für viele Menschen so, aber dieser Weg wird nicht von jedem selbstverständlich, ohne sein Zutun, beschritten werden können.

W.W.: Wenn Menschen während ihres Lebens z.B. einmal ein Gespräch mit einem Menschen geführt haben, der die Anthroposophie verinnerlicht hat, oder auf andere Weise wenigstens einmal der Anthroposophie begegnet sind, dann – davon bin ich auch überzeugt – wirkt diese Szene beim rückwärtigen Durchleben des eigenen Lebens derart erhellend, daß sie der Keim einer neuen Spiritualität in einem zukünftigen Erdenleben werden kann.

V. Fintelmann: Ja, das ist eine Arznei, die wir den Menschen geben können; allerdings darf man diesen Begriff Arznei nicht zu eng fassen. Wir leben einfach nicht mehr in einer Welt der Selbstverständlichkeit. Dadurch, daß wir Anthroposophen sind, stehen wir unter einer menschheitlich wichtigen Anforderung.

Das Ich wirkt aus allen Perspektiven

W.W.: Ich habe noch eine Frage zur Spiegelung, und zwar in bezug auf das nachtodliche Leben. Während des Lebens, so hatten wir gesagt, spiegelt sich das Ich von allen Seiten an den Organhäuten und dem Nerven-Sinnessystem, sowohl von innen als auch von außen. Während des Kamalokas sieht und erlebt man die Taten des vergangenen Lebens und sagt zu diesen „Ich". Das Äußere - unsere Taten - wird unser Inneres. Auf der anderen Seite wird das menschliche Innenleben (aus der Zeit der Verkörperung) - also Gedanken und Gefühle usw. - nach dem Tode zu unserer Außenwelt, die wir anschauen. Wo bleibt bei diesem Umkehrverhältnis das eigentliche Ich des Menschen? Ist das Ich wiederum sowohl in der nachtodlichen Innen- wie in der nachtodlichen Außenwelt?

V. Fintelmann: Auf jeden Fall. Wir können uns das mit einem Bild klarmachen, obwohl Bilder, weil sie räumlich sind, nie ganz stimmen. Im Leben zwischen Geburt und Tod ist der wesentliche Teil des Ichs um den Leib herum. Der Leib, an dem man sich wahrnehmen kann, befindet sich in der Mitte. Im Nachtodlichen dreht sich dieser Zusammenhang um: Der Leib ist in die Welt ergossen, und das Ich ist Zentrum und schaut um sich herum erlebt sich wie von innen. Dennoch kann es nicht anders sein, als daß das Überräumliche des Ich aus allen Perspektiven schaut.

Unendlich schöne Spiegel

W.W.: Es ist schon mehrfach erwähnt worden, aber vielleicht stellen Sie noch einmal grundlegend dar, was die Ich-Organisation ist.

V. Fintelmann: Ich-Organisation ist der Anteil des Ich, der sich auf den physischen Leib einläßt. Das ist in verschiedenen Bereichen des physischen Leibes unterschiedlich. Am allerstärksten inkarniert sich das Ich im Blut. Das ist der einzige Ort, an dem das Ich das Physische berührt, und zwar findet diese Begegnung im roten Blutkörperchen statt. Das rote Blutkörperchen wiederum ist ein Spiegelungsapparat. Wenn man begreifen will, warum das rote Blutkörperchen die vom Organisch-Biologischen gesehene Unsinnigkeit begeht, seinen Kern abzustoßen, ehe es überhaupt zum Tode bereit ist, dann kann man das nur verstehen, wenn man begreift, daß es eine Art absoluter Nerv werden will, aber als Pol im Blut. Rote Blutkörperchen, unter dem Mikroskop angeschaut, sind unendlich schöne Spiegel. Sie haben eine wunderschöne glatte Oberfläche, sie sind flach elliptisch. Das ist der einzige Ort, an dem das Ich tatsächlich als Ich-Organisation in die Dinge geht.

Der eigentliche Bereich der Ich-Organisation ist aber der Bereich, der über den Nerven-Sinnesmenschen wirkt und dort die Abbauprozesse veranlaßt. Ich-Organisation ist überall dort, wo das Ich abbaut, insofern im gesamten Organismus des Menschen. Es gibt nur ganz wenige Orte am physischen Leib, an denen nicht abgebaut wird. Das ist z.B. beim Zahnschmelz der Fall. Wenn dort abgebaut wird, ist es kein Ich-Prozeß, sondern ein Prozeß der Außenwelt. Der Zahnschmelz ist also ein Ort, der von der Ich-Organisation her frei ist. Ähnlich ist es mit der Peripherie der Nägel und Haare. Deshalb ist dort auch kein Schmerzerlebnis, wenn ich in diese Stoffe hineinschneide.

Zusammenfassend gesagt: Das Ich schafft sich also etwas, in dem es sich wiederum wahrnehmen kann.

Ich-Trümmer

W.W.: Gehört Krankheit unweigerlich zum Lebenslauf einer Individualität?

V. Fintelmann: Solange wir noch in dem Zeitraum sind, in dem der Sündenfall nachwirkt, ist Krankheit ein Thema des Menschseins. Andererseits ist Krankheit eine Gabe, sich anders und weiterzuentwickeln, Dinge zu ermöglichen, die man ohne die Erfahrung der Krankheit nicht entwickeln könnte. Zur Krankheit gehören Schmerz, Sorgen, Kümmernisse und Leid. Daß Krankheit ein Entwicklungshelfer ist, wird heutzutage aber fast konsequent ignoriert. Krankheit wird als etwas Störendes oder Unfallartiges beschrieben.

Steiners Krankheitsbegriff dagegen ist viel umfassender: Dadurch, daß wir Bewußtsein bilden, kränken wir den Leib. Das geschieht in jedem Moment, auch wenn wir es nicht merken, und gleichzeitig gibt es eine Gegenbewegung, die man heute populär Selbstheilungskräfte nennt. Jeder Denkakt ist z.B. ein Kränkungsakt, jede Nahrungsaufnahme ist eine Art Vergiftung, jede Bewegung führt zur Krankheit. Bei der Bewegung merken wir es, wenn wir übertreiben, denn dann haben wir Muskelkater, also eine Übersäuerung des Muskels. Aber diese krankmachenden Prozesse werden meist sofort wieder ausgeglichen. Das Wesen des Krankwerdens gehört also zum bewußten Menschen hinzu.

Pieter Bruegel: Misanthrop, 1568, Galleria Nationale die Capo di Monte Neapel

W.W.: Gibt es auch Krankheiten, die die Individualität beschneiden oder sogar über den Tod hinaus schwächen?

V. Fintelmann: Ja, die gibt es. Es gibt Krankheiten, die das Menschsein verhindern. Diese Krankheiten wollen – und insofern muß ich meine Eingangsbeschreibung ein wenig einschränken – das Urgesunde des Ich attackieren.

W.W.: An welche Krankheiten denken Sie dabei?

V. Fintelmann: Es gibt drei Krankheiten. Die eine ist die Krebskrankheit. An keiner Stelle hat Steiner für die Ärzte etwas damit Vergleichbares ausgesprochen, nämlich, daß in dieser Krankheit etwas beobachtet werden kann, was er Ich-Trümmer nennt. Krebs ist eine ganzheitliche Krankheit, sucht aber einen organischen Ort. Was in Trümmer geht, ist die Ich-Organisation. Hier wird natürlich kein Ich in toto zerstört, aber es ist so, als würden Teile aus dem Ich hinausgeworfen. Für das Ich muß das ein unglaublich verheerendes Erlebnis sein. Deshalb hat diese Krankheit auch etwas Einzigartiges, was sonst nirgendwo zu beobachten ist, nämlich die Angst. Die Furcht und die Angst vor der Krebskrankheit sind nicht darin begründet, daß man daran sterben kann, denn das kann man an anderen Krankheiten sehr viel schneller, sondern ihre Ursache liegt darin, daß man wirklich ein Stück seines eigenen Seins mit dieser Krankheit verlieren kann. An einer Stelle spricht Steiner auch so über diese Krankheit, daß ein Teil der Seele in die Gesetzmäßigkeit des Leibes gerät, was nichts anderes heißt, als daß dieser Teil sterblich wird. Die Seele kann also anteilsmäßig mit dem Leib sterben, nicht als ganze. Aber noch viel dramatischer ist der Angriff auf das Ich des Menschen.

Noch stärker ist das bei der Aids-Krankheit zu beobachten. Die Retroviren sind Ausdruck von Kräften, die den Menschen nirgendwo fördern und ihn nur zerstören wollen. Und mit Zerstörung des Menschen meine ich jetzt die Zerstörung des Ich.

Und dann gibt es noch eine dritte Krankheit, die heute eine der größten Seuchen der Menschheit ist, über die aber erstaunlich wenig gesprochen wird – und das ist Hepatitis C. Dabei handelt es sich um die gleiche Virusfamilie wie bei Aids, allerdings zerstört diese Krankheit ganz spezifisch die Leber. Die Leber wird dabei mit einem Virus überladen, das sich an die Lebensschaltstellen der Leber setzt, aber ohne sie auszuschalten. Langfristig wird dabei die Leber ruiniert. Die Krankheit setzt sich an die Stelle der Leber, an der das Ich eingreift und die Nahrungsstoffe zum Menschenstoff transsubstantiiert. Dort, wo der neue Mensch entstehen soll – und das ist die Ich-Frage –, bleibt der alte Mensch bestehen. Aber diese Dimension der Krankheit Hepatitis C wird selbst in der anthroposophischen Medizin kaum diskutiert.

Krebs, Aids und Hepatitis C sind für mich die drei Krankheiten, die sich am stärksten gegen das Ich richten, das Ich teilweise verhindern und vielleicht sogar ansatzweise zerstören. Alle anderen Krankheiten sind eher so, daß sie ich-fördernd sind.

Die wirkliche Mission der Mistel-Therapie

W.W.: Haben Sie eine Vorstellung, welche Auswirkungen diese drei Krankheiten auf das nachtodliche Leben eines an diesen Krankheiten Verstorbenen haben?

V. Fintelmann: Beim Karzinom haben wir das am längsten feststellen können. Wenn man hier nicht geeignete Maßnahmen ergreift, kann die Ich-Dumpfheit auftreten, wie wir das eben besprochen haben. Deshalb ist es tragisch, daß die moderne Medizin Therapien entwickelt hat, die diese Ich-Dumpfheit sogar noch unterstützen. Und hier bin ich ein ziemlich einsamer Rufer in der Wüste. Denn wir sollten der Welt endlich einmal erzählen, was der wirkliche Sinn der Mistel-Therapie ist. Sie hat nämlich eine ich-weckende Funktion. Es geht nicht darum, die Geschwulst wegzuschaffen, sondern darum, den Menschen in seiner Ich-Hoheit wieder herzustellen. Ich kenne unglaublich viele Menschen, die die Krebskrankheit dadurch überwinden, daß sie die Geschwulst zu einer Art Außenwelt gestalten und mit dieser Geschwulst wirklich gesund als Ich-Menschen leben. Als Ich-Mensch mit der Krebskrankheit zu leben bedeutet z.B., keine Angst mehr zu haben. Das würde ich nicht so dezidiert aussprechen, wenn ich nicht vielen Menschen begegnet wäre, die diese Krankheit bewältigt haben und ihr gegenüber eine königliche Haltung einnehmen und die zugleich eine tiefe Dankbarkeit entwickeln, weil sie durch diese Krankheit zu einer Ich-Erfahrung gekommen sind, für die sie gar nicht genug danken können.

Krebs ist auch ein Ausdruck dafür, daß man sich nicht mit seinen Ich-Impulsen ergreifen kann und sich immer von irgendwelchen Ideen bestimmen läßt, die von außen kommen. Insofern geht es bei der Therapie darum, daß der Mensch wieder der wird, der er eigentlich sein will. Im Rahmen der Krebskrankheit – durch den Schmerz, die Angst und die Furcht – gibt es sehr viele Möglichkeiten in der Krankheit, sie zu einem guten Ende zu wenden. Dies ist bei Hepatitis C viel schwerer, zumal die Menschen leiblich oft ganz gesund wirken. Die Leber ist voll mit Viren, aber die Menschen fühlen sich nicht krank. Auch bei Aids ist es ähnlich. Nach der Infektion vergehen oft noch viele Jahre, bis die Krankheit zum Ausbruch kommt. Und dann kommt das Ende, und das ist ein Ende mit Schrecken. Bei Hepatitis C ist das nicht ganz so dramatisch. Eigentlich ist Hepatitis C die tückischste dieser drei Krankheiten. Bei Hepatitis C haben wir daher auch die Mistel-Therapie eingesetzt. Die Mistel ist die Pflanze, die am unmittelbarsten das Ich aufruft. Sie hat eine ganz außerordentlich ich-weckende Seite. Gleichzeitig gibt es kein Mittel, das so entängstigend wirkt.

Entzündung: Intensivierung des Ich-Erlebens

W.W.: Und bei den anderen Krankheiten erfolgt also eine gewisse Ich-Stärkung?

V. Fintelmann: Ja. Es gibt eigentlich zwei Krankheitsrichtungen, bei denen das Ich von der Krankheit her gefördert wird, am allerstärksten bei jeder echten Entzündungskrankheit. Eine Entzündungskrankheit ist eigentlich eine Intensivierung des Ich-Erlebens. Bei einer von Fieber begleiteten Entzündungskrankheit ist man zwar zu Beginn eher ich-gedämpft bzw. erlebt durch Halluzinationen und Visionen mehr als im Käfig des physischen Leibes, aber wenn man dann mit dem Fieber durch ist und gesund in den Leib zurückkehrt, ist man ein Stück wacher, als man vorher war.

Die moderne Medizin ist eine reine Ich-Verdrängungsmedizin, weil man z.B. viel zu schnell Antibiotika gibt. Krankheiten, die der Ich-Entwicklung dienen, werden viel zu früh abgeschnitten.

Auf der anderen Seite gibt es die Sklerosekrankheiten, die Verfestigungskrankheiten, bei denen das Ich nicht gefördert, sondern eigentlich ein Stück an den Leib gebunden wird.

Sklerosekrankheiten: Leibbindung des Ich

Bezüglich dieser Krankheiten muß man therapeutische Strategien entwickeln, damit das Ich befreit wird, um durch ein erneutes Zugreifen wieder in die Welt der Eigenwahrnehmung eintreten zu können. Wenn wir an die Spiegelungsmöglichkeit des physischen Leibes denken, so sind Sklerose-Krankheiten immer Blendungskrankheiten: Das Ich wird geblendet; der Spiegel wird stumpf.

Bei den Entzündungskrankheiten wird das Ich für einen Augenblick in eine Art Überwachheit gehoben, insofern nenne ich sie Krankheiten einer Übergesundheit. Natürlich gibt es keine Übergesundheit, denn die Gesundheit liegt in der Mitte; gemeint ist damit nur der Ausschlag in die andere Richtung. Es gibt keine stärker fördernde Krankheit als die Lungenentzündung, und gerade diese wird heute immer öfter abgebrochen oder so beeinflußt, daß sie sich nicht wirklich ausleben kann.

Bei der einen Sorte der Krankheiten – den Entzündungskrankheiten – tritt also eine spontane Förderung des Ich auf, bei den anderen Krankheiten – den Sklerosekrankheiten – muß diese Förderung erst noch entdeckt werden. Gerade bei dieser zweiten Kategorie von Krankheiten braucht man den Arzt, damit er dem Ich wieder die Möglichkeit schafft, erneut in den Körper eingreifen zu können, um die Spiegelungsfähigkeit des Leibes wieder herzustellen. Vor allem am Schlaganfall kann man sehr schön zeigen, daß ein Teil des Organs unwiederbringlich verlorengeht, daß das Ich aber trotzdem einen neuen Distrikt eröffnen kann, mit dem es das gleiche schafft, was vorher an der anderen Stelle geleistet worden ist. Die Lernfähigkeit des Ich am Organ wird von der monokausal denkenden Medizin unterschätzt.

Ritalin und Aspirin

W.W.: Wie wirkt ein allopathisches Mittel, z.B. Aspirin oder Ritalin, auf die Individualität?

V. Fintelmann: Das ist sehr unterschiedlich. Bei Ritalin fehlt mir die Eigenwahrnehmung. Trotzdem habe ich den Eindruck, daß das Ritalin so etwas wie eine Ich-Funktion übernimmt, aber das ist ein zweischneidiges Schwert. Auch Steiner hat den Substitutionsgedanken der Arzneimittel beschrieben, d.h. daß Arzneimittel für eine bestimmte Zeit eine Funktion übernehmen können, die der Organismus selbst nicht leisten kann. Der Körper kann in dieser Zeit lernen, diese Funktion aus eigener Hoheit wieder zu übernehmen. Er hat z.B. das anthroposophische Medikament Skleron so beschrieben, daß es die bloße Abbautätigkeit des Ich übernimmt, damit das Ich in seine eigentliche Tätigkeit wieder zurückfindet.

Ein guter Arzt sollte Arzneimittel nie für sich allein geben, sondern immer mit Willensübungen verbinden, denn sonst findet das Ich nicht zu seiner ursprünglichen Aufgabe zurück.

Aspirin wirkt auf das Blut und greift an der Stelle ein, an der eine wichtige Ich-Funktion herrscht. Eine der wesentlichsten Ich-Funktionen im Blut ist das, was wir Blutgerinnung nennen. Das Äquilibrium – das sensible Gleichgewicht, in welchem das Blut gerade so flüssig ist, wie es sein soll –, ist eine reine Ich-Funktion. An dieser Stelle greift Aspirin ein, es wirkt also ich-verdrängend bzw. ich-verhindernd. Ausschlaggebend bei diesen Mitteln ist die Langfristigkeit. Aspirin kurzfristig eingesetzt kann für den Augenblick etwas Befreiendes haben. Wenn ich aber Aspirin bei einem Herzkranken zur Dauertherapie mache, ist das etwas sehr Kritisches. Und diese Probleme ziehen sich bis in das Nachtodliche hinein. Das gleiche gilt für Antibiotika. Auch hierbei wird ein intensiveres Ergreifen des Leibes durch das Ich abgeblockt. Insofern sind das alles Mittel, die schwerpunktmäßig auf eine Ebene einwirken, in der das Ich wirken sollte, und die das Wirken des Ich auf dieser Ebene verhindern.

Wenn ich aber eine Sepsis behandeln soll, eine schwere Entzündung, und der Meinung bin, daß das Ich die Heilungsprozesse nicht bewältigt, dann sollte man auch Antibiotika einsetzen. Ein guter Arzt sieht aber, daß nach Bewältigung der akuten Krankheit die eigentliche Arbeit erst beginnt. Denn nun muß dem Ich wieder die Kraft ermöglicht werden, die ihm vor der Krankheit gefehlt hat. An dieser Stelle mangelt es oft an ärztlicher Erkenntnis und Betreuung. Meist wird dann das Problem auf dem gleichen oder einem anderen Weg wiederkommen.

Organtransplantation

W.W.: Wie stehen Sie zu Organtransplantationen?

V. Fintelmann: Das ist eine hochproblematische Angelegenheit. Allerdings kann ich mich dem nicht entziehen, daß Menschen durch ein neues Organ einen weiteren Lebensabschnitt gewinnen, der ohne diesen Eingriff nicht mehr möglich gewesen wäre. Es steht mir nicht zu, den Menschen diese Lebensverlängerung nicht zu gönnen. Warum ich damit aber große Probleme habe, hat zwei Gründe.

Zum einen wird das Schlüsselorgan des Ich, das Immunsystem, bei einer Organtransplantation massiv unterdrückt. Deshalb glaube ich, daß in jeder Organtransplantation eine massive Behinderung der Ich-Wesenheit, und damit des Gesamtmenschseins, liegt. Deshalb sollte eine Transplantation gleichzeitig die ethische Verpflichtung beinhalten, diesen Menschen Wege zu zeigen, wie sie diese Ich-Unterdrückung ausgleichen können. Ein Organtransplantierter muß m.E. notwendigerweise zu einem religiösen oder spirituellen Leben geführt werden. Bei der rein mechanistischen Organverpflanzung bleibt dieser Gesichtspunkt vollkommen auf der Strecke.

Der Kerngedanke anthroposophischer Medizin

Das zweite große Problem besteht darin, daß die Organtransplantation uns zeigt, daß wir Krankheiten heute im Grunde genommen viel zu spät behandeln. Man muß es eben nicht bis zu einer so endgültigen Leberzirrhose kommen lassen, daß nur noch die Transplantation hilft. Es muß nicht zu einer totalen Niereninsuffizienz kommen, daß man nur noch transplantieren kann. Aber solange die Medizin nur dann ernsthaft arbeiten will, wenn sie massive Befunde nachweist, und solange sie die Befindlichkeit und seelische Gestimmtheit und ihre Störungen nicht ernstnimmt, werden wir eben weiter in diese Transplantationsmedizin münden.

Wir hatten eine ganze Reihe von Patienten, die aus hohen Kompetenzzentren vor einer Transplantation als letzte und einzige Möglichkeit zu uns überwiesen wurden – Leber-, Herz-, Knochenmark-Transplantationen –, und wir konnten diese Menschen vor diesem Eingriff bewahren. Wir haben sie in eine Medizin genommen, die das Wiederherstellende so in sich hatte, daß sie entgegen aller Wissenschaftsmeinung auch langfristig wieder zu einem gesunden Leben gefunden haben.

Das ist anthroposophische Medizin in ihrem Kern. Sie greift aber nur, wenn man irgendwo den Anschluß an die regenerativen Kräfte des inneren Menschen findet, also an die Kräfte des Ich. Das bedeutet, daß diese Menschen auch einen wesentlichen Anteil selbst leisten müssen. Diese Erfolge geben mir im Rückblick auf mein Leben eine tiefe innere Befriedigung. Ich durfte erleben, daß die Richtung, die Steiner für die Medizin gewiesen hat, eine ist, die eine ganz neue Dimension des Heilens eröffnet und von der die heutige offizielle Medizin überhaupt keine Ahnung hat und keine Kenntnis nehmen will.

W.W.: Haben Sie in Ihrem Leben als Arzt erlebt, daß Sie gerade diejenigen Patienten bekamen, die Ihrem jeweiligen Biographieschritt entsprachen?

V. Fintelmann: Ich kenne dieses Phänomen. Auch von Lehrern hört man, daß sie die Schüler haben, die sie für ihre Entwicklung brauchen. Aber bei uns Ärzten ist das etwas anders, da wir meist nur Teilaspekte des Menschen heilen. Ich habe viele Patienten gehabt, die ausschließlich mich als Arzt brauchten. Das sage ich aber nur, weil dies auch von den Patienten so geäußert worden ist. Andererseits habe ich bestimmt auch Patienten gehabt, die einen anderen Arzt gebraucht hätten. Und ich mußte für den, weil er nicht sichtbar war, einspringen.

Wenn Arzt und Patient wirklich miteinander harmonieren, dann begründet man etwas wie ein neues Schicksal miteinander. Aber diese Patienten sind eher selten. Mitunter habe ich auch für einen Patienten einen anderen Arzt gesucht, und das ist mir nicht schwergefallen. Manchmal erlebt man es bei Ärzten, auch bei anthroposophischen, daß sie den Patienten in Besitz nehmen. Aber so etwas war mir in meinem persönli-

Michelangelo Buonarroti: Sixtinische Kapelle, Deckenbild Ausschnitt. Ursünde und Vertreibung, Vatikan, Rom

chen Freiheitsdrang immer vollkommen fremd. Arzt und Patient sollten lediglich eine offene Partnerschaft eingehen, die jederzeit von beiden gelöst werden kann.

Die pralle Welt der Lebenslust

W.W.: Halten Sie Askese oder gar Lichtnahrung für eine zeitgemäße Lebensgestaltung?

V. Fintelmann: Askese auf gar keinen Fall. Askese ist ein ganz falscher Weg. Sie gehört ganz eindeutig in den Bereich der seelischen Determiniertheit oder Zwangskrankheit. Zum wirklichen Menschsein gehört die pralle Welt der Lebenslust; auch an dieser Stelle habe ich in meinen jüngeren Jahren gegen manche Erscheinungen in der anthroposophischen Welt opponiert. Und ich habe sehr früh darüber Vorträge gehalten, daß man sich auf gar keinen Fall in den Himmel essen kann. Ernährungsratschläge bis hin zur Diät dürfen immer nur so sein, daß man dasjenige, was man dabei ißt, wirklich mit Freude essen kann. Man darf die positive Seite, die Lebenslust und die Lebensfreude, niemals aus den Augen verlieren. Es gibt auch einen Vortrag von Steiner, in dem er ganz eindeutig erklärt, daß die Askese kein Weg für einen modernen Menschen ist.

Lichtnahrung dagegen ist eine hochpersönliche Entscheidung. Ich habe Respekt vor solchen Menschen. Aber damit stellt man sich aus der Menschengemeinschaft vollkommen heraus. Lichtnahrung hat eine ausgesprochen antisoziale Seite. Generell würde ich sagen, daß Extremerscheinungen wie Lichtnahrung die Ich-Entwicklung eher behindern. Individuell mag man daran aber eine Erfahrung machen, die für den betreffenden Menschen berechtigt ist. Eine allgemeine Empfehlung für die Menschheit schlechthin ist Lichtnahrung nicht.

Lichtnahrung

W.W.: Was ist denn überhaupt der Sinn der Lichtnahrung?

V. Fintelmann: Das weiß ich nicht. Aber es ist möglich, über lange Zeit ohne jegliche Nahrung auszukommen, und man gerät dadurch in eine Art von Leibunabhängigkeit. Steiner hat dies im „Pastoral-Medizinischen Kurs" (GA 318) die Heiligenverehrung genannt. Das ist aber keine vom Ich bewältigte Situation, sondern sie entsteht durch die Nahrungsverweigerung. Das ist m.E. nicht der Weg, auf dem der Mensch übersinnliche Erfahrungen machen soll, denn dafür ist der Schulungsweg das geeignete Mittel. Ich würde die Menschen warnen, diesen Weg zu gehen, und möchte ihnen gerne andere Wege zeigen.

W.W.: Mir fehlt dabei vor allem die Sinnbeschreibung dieser Lichtnahrung. Aber ist es möglich, ohne Essen und Trinken auszukommen?

V. Fintelmann: Ja, das ist möglich. Es gibt mittlerweile eine ganze Menge Literatur darüber. Und derjenige Anthroposoph, der diesen Weg gegangen ist, hat sich richtig kasernieren lassen, und die Basler Universitätsklinik hat sich daran ihre schulmedizinischen Zähne ausgebissen.

Luzifers Attacke

W.W.: Während der lemurischen Zeit hat Luzifer massiv auf das Wesensgliedergefüge des Menschen eingewirkt und dem Menschen u.a. sowohl die Freiheit gegeben als auch den Keim des Bösen eingeimpft. Welche Wesensgliederverschiebungen ergaben sich daraus, und welche Veränderungen brachte das für das Ich mit sich?

V. Fintelmann: Das ist ein sehr weitreichendes Thema, und ich werde es möglichst auf das Ich fokussieren. Steiner erklärt auf sehr nüchterne Weise, daß das, was wir seit alters her den Sündenfall nennen, eigentlich bedeutet, daß die geistige Kraft Luzifer so in das Wesensgliedergefüge eingegriffen hat, daß sich die vier Wesensglieder des Menschen ineinander verschoben haben. Und zwar ist es eine vierfache gegeneinandergerichtete Bewegung.

Der physische Leib hat sich tiefer in den Ätherleib, der Ätherleib tiefer in den Astralleib geschoben. Und dann erfolgt eine Gegenbewegung: Der Astralleib greift auf seinem Weg tiefer in den Ätherleib ein und das Ich tiefer in den Astralleib. Das Ich ist - so nennt es Steiner - ichlicher geworden, als es eigentlich von den Göttern vorgesehen war. Dadurch erlebt sich das Ich viel stärker als Egoität, dadurch erlebt das Ich die Wirklichkeit des Stoffes ganz anders. Und der Mensch konnte auch den Materialismus entwickeln. Er konnte auf lange Sicht die Vorstellung bilden, daß Stoff etwas Wirkliches ist - soweit ist es ja auch noch richtig -, aber dann begann die Vorstellung, daß der Stoff das einzig Wirkliche sei.

Der eigentliche Kampfschauplatz innerhalb des Menschen ist aber seine Mitte, dort, wo die doppelte Verschiebung stattgefunden hat: Das Lebendige ergreift das Seelische, und das Seelische drängt sich ins Lebendige. Das ist die Welt der ständigen Gegensätze von Äther- und Astralleib. Das Ich ist in diese Verschiebungen lediglich stärker involviert, als es einst vorgesehen war.

Aber die Egoität ist keine Hilfe für die Ich-Erfahrung. An dieser Stelle sind wir ein wenig von Luzifer betrogen worden, denn wir erfahren nur den Leib wirklicher. Ohnehin ist das das Thema des modernen Menschen, daß seine Selbstidentifikation im wesentlichen eine leibliche ist. Das alles betrifft den sichtbaren Menschen.

Tod und Auferstehung im Menschen

Dann aber gibt es noch einen unsichtbaren Menschen, der aus dieser Entwicklung herausgehalten worden ist. In diesem unsichtbaren Menschen wirkt heute z.B. der Christus. Es sind die Kräfte, die uns immer wieder ein Stück auferstehen lassen. Hier ist es interessant, daß die Medizin etwas entdeckt hat, was von der Dimension her noch gar nicht richtig erkannt worden ist, und das ist die Apoptose, d.h. die Fähigkeit der Zelle zu sterben, damit gleichzeitig etwas Neues entstehen kann. Diese Apoptose hat mich immer sehr fasziniert, denn mit der Entdeckung dieses Phänomens wurde deutlich, daß der absolute Tod, den wir in der Medizin die Nekrose nennen, ein Gegenüber hat, das Tod und Auferstehung in sich trägt. Es stirbt etwas, damit etwas Neues entstehen kann. Und die Apoptose weist auf diesen zweiten Leib in uns hin.

W.W.: Hängt damit der Phantomleib zusammen?

V. Fintelmann: Ja, der Phantomleib ist in diesen zweiten Leib integriert, aber er entsteht im Menschen nur durch die Christuskraft. Durch Luzifer ist dieser Phantomleib angegriffen und weitgehend zerstört worden und muß nun durch die Verbindung mit den Auferstehungskräften des Christus völlig neu geschaffen werden. Und deswegen ist es so wichtig, wie vorhin schon mit der Anthroposophie angesprochen, daß der Mensch irgendwann einmal in seinem Leben dieser Christuskraft begegnet. Und eigentlich geht es in der Anthroposophie darum, den Weg zu Christus zu eröffnen. Deswegen schmerzt es manchmal, wenn die Anthroposophie in einer Abstraktion vor die Welt tritt, in der man den Christus überhaupt nicht mehr entdecken kann. Genauso schmerzt es, wenn man entdeckt, daß Anthroposophie intolerant wird, was in dem Moment, in dem sie sich auf Christus beruft, überhaupt nicht möglich ist.

Der Phantomleib

W.W.: Kann man aus Sicht des Arztes diesen Phantomleib des physischen Leibes irgendwo nachweisbar festmachen? Können Sie Anzeichen seiner Existenz beschreiben?

V. Fintelmann: Nachweisen kann man ihn physisch nicht, aber man kann ihn sehen. Man sieht ihn in der Gestalt. Der physisch-materielle Leib ist eine ungeheure Vielfalt vom Ich gebildeter Formen, aber er hat eine das ganze Leben anwesende Gestalt – und das ist das Ergebnis des Phantoms. Der Phantomleib bildet die Gestalt. Deshalb ist eine Menschenkunde, die die Gestaltwahrnehmung mit einbezieht, so wichtig. Das betrifft auch die menschliche Begegnung. Wir könnten sehr viel von einem Menschen erfahren, wenn wir uns mehr auf seine Gestalt einließen.

W.W.: Spiegelt sich das Ich am Phantomleib oder am materiellen physischen Leib?

V. Fintelmann: Der Spiegelungsleib ist der physisch-materielle Leib. Am Phantomleib könnte sich das Ich nicht spiegeln, denn in ihn ist das Ich ein Stück involviert.

W.W.: Steiner erklärt die Zerstörung des Phantomleibes durch den luziferischen Eingriff so, daß er mit der Materie in Berührung kam, daß es den Menschen ohne das Mysterium von Golgatha nicht sehr viel länger möglich gewesen wäre, ein Ich-Bewußtsein zu ergreifen, und daß auch nach dem Tode das Bewußtsein immer dumpfer geworden wäre. Können Sie irgend etwas dazu sagen, was genau an diesem Phantomleib zerstört worden ist?

V. Fintelmann: Nein, dazu kann ich nichts sagen. Im Grunde genommen ist es für mich sogar unvorstellbar, daß Luzifer an dieser Stelle überhaupt eingreifen durfte, daß die Götter das zugelassen haben. Denn eigentlich ist der Phantomleib derjenige Leib, der die höchste Vollkommenheit des Menschen darstellt. Ich kann mir nicht vorstellen, in welcher Form dieser Phantomleib angegriffen und zerstört wurde.

Wenn man auf Neandertaler und andere Urmenschen schaut und diese mit dem heutigen Menschen vergleicht, dann sieht man, daß der Mensch sich seine heutige Gestalt erkämpft hat. Die Zerstörung des Phantomleibes liegt deutlich vor der Zeit, in der der Leib materiell wurde. Er war also bereits angegriffen und zerstört, als er noch ein rein geistiger Leib war. Vielleicht ist dadurch zuerst eine Leibform entstanden, die nicht menschengemäß war.

Rudolf Steiner schildert die Zusammenhänge ganz lapidar, und er schildert weiterhin, wie die Zerstörung des Phantomleibes durch die Christuskraft allmählich wieder geheilt werden kann. Und die Frage für die Zukunft aller Menschen wird es sein, ob wir den Phantomleib wieder in die eigene Ich-Kraft bekommen.

W.W.: Der Eingriff Luzifers war eine Götterangelegenheit, und deshalb mußte Christus auf die Erde kommen. Nun ist jeder einzelne Mensch gehalten, diese Entwicklung weiterzuführen.

V. Fintelmann: Wahrscheinlich mußte das so sein, damit der Mensch den Keim der Freiheit aufnehmen konnte. Wenn dagegen der einmal geformte Phantomleib gänzlich erhalten geblieben wäre, dann hätte das schon eine gewisse Determinierung gehabt. Aber diese Zusammenhänge übersteigen den Menschenverstand.

W.W.: Ein Problem ist es, daß wir Anthroposophen oft davon reden, ohne eigentlich die Zusammenhänge zu verstehen.

V. Fintelmann: An dieser Stelle habe ich die Haltung eines naiven Menschen bewahrt. Hier braucht man wahrscheinlich die vier Schritte, die Rudolf Steiner auch in seinem Zyklus „Die Welt der Sinne und die Welt des Geistes" dargestellt hat (GA 134/27.12.1911). Hier spricht er auch über die Verschiebung der Wesensglieder und den Eingriff Luzifers und beschreibt die Schritte vom Staunen über die Verehrung zum weisheitsvollen Einklang mit den Welterscheinungen und die Ergebenheit in den Weltenlauf. Für mich ist das der ärztliche Schulungsweg. Das Staunen z.B. ist etwas, was immer wieder entstehen muß. Und ich staune jeden Tag wieder neu über jeden Patienten und jede Krankheit, und so

ist das Staunen immer wieder Ausgangspunkt zum Verstehen der Phänomene der Welt. Deshalb lasse ich mich auch immer wieder neu vom
Leben belehren.

Übungen für das Ich

W.W.: Wir haben schon darüber gesprochen, daß das Ich sehr stark
mit dem Willen zusammenhängt. Wie kann man sein Ich stärken, indem
man seinen Willen schult?

V. Fintelmann: Hier kann ich nur jedem modernen Menschen den
Vortrag Steiners „Nervosität und Ichheit" (11.01.1912, aus GA 143) emp-
fehlen, in dem er Willensübungen nennt, die auf den ersten Blick unglaublich einfach erscheinen, die aber zu einer großen Ich-Stärkung führen können. Eine dieser Übungen besteht darin, daß man Gegenstände,
die man täglich braucht, immer wieder an neue Plätze legt und versucht,
sie am nächsten Tag wiederzufinden. Eine weitere Übung ist, sich immer
wieder eine neue Schrift anzueignen, die Handschrift so zu verändern,
daß sie immer wieder anders wird. Das habe ich in meiner Biographie
unbewußt erfahren.

Ich war in meiner Schulzeit ein sehr strebsamer Schüler, hatte aber
eine katastrophale Handschrift. In meinen Zeugnissen hatte ich neben
allen guten Zensuren immer eine sehr schlechte Note im Schönschrei-
ben. In der zweiten Hälfte meiner Schulzeit kam ich auf eine Waldorfschule und brauchte etwa zwei Jahre, bis ich mit den künstlerischen
Fächern zurechtkam und dann auch darüber sehr glücklich war. Aber
was ganz von selbst eintrat, war, daß ich mit einem Male eine wunderschöne Handschrift bekam. Daran ist in meiner Biographie ablesbar, daß
das Ich einen Ort gefunden hatte, an den es eigentlich hingehörte. Der
Intellekt wurde ganz menschlich.

Eine weitere, ganz wichtige Ich-Übung ist für mich der Prolog des
Johannesevangeliums, wenn man ihn zu einer inneren Anschauung führt.
Ich sage das deshalb, weil ich mit meinen Patienten die Erfahrung gemacht
habe, daß dieser Prolog etwas ist, an das der moderne Mensch relativ
leicht anknüpfen kann. Man kann diese Schritte vom Wort über das Licht
in die Finsternis zu einer morgendlichen Aufwachübung machen. Das hat
eine ganz hohe Qualität der Ich-Identifikation und der Ich-Findung.

Ganz grundlegend kann gesagt werden, daß man das Ich sehr viel
mehr über jede Art von Willensübung schult als über Denkübungen. Eine

weitere Ich-Übung, besonders für den älteren Menschen, ist, ganz strikt gewisse Gewohnheiten abzulegen. Man kann sich – ähnlich wie bei der Schrift – ohne weiteres auch eine andere Gewohnheit anlachen. Diese Übung ist nicht leicht. Irgendwelche Ticks abzulegen, ist sehr schwer. Aber dadurch wird man ein Stück mehr man selbst.

Die Abwärtsentwicklung ist umkehrbar

W.W.: Kann man heute durchs Leben gehen, wie ein Rad im Getriebe, ohne je eine Ich-Tätigkeit zu vollbringen?

V. Fintelmann: Ich denke ja. Wenn ich durch die Stadt gehe oder auf Flughäfen oder Bahnhöfen sitze, dann begegne ich oft Menschen, die außerordentlich wenig von ihrem Ich ergriffen sind. Und Rudolf Steiner hat von der Sorge gesprochen, daß eine Entwicklung beginnen kann, in der die Menschen wieder auf eine niedere Stufe, fast tierähnlich, geraten können. Das darf man jetzt nicht im Sinne der Zeugen Jehovas betrachten, d.h. daß man sich über diese Menschen erhebt, sondern man muß es als eine ungeheure Aufforderung sehen, dieser Entwicklung entgegenzutreten. Denn diese Entwicklung ist umkehrbar. Menschen, die sich in dieser Abwärtsentwicklung befinden, werden wahrscheinlich eine Erschwernis in ihrer nächsten Inkarnation bekommen, aber damit ist die Entwicklungsrichtung noch lange nicht abgeschlossen, und sie können ihr Schicksal jederzeit wieder in die Hand nehmen.

Gerade im Bereich der Jugendlichen entdeckt man heute immer mehr Menschen, von denen man überhaupt nicht sagen kann, daß sie sich vom Ich her ergriffen haben. Die ganze Welt tendiert ohnehin in die Richtung der Uniformität, und es sind nicht die Fußballstadien allein, in denen man das beobachten kann. Ähnlich ist es im Arbeitsleben und im gesellschaftlich-politischen Leben. Man merkt es auch sehr stark an dem, was die Menschen sprechen, denn die Sprache ist einer der wichtigsten Orte der Ich-Offenbarung. Und es ist erschreckend, was allein schon bei vielen hochrangigen Politikern an Inhaltslosem gesprochen wird, zumindest an Ich-Inhaltslosem. Das sind gar nicht nur Worthülsen, aber die Inhalte sind austauschbar. Es sind Gedanken, aber diese sind nicht vom Ich ergriffen. Auch in vielen anthroposophischen Artikeln finde ich immer wieder Beiträge mit Worten, die ohne weiteres austauschbar wären. Sie erscheinen wissenschaftlich, modern und elegant, aber eigentlich sind sie nichtssagend. Und sie verraten nichts über denjenigen, der den Artikel verfaßt hat.

Die eigene Authentizität in die Welt einbringen

W.W.: Was wäre in der heutigen Zeit eine authentische Ich-Tat eines Menschen?

V. Fintelmann: Er sollte als derjenige vor die Welt treten, der er ist. Dann ist er authentisch. Das setzt sehr viel Mut voraus. Er sollte in weiten Teilen seines Lebens auch einmal so sein, daß er gegen den Strom schwimmt. Er sollte eine Überzeugung haben, zu der er auch steht und die er, selbst unter schweren Bedingungen, nicht in Frage stellt. Und dann sollte er schauen, an welcher Stelle in der Welt er diese Authentizität einbringt. Das wäre die Charakteristik eines modernen Menschen.

Er sollte auch ein Künstler des Lebens sein und mit dem ungeheuren Zeitkontingent umgehen, das jeder Mensch in dieses Leben mitbringt. Ich erzähle das deswegen, weil mich immer wieder viele Patienten gefragt haben, wie ich es schaffe, trotz enormer Arbeitsüberlastung in dem Augenblick, in dem ich mit ihnen zusammen bin, sie erleben zu lassen, daß ich alle Zeit habe, die sie brauchen. Zeit ist ein Element, in dem wir ein Stück Menschsein dokumentieren können. Ich bin ein großer Opponent der Terminkalender und aller daraus folgenden Zwänge. Zeit ist immer vorhanden, und es ist nur die Frage, wofür man sie sich nimmt. – Im übrigen begegnen wir durch die Zeit dem Christuswesen, das durch sie wirkt. Deshalb müssen wir auch eine neue Zeitqualität entwickeln.

Jacquemart de Hesdin: Psalter des Herzogs Jean de Berry, Miniatur: Narr,
nach 1386, Musée Nationale du Louvre, Paris

Im Zeichen der Individualität

von Claus-Peter Röh

Am Beginn des neuen Jahrtausends zeigt sich in vielen Lebensbereichen der Gesellschaft die Notwendigkeit, die Aufgaben der Zukunft aus klarer Bewußtheit neu zu greifen. Ein Begründen und Handeln nur aus bewährter Tradition kann nicht mehr weiterführen. Dieses gilt insbesondere auch für die Pädagogik. Die PISA-Diskussion ist nur ein Ausdruck für die existentielle Not des Erziehungswesens, das viele traditionelle Lern-, Einstufungs- und Prüfungsmethoden noch nicht verlassen kann. Auch die 1919 begründeten Waldorfschulen stehen mit den rasanten Veränderungen der Gegenwart vor Verwandlungen und Erneuerungen. Die Frage, aus welchen Kräften die Weiterentwicklung der Waldorfpädagogik impulsiert werden kann, führt unmittelbar auf das Wesen der Individualität: „Was gelehrt und erzogen werden soll, das soll nur aus der Erkenntnis des werdenden Menschen und seiner individuellen Anlagen entnommen werden", fordert Rudolf Steiner im Aufsatz „Freie Schule und Dreigliederung" (GA 24/1961/S. 37).

Läßt sich das Wort „Individualität" als „das Unteilbare" übersetzen, so deutet Steiners Formulierung zugleich auf eine rätselhafte Doppelheit hin: Die Individualität hat offenbar eine äußerliche, gewordene Seite ihres Wesens und, damit verwoben, einen innerlichen „werdenden Menschen" mit seinen „individuellen Anlagen". In der pädagogischen Praxis läßt sich diese Polarität immer wieder beobachten: In einer ersten Klasse z.B. hat es ein Kind sehr schwer, in die Gemeinschaft hineinzufinden. Gerade dort, wo sich die vielen Kinderhände zu einem Kreis zusammenschließen möchten, gelingt es diesem Schüler lange Zeit nicht, aus eigenem Entschluß mitzutun. Eines Tages rutscht ein Junge der Klasse auf dem Schulhof so unglücklich aus, daß er heftig auf die Erde fällt. Und ganz spontan, ohne jedes Abwägen, kommt das beschriebene Kind dem Gestürzten zu Hilfe, ergreift seine Hände und zieht ihn wieder auf die Beine. Für den beobachtenden Lehrer ändert sich in einem solchen glücklichen Augenblick der gesamte pädagogische Ansatz, ahnt er doch nun, daß im Innersten dieses Kindes auch noch andere Anlagen für die Zukunft schlummern. Die Kinder nicht auf ihre gewordenen äußeren Seiten festzuschreiben, sondern immer wieder neu nach dem inneren Kern des jungen Menschen zu fragen, beschreibt Rudolf Steiner als Erziehungsideal: „Das Kind ist vielfach heute schon etwas ganz anderes, als was es äußerlich zum Ausdruck bringt. (...) Gerade auf pädagogisch-erzieherischem Gebiete muß zuerst der Grundsatz Platz greifen, daß der Mensch heute innerlich etwas wesentlich anderes ist, als was äußerlich zum Ausdruck kommt. Das aber bedingt, daß man zukünftig die Pädagogen (...) nicht so bestimmt, wie man sie jetzt bestimmt, sondern nach ganz anderen Grundsätzen." (GA 177/1977/12.10.1917/S. 107f.)

Die Doppelnatur des Ich

Wie aber können wir als Erzieher den Blick für dieses Innere des Menschen erweitern? Betrachten wir zunächst den Ich-Rhythmus von Tag und Nacht: Überall dort, wo sich im täglichen Schaffen existentielle Grenzen und Schwierigkeiten aufbauen, tritt oft das Bedürfnis auf, eine wichtige Entscheidung mit durch die Nacht zu nehmen. Die Kraft des im Wachbewußtsein lebenden Tages-Ich hat sich zur Nacht hin verbraucht. Beim Einschlafen zieht sich jenes Ich des Menschen aus der Tageswachheit heraus und weitet sich in den geistigen Bereich der Nacht hinein. Das Nacht-Ich trägt stetig den innersten geistigen Wesenskern des Menschen in reinster Form, aber ganz im Unbewußten. Friedrich Schiller beschrieb diesen Wesenskern mit folgenden Worten:

„Der idealische Mensch

Jeder individuelle Mensch, kann man sagen, trägt, der Anlage und Bestimmung nach, einen reinen, idealischen Menschen in sich, mit dessen unveränderlicher Einheit in allen seinen Abwechslungen übereinzustimmen die große Aufgabe seines Daseins ist."

Im großen Schlafbedürfnis des kleinen Kindes, auch in der friedvollen Ausstrahlung des schlafenden Kindes, drückt sich seine tiefe Geborgenheit in der Weisheit des Nacht-Ich aus. Dadurch kann es auch über Nacht viel besser vergessen und verzeihen als der ältere Mensch. Von dieser Geborgenheit ausgehend erlernt der werdende Mensch dann in unzähligen Entwicklungsphasen, seine Fähigkeiten im Tages-Ich und in seiner zunehmenden menschlichen Freiheit auszubilden.

Nacht-Ich – Innerer geistiger Wesenskern des Menschen

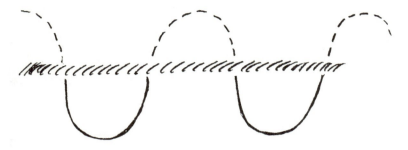

Tages-Ich – Bewußtsein und Freiheit des reflektierenden Ich

Gerade in den täglichen Übergängen vom Nacht-Ich zum Tages-Ich und wieder zurück prägen sich nun Eigenheiten der Individualität deutlich ein. Zwei Beispiele seien hier angeführt:

Nach einem bewegenden Ereignis in der Gemeinschaft verläßt ein Mädchen am Mittag enttäuscht und äußerst aufgebracht ihre Klasse. Ihr Unmut währt den ganzen Tag, auch die anderen Beteiligten sind noch sehr mit dem Erlebnis beschäftigt. Am nächsten Morgen aber kommt sie wie verwandelt in den Raum und geht ganz aus eigenem Entschluß sogar versöhnlich auf die Klassenkameradin zu.

Einem Jungen aus der Unterstufe merken Eltern und Lehrer an, daß er sich immer häufiger in sich selbst sehr unwohl fühlt. Die Eltern schildern, daß er auch sehr ungern und nur wie „gegen einen Widerstand" aufwacht. In gemeinsamen Gesprächen entsteht das Bild, ob er beim morgendlichen In-sich-hinein-Finden einen „Schuh" anziehen muß, der ihm gar nicht richtig paßt. Ausdruck des Nicht-Zusammenstimmens sind auch seine unruhigen intensiven Aufwachträume. Aus den Gesprächen der Erzieher entwickelt sich ein horchendes intensives Suchen mit den Fragen danach, wo der „Schuh" drückt und bei welchen Gelegenheiten sich der Junge in seinem ganzen Wesen harmonischer erlebt.

Gelingt es uns als Lehrer oder Eltern in würdevoller und liebevoller Art, nach dem inneren Wesen der uns anvertrauten jungen Persönlichkeiten zu fragen, so können sich aus dem tiefer werdenden Interesse am Menschen und seiner Entwicklung neue Perspektiven für die tägliche pädagogische Arbeit ergeben. Das innerlich verbindende Band wird stärker und kann dann helfen, Einseitigkeiten, Krisen und Grenzsituationen zu überwinden. Die rätselhafte Doppelnatur des Menschen, das Spannungsfeld zwischen seinem sich bewußten Tages-Ich und dem im Unbewußten des Willens wirkenden Nacht-Ich findet in vielen Werken der modernen Lyrik seinen Ausdruck. Juan Ramon Jimenez schreibt in seinem Gedicht:

> „Ich bin nicht ich.
> Ich bin jener,
> der an meiner Seite geht, ohne daß ich ihn erblicke,
> den ich oft besuche
> und den ich oft vergesse.
> Jener, der ruhig schweigt, wenn ich spreche,
> der sanftmütig verzeiht, wenn ich hasse,
> der umherschweift, wo ich nicht bin,
> der aufrecht bleiben wird, wenn ich sterbe."

Tätiges und reflektierendes Ich

Die folgende Aufgabe stellte Rudolf Steiner den ersten Waldorflehrern 1921. An Aktualität und Brisanz hat sie bis zur Gegenwart stetig zugenommen:

„Deshalb wird ja in unserer Waldorfschulpädagogik so unendlich großer Wert darauf gelegt, daß der Lehrer wirklich das Kind als etwas, was vor ihm steht wie ein Rätsel, das er zu enträtseln hat, anschaut, bei dem er darauf zu kommen hat, was es mit sich bringt. (...) Er hat niemals in irgendeiner Weise dogmatisch vorzugehen, sondern er hat das Kind selbst als seinen Lehrmeister zu betrachten." (GA 203/1978/22.01.1921/ S. 100f.)

„Lehrmeister" für mein Handeln als Erzieher kann das Kind nur werden, wenn ich parallel zur formenden Unterrichtsaktivität eine zweite, ebenbürtige Kraft entwickele: Nur mit einer intensiven Wahrnehmung und einer großen inneren Fragehaltung kann ich erfassen, was ein Kind mir in der täglichen Begegnung aus seinem inneren Wesen entgegenbringt.

Eine besondere Gelegenheit, diese wahrnehmende Begegnung zu üben, ergab sich bei der letzten Monatsfeier der Waldorfschule Flensburg im Februar 2005: Das Mittelstufen-Orchester mit Schülern der 5. bis 7. Klasse eröffnete die Feier mit zwei in der Dynamik sehr unterschiedlichen

Stücken. Es wurde unmittelbar deutlich, daß die 11- bis 13jährigen Schüler dabei einerseits schon sehr konzentriert, beherrscht und wachsam waren. Andererseits konnten sie sich in ihrer Spielfreude aber noch sehr leicht und schwungvoll in den gemeinsamen Rhythmus der Bewegung hineingeben. Als dann die Kinder der ersten Klasse im langen Reigen mit dem pentatonischen Lied von der „Schneekönigin" die Bühne betraten, verwandelte sich die Atmosphäre im Saal vollkommen: Was die Jüngsten mit ihren hellen, feinen Stimmen sangen und vortrugen, das meinten sie von ganzem Herzen. In der Aufregung des ersten Bühnenauftritts wurde erlebbar, wie hingebungsvoll sich diese jungen Menschen, die gerade das Kindergartenalter verlassen haben, noch mit dem Wesen der Welt verbinden: Sprache, Gesang und das rhythmische Bewegen der „Flötentropfentöne" wurden von ihnen noch als Ganzheit empfunden.

Die Zuhörer im Saal waren von diesen Kindheitskräften so ergriffen, weil sie unmittelbar wahrnahmen, wie das Ich des Kindes in diesem Alter noch viel stärker im Umkreis des jungen Menschen wirkt als im bewußt geführten Gedanken. Dieses aus dem Umkreis wirkende tätige Ich äußert sich in der Entwicklung des kleinen Kindes sehr machtvoll im Erlernen des Gehens, des Sprechens und in der hingebungsvollen Nachahmung. Bevor die Individualität sich ihrer selbst im Gedanklichen bewußt wird, bildet das tätige Ich diese lebensprägenden Fähigkeiten in der unbewußten Kraft des Wollens aus. In diesem Sinne steht das tätige Ich dem Nacht-Ich als Wesenskern des Menschen sehr nahe. In dem, was wir am Tage willentlich tun oder nicht tun, prägen wir der Welt sozusagen einen Siegelabdruck unseres Ich ein.

Am Ende der Monatsfeier wurde dann durch die Oberstufenschüler der 9. und 10. Klasse auch das Gegenbild des im Umkreis wirkenden tätigen Ich erlebbar: Aufrecht und selbstbewußt arrangierten sie Instrumente neben dem Flügel, um dann zwei Chorstücke aus dem Film „Die Kinder des Monsieur Matthieu" vorzutragen. Indem sich solistische Beiträge mit dem Chor in klarer Stimmführung abwechselten, wurde am Engagement des Vortrages deutlich, daß sich die Individualitäten dieser Altersstufe in voller Bewußtheit für diesen Auftritt entschieden hatten.

Das so erlebbare, bewußt reflektierende Ich (Tages-Ich) beginnt, sich vom ersten erfüllt gesprochenen „Ich", von der ersten bewußten Frage an, zu entwickeln. Wie viele Fragen hat ein Kind durch die Kindergarten- und Schulzeit hindurch seinen Freunden, Eltern und Erziehern gestellt? Die gedankliche Schärfe und die Fähigkeit, ein Thema wirklich auf den

Punkt zu bringen, wächst von der Mittelstufe an im Gang durch die Oberstufe.

In einem Philosophie-Gespräch mit Dr. Karen Swassjan stellten Schüler der 11. Klasse aus ihrem bewußt reflektierenden Ich heraus z.B. folgende Fragen: „Wie wird man eigenständig im Denken?" – „Wodurch kann das Ich-Bewußtsein zu neuen Lösungen führen, aber auch tief im Egoismus versinken?" Am Ende der Oberstufe entwickeln Oberstufenschüler oft schon eine sehr individuelle Ausdrucks- und Denkweise, wenn es gilt, ein Thema auf den Punkt zu bringen.

Die beiden folgenden Schülerbeiträge entstanden 1999 in einer 12. Klasse auf die Anfrage einer Tageszeitung hin, die Erwartungen an den Wechsel ins neue Jahrtausend in zwei bis drei Sätzen zum Ausdruck zu bringen:

„Was die ökonomische Entwicklung betrifft, so erhoffe ich durch die fortschreitende Globalisierung (daran knüpft sich meist eine Zentralisierung), daß nicht nur kapitalistische Interessen verfolgt werden, sondern die Menschen immer im Vordergrund stehen, sich ein Kulturaustausch, aber auch eine Kulturbewahrung und -wertschätzung ergibt. Können diese Voraussetzungen eingehalten werden, so ist die Basis zur Bereinigung weltpolitischer, sozialer und ökologischer Probleme gelegt, da mit dem Wort Kultur (Interesse für andere Kulturen und Hilfestellung) ein weitgreifender Begriff genannt ist, der in erweitertem Sinne all die genannten Probleme umfaßt." (Christine Belec, Waldorfschule Flensburg, Klasse 12, 1999)

„Die ‚magischen Nullen' scheinen eine ganze Welt in Aufruhr zu versetzen, aufgeputscht durch Medien und Werbung. Alle streben dem eigentlich alljährlich stattfindenden Jahreswechsel zu, ohne objektive ‚Rücksicht'. Was erwarte ich bei sekündlichem Wechsel des Angebots? Ich hoffe, daß ein ‚menschliches Maß' erhalten bleibt." (Lisa Winkler, Waldorfschule Flensburg, Klasse 12, 1999)

Das Entscheidende an der Polarität zwischen dem tätigen und dem reflektierenden Ich ist nicht das Entweder-Oder, sondern der lebendige Wechsel zwischen beiden in der biographischen Entwicklung. Die Fähigkeiten, die das tätige Ich auslebt, hervorbingt und individuell prägt, verwandeln sich im Laufe der Schul- und Lebensjahre in die Möglichkeiten und Fähigkeiten des reflektierenden Ich. Unsere Sprache ist ein aufmerksamer Zeitzeuge für diese Metamorphose vom tätigen Willenselement zur Innerlichkeit und Wachheit des reflektierenden Ich: Aus dem beeindruckenden Willensprozeß des Sich-Aufrichtens beim kleinen Kind bildet sich sprachlich für den älteren Menschen das Wort „Aufrichtigkeit". Aus der kindlichen Freude, im Bach oder in der Sandkiste nach Schätzen zu suchen, wird sprachlich die Fähigkeit, einer Sache „auf den Grund zu gehen".

Tätiges Ich im Willen – Reflektierendes Ich im Gedanken

Sich aufrichten	–	Aufrichtigkeit
Anfassen	–	Erfassen
Ergreifen	–	Begreifen
Wach stehenbleiben	–	Verstehen
Suchen in Wasser und Sand	–	Auf den Grund gehen
Klettern im Baum	–	Durchsteigen
Spiel und Weben mit Faden und Band	–	Knoten lösen, verknüpfen

Schon an diesen wenigen Beispielen zeigt sich unmittelbar, welche Bedeutung eine kindgerechte, lange Zeit der gesättigten Sinnes- und Spielerfahrung für die individuelle Ausreifung des bewußt reflektierenden Ich hat. Wird einem Kind etwa durch die zu frühe Einschulung eine reiche Sinnes- und Willenserfahrung genommen, so besteht die unmittelbare Gefahr, daß das reflektierende Ich später kein biographisches Fundament zu seiner wirklichen Ausreifung vorfindet.

Der bewußte Blick auf die individuelle Entwicklung der sogenannten Basalsinne in der Kindheit prägt heute immer mehr Therapieansätze.

„Erziehung zur Freiheit" ist für die Waldorfpädagogik der Weg vom gesunden Ausleben des tätigen Ich bis zur Ausbildung einer eigenständig und selbstbewußt reflektierenden Schülerindividualität in der Oberstufe. Charakteristisch für die Waldorfschule ist dabei der Versuch, durch alle Altersstufen hindurch eine sich dynamisch verwandelnde Korrespondenz zwischen dem tätigen und dem reflektierenden Ich zu ermöglichen. Die mächtigsten Helfer bei dieser gesunden Vermittlung zwischen den Ich-Polaritäten sind das Spiel, die Bildhaftigkeit und die Kunst.

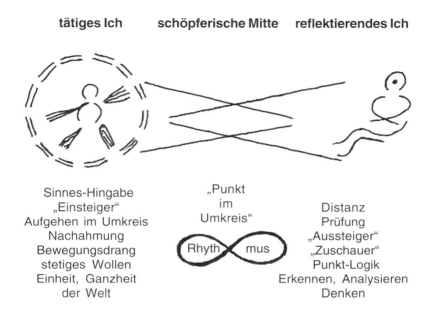

tätiges Ich   **schöpferische Mitte**   **reflektierendes Ich**

Sinnes-Hingabe „Einsteiger" Aufgehen im Umkreis Nachahmung Bewegungsdrang stetiges Wollen Einheit, Ganzheit der Welt	„Punkt im Umkreis" Rhyth mus	Distanz Prüfung „Aussteiger" „Zuschauer" Punkt-Logik Erkennen, Analysieren Denken

Überall dort, wo ein Kind wirklich in das Wesen des Spielens eintaucht, leben wie selbstverständlich die Hingabe-, Willens- und Bewegungskräfte des tätigen Ich auf. Zugleich kann das Kind im Spielen einen so hohen Grad an Wachheit und Konzentration entwickeln, daß sich der beobachtende Erzieher nur wundern kann. Das Wesen des Spiels hat offenbar die Kraft, das hingebungsvolle Aufgehen im Umkreis mit der Wachheit des reflektierenden Ich zu verschmelzen. „Und wir spielten und spielten, so daß es das reine Wunder ist, daß wir uns nicht totgespielt haben." (Astrid Lindgren: Steine auf dem Küchenbord. Hamburg 2000, S. 20) „Kinder sollten mehr spielen, als viele es heutzutage tun. Denn wenn man genügend spielt, solange man klein ist, dann trägt man Schätze mit sich herum, aus denen man später ein Leben lang schöpfen kann, dann weiß man, was es heißt, in sich eine warme Welt zu haben, die einem Kraft gibt, wenn das Leben schwer wird." (ebd., S. 35)

Umkreis und Punkt werden in der gesunden Leichtigkeit des Spiels zu einer dynamischen Ganzheit. Aus diesem Grunde ist der Fremdsprachenunterricht der Unterstufe in der Waldorfpädagogik seit ihrer Begründung auch vom Element des Spiels geprägt.: Die Kinder der ersten Klasse singen z.B. das Lied:

„Hickory, dickory, dock,
the mouse ran up the clock!
The clock strike one, two …
The mouse ran down,
Hickory, dickory, dock, –
But Jack, the cat jumped after him."

In Leichtigkeit verknüpfen die Kinder dabei das Singen der Melodie, das rhythmische Abwechseln der Rollen und Bewegungen von Uhr, Maus und Katze und das von Instrumenten begleitete Schlagen und Abzählen der Uhrzeiten. Deutlich wird hier, daß im guten, lebendigen Kinderspiel stets ein Element der Bildhaftigkeit enthalten ist. Das tätige Ich des Kindes hat das Bedürfnis, beim Eintauchen in das Spiel die feste Gebundenheit des reflektierenden Tages-Ich zu verlassen, um aus eigenem, innerem Entschluß ein Bild oder eine Rolle zu ergreifen. In der Bildhaftigkeit des freien Spiels sucht die Individualität des jungen Menschen den Freiraum des ureigenen inneren Zugriffs.

Aus diesem Grund steht die Bildhaftigkeit in der Waldorfschule im Mittelpunkt der Unter- und Mittelstufe: Es fällt dem tätigen Ich des Kindes in der ersten Klasse viel leichter, die vier Rechenarten über die originelle Verschiedenheit von vier „Geschwistern aus Norwegen" zu erfassen, als von einer eher abstrakten, gedanklichen Einführung auszugehen. Gelingt es den Schülern, über die Bildhaftigkeit zu einem wirklichen Erlebnis, zu einer wirklichen Betroffenheit zu gelangen, so ist die anschließende schriftliche Arbeit stets von einer stärkeren Willenskraft und Entschiedenheit geprägt. Auch das wache, reflektierende Ich kann dann unmittelbarer und leichter an dieses Urbild anknüpfen. Oft regt das innere Urbild die Kinder zu eigenen Fragen an: „Wenn der Jonne so groß ist und alles zusammenfügt, warum geht er dann im Fluß nur über jeden vierten Stein, und nicht über jeden sechsten?" Vom Märchenerzählen und dem bildhaften Einführen der einzelnen Buchstaben in der ersten Klasse bis hin zu den Schilderungen von Biographien der Weltgeschichte am Ende der Klassenlehrerzeit gibt die Bildhaftigkeit der Individualität einen großen Innenraum der freien Mitgestaltung und Vertiefung.

Im Durchgang durch die Schulzeit verwebt sich die verlebendigende Bildhaftigkeit immer wieder neu mit einem dritten, mächtigen Vermittler zwischen dem tätigen und dem reflektierenden Ich.: Schon 1919, bei der Begründung der Waldorfpädagogik, steht die Kunst im Mittelpunkt einer zukünftigen Erziehung: „Daher werden wir von Anfang an einen großen Wert darauf zu legen haben, daß wir das Künstlerische im Kinde pflegen. Das Künstlerische wirkt ja ganz besonders auf die Willensnatur des Menschen. (...) Daher werden wir so vorgehen, daß wir jedes Kind etwas Zeichnerisches und etwas Malerisches pflegen lassen. Wir beginnen also mit dem Zeichnerischen und Zeichnerisch-Malerischen in der einfachsten Weise. Aber auch mit Musikalischem beginnen wir, so daß das Kind sich von Anfang an gewöhnt, gleich irgendein Instrument zu handhaben, damit künstlerisches Gefühl in dem Kinde belebt werde. Dann wird es auch Gefühl dafür bekommen, etwas aus dem ganzen Menschen heraus zu fühlen, was sonst nur konventionell ist.

Es wird in der Methodik unsere Aufgabe sein, daß wir immer den ganzen Menschen in Anspruch nehmen. (...) Damit werden wir auch für später den Menschen geneigt machen, seiner ganzen Wesenheit nach Interesse für die ganze Welt zu gewinnen. Der Grundfehler war bisher immer der, daß sich die Menschen nur mit ihrem Kopfe in die Welt hineingestellt haben; den anderen Teil haben sie nur nachgeschleppt. (...) Aber nicht nur, daß das Künstlerische auch gepflegt werden muß, sondern es muß das Ganze des Unterrichts herausgeholt sein aus dem Künstlerischen. Ins Künstlerische muß alle Methodik getaucht werden. Das Erziehen und Unterrichten muß zu einer täglichen Kunst werden." (GA 294/1975/21.08.1919/S. 10f.)

Kunst als Raum für individuelle Entwicklung

Die Aufforderung, den ganzen Unterricht aus dem Künstlerischen heraus zu entwickeln, ist vielleicht die größte Herausforderung an den Waldorflehrer. Stellt man sich aber vor, wie sich z.B. die Lehrerin einer ersten Klasse vorbereitet bei der künstlerischen Entwicklung von Naturerzählungen, bildhaften Einführungen, Tafelbildern, Liedern und Versen, so wird unmittelbar deutlich, daß erst durch diese so entwickelte Produktivität im Lehrer auch die Schüler zur schöpferischen Eigenaktivität angeregt werden. Tatsächlich ist es von der ersten bis zur zwölften Klasse erlebbar, wie individuell sich die einzelnen Schüler im Künstlerischen ausdrücken: Eine Schülerin der ersten Klasse betont auf einem Märchenbild z.B. das tiefe, dunkle Blau des Brunnens, ein anderer Schüler beachtet den Brunnen kaum, läßt aber die gelben Strahlen der Sonne alles überfluten. Kein Bild gleicht bei genauer Betrachtung dem anderen. Und am Ende des Schuljahres zeigen sich bei der Zusammenschau der Schülerwerke deutlich individuelle Schwerpunkte und Entwicklungslinien.

Neben dem Beachten und Ansprechen des ganzen Menschen durch die künstlerische Betätigung erfährt auch der Unterrichtsinhalt eine entscheidende Erweiterung: Durch die Berührung mit der Kunst kann der einseitig gedankenbezogene Wissensstoff in neuen Qualitäten erfahrbar werden. Neue Perspektiven können sich entwickeln und ein vernetztes Denken anregen. Zur „Geschichte der Entdeckungen" in einer 7. Klasse gehört dann wie selbstverständlich die Schilderung der Biographien Magellans, Bartholomäus de las Casas und Leonardo da Vincis. In der künstlerischen Gestaltung der Epochenhefte werden dazu Landschaftsbilder, Landkarten und technische Errungenschaften gezeichnet. Die folgenden Bilder einer Indiofrau stammen aus dieser Epoche. Trotz gleicher Vorlage erhielten diese ersten Porträtzeichnungen eine vollkommen individuelle Prägung.

(Abbildung der drei Porträts auf den folgenden Seiten)

Gelingt es uns, durch eine künstlerische Ausgestaltung des Unterrichts, durch eine stetig weiterzuentwickelnde Erziehungskunst, beide Ich-Ebenen in schöpferischer Weise zu verbinden, so verlieren diese ihre Einseitigkeiten durch gegenseitige Bereicherung: Wo das reflektierende Ich logisch klare, aber auch vom Wesen des Themas abstrahierte Gesetze erfaßt, kann das tätige Ich andere Ebenen der Kreativität einbeziehen. – Wo das tätige Ich ein Thema in phantasievollem Ideenreichtum erfaßt, kann das reflektierende Ich den Prozeß in das gedankliche Erkennen hineinführen.

In der täglichen Begegnung mit den verschiedenen Schülerpersönlichkeiten zeigt sich nun, daß jede Individualität in ganz eigener Weise das Verhältnis zwischen den Ich-Polaritäten herstellt. Als Erzieher in Schule oder Elternhaus sind wir aufgefordert, uns ein Bild von diesem ganz individuellen Verhältnis zu machen: Ein junger Mensch z.B. bleibt lange Zeit mit Vorliebe zum tätigen Ich verhaftet. Dieser Mensch ahmt auch in der 4. Klasse noch sehr gut nach und ergreift mit großem Tatendrang alle praktischen Aufgaben. Der innere Übergang zum reflektierenden, wach bedenkenden Ich scheint zunächst nicht leicht möglich. Ein anderes Kind lebt schon in der Kindergartenzeit so stark im reflektierenden Ich (auf seiner Altersstufe), daß es die gesunde Nachahmung als Fähigkeit des tätigen Ich schon zu verlieren beginnt. Beide Kinder brauchen die Aufmerksamkeit der Erzieher, die sich ein intensives, klares Bild machen, um helfen zu können.

„Warten, bis das Selbst eingreift"

Wer aus dem bisher Geschilderten die Folgerung zieht, nun eine Art täglicher „Ich-Therapie" in der Erziehung anzustreben, liegt nach Rudolf Steiner im Sinne der Waldorfpädagogik ganz falsch:

„Ich (der Erzieher; C.-P.R.) warte, indem ich alles das im Menschen erziehe, was nicht sein Eigenes ist, bis sein Eigenes ergreift, was ich in ihm erzogen habe." (GA 308/1974/10.04.1924/S. 74)

Diese Unterscheidung zweier Entwicklungsströme beschreibt Richard Landl auf folgende Weise:

„Der eine Strom bezeichnet die von allen Menschen durchzumachenden Entwicklungsschritte, wie sie in der Entwicklung der Leiblichkeit in Schritten von jeweils sieben Jahren erfolgen. Die führt Rudolf Steiner in seiner Schrift ‚Die Erziehung des Kindes vom Gesichtspunkt der Geisteswissenschaft' aus." (Richard Landl: Erziehungskunst 9/2002/S. 1097).

In diesem ersten Strom ist der allgemeine Gang der Kindesentwicklung beschrieben, welcher vom Kindergartenalter über den Zahnwechsel und die Schulreife bis hin zur Pubertät führt. Wenn einzelne Kinder diese markanten Stadien auch zu verschiedenen Zeitpunkten durchlaufen, so ist für den Erzieher doch eine deutliche, altersbezogene Reihenfolge von Phänomenen zu erkennen.

„Einen zweiten Strom beschreibt Steiner als denjenigen des Bewußtseins unseres Ich, d.h. einen Strom, der die ganze Bewußtseinsentwicklung des Menschen umfaßt, die über das gesamte Leben hinweg anhält und gleichsam einen eigenen Weg geht." (ebd.)

Diese beiden Ströme werden von Rudolf Steiner so beschrieben, daß „das Bewußtsein unseres Ich einen ganz anderen Weg geht, als der Träger unseres Ich. (...) Der Gang der Entwicklung unserer Organisation geht vom ersten bis zum siebenten Jahre, dann vom siebenten bis zum vierzehnten Jahre, vom vierzehnten bis zum einundzwanzigsten Jahre in der Weise, wie das geschildert worden ist. Der Gang der inneren Entwicklung ist so, daß wir von dem vorigen ganz unabhängig sind, daß das Bewußtsein unseres Ich sich emanzipiert vom zartesten Kindesalter an und einen selbständigen Weg durch das Leben macht." (GA 143/1970/16.04.1912/S. 121f.) Nach Richard Landl sollte der Lehrer heute neben der Weiterführung der gesundenden Erziehung am ersten Strom der Leibesorganisation sein Augenmerk auch auf den zweiten Strom, den Ich-Strom, richten.

Was tragen uns die Kinder heute entgegen?

Schon vor dem Jahrtausendwechsel war in den 90er Jahren eine deutlich wachsende Individualisierung der Kinder zu beobachten: In einer ersten Klasse im Jahr 1995 kam es z.B. vor, daß ein Schüler aus seinem tätigen Ich heraus bei einer Rechenepoche zwei Tage lang nichts anderes tat, als von morgens bis abends eine wachsende Zahlenreihe ins Heft zu schreiben. Als er am dritten Tag schon vor dem Unterricht mit verkrampfter Hand zu schreiben begann und sein Ziel (die Zahl 500) fast erreicht hatte, betrat ein anderer Junge den Raum, erfaßte mit wachem schnellen Blick die Situation und sagte zum Lehrer: „Du, ich weiß, was ihm fehlt!" Auf die Frage, was es denn sei, antwortete er: „Zahlomanie!" Dieser Gegensatz zwischen dem Willens- und dem frühwachen Gedankenpol ist heute, im Jahr 2005, noch krasser geworden: Gehe ich als Lehrer einer ersten Klasse kurz vor Beginn des Unterrichts für einen Augenblick vor die Klassentür, weil eine Mutter mir etwas mitteilen möchte, so kann es vorkommen, daß, von einzelnen willensstarken Kindern ausgehend, die ganze 1. Klasse im donnernden Takt auf die Tische trommelt, nach dem Motto: „Jetzt soll es losgehen!" Betrete ich daraufhin erschrocken den Raum, kommen mehrere Jungen weinend zu mir: Was sie selbst so freudig mitgemacht hatten, hat auch sie erschreckt.

Auch in anderen Augenblicken ist eine hohe feinfühlende Sensibilität in der Klasse für das eigene Befinden anwesend, für die Gemeinschaft, für einzelne Schüler oder für die erzählte Geschichte. Neben die manchmal impulsive Willenskraft und diese hohe Sensibilität stellt sich dann oft noch eine sehr früh erwachte und oft sehr unmittelbar geäußerte Gedanklichkeit.

Als ich drei Monate nach der Einschulung zum ersten Mal etwas ungeduldig wurde und das Verhalten eines Schülers korrigieren mußte, richtete sich hinter ihm sein Freund und Beschützer auf und sagte klar und unmittelbar zu mir: „Ich glaube, du brauchst mal ein halbes Jahr Urlaub!"

Was uns die Kinder hier entgegentragen, ist deutlich gekennzeichnet von Verfrühungen, Vereinzelung von markanten Fähigkeiten, aber auch Unfähigkeiten, und oft von der Widersprüchlichkeit zwischen großer Gedankenwachheit und der Willenstat. Die Stärken der Kinder stehen neben Fragen und Problemen; impulsive Willenskräfte stehen neben einem großen Verständnisvermögen und einer hohen Empfindsamkeit.

Diese rätselhafte Durchmischung von Kräften stellt uns als Pädagogen einerseits vor neue Herausforderungen, zugleich ist es aber tief beeindruckend, mit welchem Interesse, mit welcher Freude und Kraft sich Kinder heute in den Unterricht einbringen. Bei allen Widersprüchlichkeiten strahlen viele Kinder eine deutlich lebensbejahende Entschiedenheit aus.

Er wußte genau, was er wollte

Gerade die felsenfest beharrende Entschiedenheit, mit der sich heutige Kinder für ein Tun oder Nichttun einsetzen, läßt uns im Schulalltag aufhorchen. Natürlich hat diese Fähigkeit in ihrer Randzone auch Auswüchse: Ein Schüler der ersten Klasse kann sich z.B. einen ganzen Tag lang aus allem Geschehen vor lauter Ärger „selbst aushebeln", weil er am Morgen nicht die Jacke anziehen durfte, welche er wollte. Dort aber, wo im Unterrichtsgeschehen diese klare Entschiedenheit aus dem Innersten heraus beim Begrüßen, Singen, Malen, Schreiben oder Zuhören auftritt, kann sie für die Dauer ihres Seins seelische Berge versetzen und das Lernen entscheidend impulsieren.

Vor einigen Tagen war eine Schülerin der 1. Klasse nach dem Hauptunterricht und zwei Fachstunden so erschöpft, daß sie in der Klasse „entschieden" einschlief. Während der Verabschiedung aller Klassenkameraden setzte sich ein Junge zunächst ganz unbemerkt an ihre Seite. Er hatte sich an diesem Tag nicht auf den Unterricht konzentrieren können und schon drängend gefragt, wann er endlich in den Schulhort gehen dürfe. Nun saß er aus eigener Entschiedenheit als Helfer und Beschützer lange neben der Schlafenden, half, ihre Sachen aufzuräumen und sorgfältig einzupacken. Bis sie (schlafend) in den Schulhort getragen wurde, wich er, ihren Ranzen schleppend, nicht von ihrer Seite. Es schien mir, als wisse er aus dem Innersten ganz genau, was er in dieser Situation wollte! Daß er dem inneren Willen dabei so lange, so liebevoll und so konzentriert folgen konnte, versetzte seine Lehrer in Erstaunen. Im Untergrund dieser Verwunderung war die Gewißheit anwesend, etwas Neues, etwas Wesentliches an diesem Jungen erfahren zu haben.

Die Folge dieses staunenden ersten Gewahrwerdens war in der folgenden Zeit ein sich deutlich verändertes Interesse an dieser Schülerindividualität: Gerade dort, wo er es mit dem Lernen und Zuhören nicht leicht hatte, tauchte das Urbild „des treuen, wachsamen Beschützers" wieder auf und schuf einen veränderten Umgangston zwischen Lehrer und Schüler: Die Achtsamkeit vor dem Jungen wuchs, und die zu ihm gesprochenen Worte erhielten eine feinere Färbung und Treffsicherheit. Den Weg des Erziehers vom tiefen, aus dem Willen aufsteigenden Staunen der Individualität gegenüber hin zum sich weitenden Interesse beschreibt Rudolf Steiner eindrücklich:

„Ein wesentlicher Impuls in der Entwickelung der Menschheit im Zeitalter der Bewußtseinsseele muß das Wachsen des Interesses von Mensch zu Mensch in der gestern geschilderten Weise sein. Das Interesse, das der eine Mensch an dem andern nimmt, das muß immer größer und größer werden. (...) Die Menschen sehen einander heute noch so, daß sie über das Allerwichtigste hinwegschauen, daß sie eigentlich keinen Blick für den anderen Menschen haben." (GA 185/1962/26.10.1918/ S. 112)

Als Helfer auf dem Weg, den anderen Menschen „zu sehen", beschreibt Steiner - nach dem vertieften Interesse - die Kunst in dem Sinne, daß ein künstlerischer Blick (siehe oben „Punkt im Umkreis") in der fein wahrgenommenen äußeren Erscheinung das Innere des anderen Menschen sucht.

Was bringst du mit? – Was will werden?

Beim Versuch, eine immer feiner werdende Wahrnehmung in der täglichen Begegnung mit den Kindern zu üben, zeigt sich bald, daß viele Schüler schon mit sieben Jahren sehr individuell geprägt sind: Die Leiblichkeit ist so ausgebildet, daß die ureigene Gestalt und Konstitution deutlich erkennbar ist. Auch treten schon ganz individuelle Fähigkeiten, Verhaltensweisen und Wertschätzungen hervor. Hat man das Glück, Zwillingspaare in einer Klasse zu haben, so kann man staunend miterleben, welche verschiedenen Kräfte beide Individualitäten in das Leben tragen.

Bei manchen Gewohnheiten und Verhaltensweisen entsteht der Eindruck, daß diese sich in den ersten Lebensjahren gebildet haben können. Andere Fähigkeiten, ob in der Art der menschlichen Begegnung oder im Lernverhalten, sind so markant und tief ausgebildet, daß sich der Gedanke aufdrängt, diese habe sich der junge Mensch aus einem Vorgeburtlichen ins Leben mitgebracht. Für die Erziehung der Zukunft, die immer noch individueller werden wird, sieht Rudolf Steiner die Frage nach dem mitgebrachten Schicksal oder Karma des Menschen als immer wichtiger an: „Es wird wichtig sein, daß, besonders in bezug auf das Erziehungs- und Unterrichtssystem, die Karma-, die Schicksalsfrage, die Schicksalsidee platzgreift. Das ist schon wichtig, mit welchen Persönlichkeiten mich mein Karma als Kind oder als jungen Menschen zusammengeführt hat. Und unter dem Eindruck, unter dieser Gesinnung des Zusammengeführtseins erziehen, davon hängt ungeheuer viel ab." (GA 177/ 1999/12.10.1917/S. 130)

Der Karmabegriff, den Steiner hier am Beispiel der Schicksalsbegegnung mit der Erziehung verknüpft, hat nichts mit nebulösen Vermutungen über vielleicht „sensationelle Vergangenheiten" zu tun. Vielmehr ist hier die Umwendung des Blickes in die Zukunft gemeint: In der aufrichtigen, würdevollen Begegnung mit der Kindesindividualität schaut der Erzieher das sich ausprägende „Mitgebrachte" so fein wie möglich an, um dann aber die Intention auf die Frage zu richten: Was will aus deinem Mitgebrachten in Zukunft werden? „Das Kind ist vielfach heute schon etwas ganz anderes, als was es äußerlich zum Ausdruck bringt. Man hat sogar schon extreme Fälle. Kinder können äußerlich aussehen wie die ungezogensten Rangen, und in ihnen kann ein so guter Kern stecken, daß sie die wertvollsten Menschen später werden. (...) Gerade auf pädagogisch-erzieherischem Gebiete muß zuerst der Grundsatz platzgreifen, daß der Mensch heute innerlich etwas wesentlich anderes ist, als was äußerlich zum Ausdruck kommt. Das aber bedingt, daß man zukünftig die Pädagogen, die Erzieher nicht so bestimmt, wie man sie jetzt bestimmt, sondern nach ganz anderen Grundsätzen, denn das Hineinsehen in ein Inneres, das sich nicht im Äußeren ausdrückt, erfordert ja etwas prophetische Gabe." (GA 177/1999/08.10.1917/S. 115f.)

Die Qualität der „etwas prophetischen Gabe" beschreibt Steiner an anderer Stelle als das intensive Bemühen des Lehrers, im Blick auf den Schüler nicht beim Gewordenen stehenzubleiben, sondern so nach dem Zukünftigen, dem Werdenden zu suchen, daß er „ein Bild dessen bekommt, was aus dem zu Erziehenden heraus will." (ebd./12.10.1917/S. 135)

Wenn ich als Lehrer diesen Griff in die Zukunft wage, muß ich mir oft eingestehen, daß ich dabei noch im Stadium des unsicheren Suchens bin. Vielleicht kommt es aber gar nicht nur auf die konkreten Ergebnisse an, sondern auf die Gesinnung: Für einen Schüler von der 1. bis zur 12. Klasse muß es ein fundamentaler Unterschied sein, ob er als ein gewordener, vielleicht vom Lehrer schon festgeschriebener Fähigkeitsmensch angesprochen und behandelt wird, oder ob er bemerkt, daß der Lehrer auf mögliche Veränderungen wartet und in den Herausforderungen des Alltags neue, noch nicht bekannte Seiten seines Wesens in ihm sucht.

Selbstheilungskräfte

Die im anthroposophischen Gedankengut beschriebenen Entwicklungsstufen, auf denen das ins Leben herabsteigende Ich den von den Eltern vererbten „Modelleib" nach und nach ergreifen und verwandeln möchte, rufen neue Fragen auf, wenn Kinder heute mit ihrer Gesundheit, ihrer Konstitution und ihrem Lernen durch heftige, aber auch langschwelende Krisen gehen: Sucht sich das Ich des Kindes in einer Zeit, in der die meisten Kinderkrankheiten nicht mehr ausgelebt werden, andere Krisen und Knotenpunkte, um den vererbten Leib umzuschmelzen und neu zu ergreifen? Kann ich als Erzieher einen individuellen „roten Faden" erkennen, auf welche Weise sich ein Kind die notwendigen Widerstände im Leben sucht? Jedes Kind trägt neben dem Fähigkeitsmenschen auch einen „Unfähigkeitsmenschen" in sich. Die Schüler selbst, Eltern und Lehrer müssen lernen, ihn anzuschauen und mit ihm umzugehen. Gerade dort, wo ein junger Mensch in existentieller Not vor einer eigenen Schwäche steht, taucht aus der Tiefe der Individualität manchmal ein Impuls zur Selbstheilung auf.

Als vor einigen Jahren ein junger norwegischer Waldorfpädagoge unsere Schule besuchte, war er erstaunt über die Klassengröße hier. Er habe, so erzählte er, nur 16 Schüler. Wenn er eine neue Aufgabe entwickelt habe, so würde er seine Kinder oft alleine im Haus oder in der Natur nach der Lösung suchen lassen. „Denn Schafe finden in den Bergen ganz allein das beste Gras!"

Diese beeindruckende Kraft, aus sich selbst heraus Situationen, Begegnungen oder Ziele zu wählen, welche in einer gesundenden, stimmigen Einheit mit der Entwicklung stehen, gehört zu den mächtigsten Eindrükken in der Begegnung mit Individualität heute:

Ein Mädchen einer 1. Klasse geht ihren Weg mit markanter Eigenwilligkeit. Sie hat ein sehr feuriges, willensstarkes Temperament, durch das sie oft in kleine Kämpfe mit anderen Kindern gerät. Sie hat erfreuliche Fähigkeiten, aber auch große Einseitigkeiten: Spricht sie z.B. vor der ganzen Klasse, so laufen ihr die Worte so schnell davon, daß oft nichts zu verstehen ist. Je mehr sie merkt, daß sie nicht zu verstehen ist, desto stärker meidet sie entsprechende Situationen, und desto größer wird die

Anspannung in ihr. – Der Schulbasar steht vor der Tür. In ihrer Klasse wird eine „Orientalische Märchenstube" eingerichtet. Als der Lehrer eine Stunde vor dem Beginn die letzten Vorbereitungen für die erste Erzählung treffen will, steht dieses Mädchen plötzlich vor ihm und bittet ihn inständig, sie mit in die Klasse zu nehmen. Beim Malen eines Plakates erzählt sie in ihrer schnellen Sprache von ihren Berufswünschen: „Ich möchte später zwei oder drei Berufe zugleich haben! Und wenn ich dann viel Geld verdiene, helfe ich damit anderen Menschen!" Schließlich wird das Tor geöffnet, und zahlreiche Gäste nehmen auf den orientalischen Kissen Platz. Das Mädchen aber setzt sich direkt vor den Erzähler, und kaum beginnt das Märchen, so staunt sie mit tiefstem Ernst und weitgeöffneten Sinnen in die Geschichte hinein. Dabei ist sie so hellwach, daß sie immer lauter die lange Erzählung mitspricht, indem sie simultan von den Lippen abliest! Eine Stunde später, beim zweiten Durchgang der Geschichte, sitzt sie an derselben Stelle und spricht wieder simultan mit! Diesmal muß sie allerdings manchmal schmunzeln, denn sie kennt die Geschichte schon fast auswendig und kommt in Versuchung, dem Erzähler hier und da schalkhaft vorzugreifen.

Die Leistung, die dieser junge Mensch dann etwa drei weitere Wochen lang im Sinne einer Selbstheilung aus individuellem Entschluß vollbrachte, ist unermeßlich groß. Und tatsächlich hat sich ihre Sprachfähigkeit in jenen Wochen deutlich erhöht. In den miterlebenden Pädagogen erwuchs dabei eine tiefe Ehrfurcht vor der Verwandlungskraft, die offenbar der Individualität innewohnt: „Wir können uns da außerordentlich zu Hilfe kommen, wenn wir (…) uns recht tief zum Bewußtsein bringen, daß alle Erziehung mit der wirklichen Individualität des Menschen im Grunde genommen gar nichts zu tun hat, daß wir eigentlich als Erzieher und Unterrichter im wesentlichen die Aufgabe haben, mit Ehrfurcht vor der Individualität zu stehen, ihr die Möglichkeit zu bieten, daß sie ihren eigenen Entwickelungsgesetzen folge und wir nur die im Physisch-Leiblichen und im Leiblich-Seelischen, also im physischen Leibe und im Ätherleibe liegenden Entwicklungshemmungen wegräumen. Wir sind nur dazu berufen, diese im Physisch-Leiblichen und im Leiblich-Seelischen liegenden Hemmungen wegzuräumen und die Individualität frei sich entwickeln zu lassen." (GA 302a/1977/22.06.1922/S. 88)

Individualität und Gemeinschaft

Wodurch schaffe ich als Lehrer Räume und Möglichkeiten für die Individualität, daß sie „ihren eigenen Entwicklungsgesetzen folge"? Eine erste Grundlage bildet die tiefe Beziehung von Mensch zu Mensch, die wir in der Waldorfpädagogik zu pflegen versuchen: Das Klima liebevoller menschlicher Verbindlichkeit gibt dem jungen, werdenden Menschen das Vertrauen und die Sicherheit, sich einbringen zu können: „Für die Ich-Organisation und das in sie hereinleuchtende Menschen-Ich gibt es kein besseres Stärkungsmittel, als die Pflege tragfähiger menschlicher Beziehungen. In der zwischen Menschen entstehenden seelisch-geistigen Wärme erlebt sich der einzelne bestätigt und gefördert. Schulungsmittel hierzu sind Lebensideale: Interesse am Schicksal des anderen, Anerkennung seiner Stärken, Akzeptanz seiner Schwächen, Vertrauen in seine weitere Entwicklung zum Guten.(...) Freundschaften, in denen gemeinsame Ziele oder Arbeitsaufgaben das Verbindende sind, erweisen sich als besondere Kraftquelle für das Ich." (Michaela Glöckler: „Begabung und Behinderung". Stuttgart 1997, S. 69)

Bis zur Oberstufe ist die rätselhafte Wechselwirkung zwischen Individualität und Gemeinschaft von entscheidender Bedeutung: In der Biologie-Epoche einer 9. Klasse wird das Skelett des Menschen mit verschiedenen Ausbildungen von Tierskeletten verglichen. Aus dem Unterricht ergibt sich die Aufgabenstellung, ein Tier so zu zeichnen, daß die Charakteristika von Skelett und Gestalt erkennbar werden. Von einer Idee beflügelt zündet eine Schülerin an dieser Zeichnung regelrecht durch ihre „Gewohnheitshüllen" durch: Sie entwickelt in mühevoller Arbeit einen Skizze, in der sie statt der Tierknochen das menschliche Skelett in die Gestalt eines Pferdes so hineingearbeitet, daß die charakteristischen Streckungen und Verwandlungen bis in die Körperhaltung hinein dem Betrachtenden unmittelbar erkennbar werden. In staunender Anerkennung betrachten die anderen Schüler ihr Werk. Durch dieses „Aufleuchten" des Individuellen sind das Thema, das Gespräch und die Gemeinschaft unmittelbar bereichert!

Die hier beschriebene förderliche, belebende Wechselwirkung ist für Rudolf Steiner die Grundlage für die Gründung der Freien Waldorfschule mit Blick auf die Entwicklung der Gesellschaft: „Worauf es der Gegenwart ankommen muß, das ist, die Schule ganz in einem freien Geistesleben zu verankern.(...) Nicht gefragt soll werden: Was braucht der Mensch zu wissen und zu können für die soziale Ordnung, die besteht; sondern: Was ist im Menschen veranlagt und was kann in ihm entwickelt werden? Dann wird es möglich sein, der sozialen Ordnung immer neue Kräfte aus der heranwachsenden Generation zuzuführen." (GA 24/1982/S. 37)

Horizontaler, vertikaler und raumgebender Wärmestrom

Das Ich ist der Wärme verbunden: Einerseits kann die Individualität, wie im vorangehenden Kapitel beschrieben, von der Wärme einer liebevoll fördernden Menschengemeinschaft so getragen sein, daß sie das Vertrauen in die „horizontale" Kontinuität der eigenen Entwicklung erlebt.

Dort aber, wo ein Schüler durch die Gewohnheitshüllen der Leibesorganisation „durchzündet", urständet die Initiative in der Innerlichkeit, in der Geistigkeit der Individualität und kann zur „vertikal" aufflammenden Begeisterung und Entschlossenheit werden. „Umgekehrt durchwärmt uns eine im Seelisch-Geistigen ‚auflodernde' Begeisterung bis in unser körperliches Leben hinein." (Michaela Glöckler: A.a.O., S. 68)

Im Ablauf des Unterrichts gibt es Augenblicke, in denen der Lehrer seine eigene „vertikale" Initiative zurücknehmen muß, um wirklich Raum für die Initiative der Schülerindividualitäten zu geben. Er wendet sozusagen die nach außen durchzündende Wärmequalität in eine nicht weniger intensive, hörende und wartende nach innen zurück. Auch unter den sogenannten „stillen" Kindern sind heute manchmal Individualitäten, die diese Kunst auf der Entwicklungsstufe des Altersschon weit ausgebildet haben: Sie bilden aus menschlicher Empfind-samkeit diese „raumgebende" Wärmequalität, in welcher sich der andere Mensch aussprechen kann.

Velazquez: Der Hofnarr Barbarossa, 1635, Museo del Prado, Madrid

Gefangen im Umkreis

Interview mit Seyran Ates

von Katharina von Bechtolsheim

Seyran Ates, *geb. am 20.04.1963 in Istanbul, lebt seit 1969 in Berlin. Mit 18 Jahren Trennung von der Familie. 1984 wird Ates Opfer eines lebensgefährlichen politischen Anschlags. Sie überlebt. Studium der Rechtswissenschaften an der Freien Universität Berlin. Seit 1997 selbständige Rechtsanwältin mit zwei Kolleginnen in Sozietät in Berlin Mitte. Interessenschwerpunkt Strafrecht und Familienrecht. Einsatz für gesetzliche Verankerung von eigenständigem Straftatbestand bei Zwangsverheiratung.*

2004 erhält Seyran Ates den Berliner Frauenpreis, vergeben vom Minister für Wirtschaft, Arbeit und Frauen, für ihren Einsatz für Migrantinnen. S. Ates wird häufig öffentlich zu Fragen wie Zwangsehe, Ehrenmorde, Integration und Kopftuchfrage konsultiert.

Veröffentlichungen: „Wo gehören wir hin?", Berlin 1983, Mitauto-
rin. „Große Reise ins Feuer", Reinbek 2003

„Ehrenmorde", „Zwangsheirat", „Unterdrückung", „Parallelgesell-schaft"- Begriffe, die vermehrt in den Schlagzeilen der Tageszeitungen auftauchen und die Aufmerksamkeit auf Lebensformen und traditionel-le Strukturen des Islam lenken, wie er in den Straßenzügen unserer Großstädte gelebt wird.

Diskussionsrunden debattieren heiß über die Kopftuchfrage - und in den eigenen vier Wänden bildet man sich eine Meinung zu diesen Fragen, die man im Kreis der Freunde darlegt.

Man ist verwirrt: Einerseits fühlt man sich aufgerufen, dem Islam das Wort zu reden, da, wo er von einer Weltmacht als Dogma des Bösen instrumentalisiert wird im Interesse rücksichtsloser Machtpolitik. Im eigenen Land lebt man aber doch friedlich nebeneinander: Grüßt man nicht auch den Türken, der das Gemüse verkauft? Macht man sich nicht stark für größtmögliche Akzeptanz? Ein Ehrenmord aber, den ein 17jäh-riger im Auftrag der Großfamilie an der Schwester verübt, der schockiert, rüttelt auf und lenkt Bewußtsein an eine Stelle, wo vorher keines war.

Wie wenig Kenntnis wir wirklich von der Kultur der Einwandererna-tionen haben, wird daran deutlich, daß nun, in der dritten Generation der Immigranten, Fragen an die Oberfläche gespült werden, die, wie Seyran Ates sagt, nur die „Spitze des Eisbergs" sind.

Die türkische Großfamilie und die islamische Tradition können wir aus der Ferne getrost gutheißen, denn sie haben ihre eigenen Gesetze, die uns kaum tangieren. Richten wir aber den Blick auf Einzelschicksale, auf Individuen, auf ein junges Mädchen, das verzweifelt versucht, seinen Lebensweg zu gestalten - und dafür mit dem Leben bezahlt -, oder auf ein anderes Mädchen, das diesen Schritt nicht wagt und deswegen zu einem Leben in völliger Unterwerfung verdammt ist, dann erwachen Unrechtsgefühl, Empörung, Erschrecken. Sollten wir eingreifen? Darf man sich einmischen? Haben wir etwa schlechte Integrationspolitik be-trieben?

Seyran Ates hat bereits als junge Frau, die sich von der Großfamilie gelöst hatte, auf die neuralgischen Punkte islamischer Werte hingewiesen: Zwangsheirat, Ehrbegriff, Grundrechtsverletzungen. Heute vertritt sie in ihrer Anwaltskanzlei Mandanten und Mandantinnen, deren Leben oft an den Strukturen der islamischen Gemeinschaft zerbricht. In diesem

Gespräch äußert sie sich zu der Rolle der Individualität in islamischen Gemeinschaften. Sie wirft ein Licht auf die Nöte junger türkischer Menschen, auf die Rolle der Frau, auf Importheiraten, auf rechtliche Fragen; sie kritisiert den „Multikultiwahn" und versucht, Lösungsansätze aufzuzeigen, die das Individuum schützen.

Katharina von Bechtolsheim: Der Begriff Individualität ist zunächst ein ungeschlechtlicher und beschreibt die Instanz im menschlichen Wesen, die eigene Impulse, eigene Anlagen und Entwicklungsmöglichkeiten hat, ein Wesen, das sich selbst Ziele setzen kann. Haben Sie Erlebnisse solcher Unverwechselbarkeit im Menschen?

Seyran Ates: Ja, das ist etwas ganz Besonderes, etwas Ureigenes im Menschen, das sich da offenbart. Als ich in meinem zweiten Buch auf die Frage der kulturellen Identität einging, versuchte ich, es so zu umschreiben: Ich habe Anteile aus dem Deutschen, ich habe Anteile aus dem Türkischen. Da aber, wo ich mit beiden Kulturen auf ganz eigene Art lebe, und in der Art, wie ich es tue, zeigt sich etwas ganz und gar Persönliches, etwas Ureigenes, etwas speziell Eigenartiges und Einzigartiges, was bei einem anderen Menschen unter gleichen Bedingungen völlig anders aussähe.

Ich bin ich!

K.v.B: Inwieweit sind Sie in der Wahlmöglichkeit zwischen zwei Kulturkreisen und Lebensformen stärker auf sich selbst zurückgeworfen, indem Sie Strukturen vergleichen, mitleben, ablehnen, Entscheidungen fällen?

S. Ates: Das war und bin ich schon allein deshalb, weil für eine Lebensform wie die meine und die sich daraus ergebenden Fragen keine Antwort der Außenwelt existiert. Mir wurde kein Konzept angeboten, also mußte ich selbst Entscheidungen für meine Lebensform treffen. In meiner ureigenen Entwicklung bin ich über weite Strecken von der Außenwelt eher gehemmt und behindert worden. Von außen wurde oft die Frage an mich herangetragen, was das Leben in zwei Kulturen nun bedeute: Was bist du nun? Türkin? Deutsche? Irgendwas dazwischen? In diesen Kategorien fand ich mich aber oft nur bedingt wieder, und als junges Mädchen hätte ich mich unter Umständen schneller entwickeln können, wenn ich nicht ständig diese Fragen hätte beantworten müssen. Ich dachte und denke dazu: „Was wollt ihr eigentlich von mir? Ich bin ich."

So fühlt man sich als Mensch

K.v.B: Gibt es Augenblicke in Ihrem Leben, über die Sie, vielleicht auch erst im nachhinein, sagen würden: Hier hat sich mein Ureigenstes die Bahn gebrochen? Leuchtet hier Seyran Ates auf, wie sie selbst ist – und nicht, wie ihre Umwelt sie beeinflußt hat oder sie haben will?

S. Ates: Über lange Zeit lebte ich in dem Gefühl, zwei Gesichter zu haben, in zwei Welten zu leben; ich fühlte mich gespalten. Dies ist ein enorm anstrengendes Lebensgefühl. In den 80er Jahren lernte ich dann nach und nach, mich anzunehmen. Und jetzt, wo Sie diese Frage stellen, fällt mir ein: 1986 war ich erstmals in den Vereinigten Staaten. Wir sind quer durch das Land gefahren. Dort fiel zum erstmals dieser Druck von mir ab, und ich wußte mit einem Mal: So fühlt man sich also als Mensch. So fühlt es sich an, ein Individuum zu sein. Es ist völlig belanglos, wo ich herstamme, wo meine Eltern herkommen – was zählt, ist, wer ich bin. Wir picknickten im Golden Gate Park in San Francisco, und die Bekannten und mir zunächst fremden Menschen, mit denen ich dort saß, forderten nicht von mir, mich über meinen Kulturkreis zu definieren: Wo kommst du her, wie lange bleibst du, wann gehst du zurück in deine Heimat? Das erste Mal spürte ich mich in meiner ureigenen Persönlichkeit. Nicht etwa, daß das an San Francisco gelegen hätte: Es gibt dort bestimmt viele Menschen, Hispanics, andere, denen es dort ähnlich ging und geht wie mir in Berlin.

K.v.B: Würden Sie sagen, Sie hatten das erste Mal räumliche und innere Distanz zu dem ständigen Konfliktfeld, in dem Sie sonst immer leben?

S. Ates: Ja. Ich blieb drei Monate in den USA. Und dieses Erlebnis hat bewirkt, daß ich mich entschied, an diesem Lebensgefühl und dieser Sicht auf mich festzuhalten. Als ich zurückkehrte, teilte ich diese Entscheidung meinem gesamten Umfeld mit, egal, wie ungern die Menschen es hören wollten.

Ein enormer Kraftakt

K.v.B: Mutig! Diese enorme Anstrengung, die Sie als Lebensgefühl beschreiben, wurde mir vor kurzem klar, als ich mit einer jungen Libanesin sprach, die in einen Türken verliebt ist und ihrer Familie gegenüber für diese Verbindung kämpfte. Was für eine Selbstkontrolle und welches

Taktieren, welche innere Anspannung! Sie erstellte abends Psychogramme ihrer Brüder, lebte und fühlte sich genau in sie ein, schrieb alles auf, um für jedes mögliche Gegenargument eine Antwort zu finden, und das für jeden Bruder und für Vater und Mutter individuell passend. Eine sehr kluge junge Frau, die enorme Energie darauf verwendete, ihre Familie zu überzeugen. Das ist ihr gelungen, aber sie war in dieser Zeit seelisch völlig überanstrengt.

S. Ates: Das kann ich nur bestätigen. Ich habe zwar keine Listen erstellt, aber ich habe den Bruch mit meiner Familie auch im Interesse meines eigenen Weges vollzogen. Nun lebe ich wieder zusammen mit meiner Familie. Das heißt, sie akzeptieren meine Arbeit, meine Lebenseinstellung, wir pflegen intensiven Kontakt und achten einander. Damit das gehen konnte, mußte der Bruch aber sein. Die ganze Sache war auch für mich ein enormer Kraftakt. Daß ich die Verbindung wieder aufnahm, lag daran, daß meine Familie mich liebt – und ich sie auch. Das erlebe ich als wichtigen Grundzug auch bei all meinen Mandantinnen: Diese Liebe ist für sie die tragende Kraft, auch wenn sie von zu Hause fortwollen und es müssen, um ihren eigenen Lebensweg zu gehen. Sie streben immer danach, den Kontakt nicht auf immer abzubrechen, anders als in deutschen Kreisen. Dort sagt man schnell: Auf Nimmerwiedersehen. Aus den Augen, aus dem Sinn. Darin unterscheiden wir uns sehr stark. Ich halte den Familiensinn durchaus für eine tragende Kraft. In Mitteleuropa schneidet man sich mit dem Abbruch sehr viel ab.

Übertriebener Individualismus

Ich sehe den Großfamiliensinn aber durchaus nicht rosarot, gerade ich nicht; er ist dringend reformbedürftig. Aber Menschen wie diese junge Libanesin und ich bewirken mit diesem Kraftaufwand bereits Veränderungen in den innerfamiliären Strukturen. Mit dem völligen Auflösen jeglichen Familienzusammenhalts ist die europäische Kultur in meinen Augen zu weit gegangen.

K.v.B: Sehen Sie das als übertriebenen Individualismus?

S. Ates: Extrem übertrieben, ja. Für türkische Begriffe ist Familienfeindlichkeit und Kinderfeindlichkeit hier so massiv; ich höre, daß einige Türkinnen, die durchaus wohlsituiert sind und sehr gut verdienen, vorziehen in der Türkei zu leben. Sie sagen: Ich möchte in einem Land leben, in dem Kinder noch erwünscht sind, gewollt sind; in dem man Familie noch für wichtig erachtet. Wenn das Frauen in solchen Positionen sagen, dann hat das schon etwas zu bedeuten und stellt der deutschen Kultur ein Zeugnis aus.

Kein Raum für Individualität

K.v.B: Inwiefern spielt Individualität im islamischen Kulturkreis überhaupt eine Rolle? Haben eigene Vorstellungen, eigene Lebensziele Gewicht?

S. Ates: Weder dem Mann noch der Frau wird Individualität zugebilligt. Das müssen wir gleich vorweg klären. Das betrifft Männer und Frauen gleichermaßen, wobei die Männer gewisse Freiheitsrechte genießen, indem sie die Erlaubnis haben, auch außerhalb der eigenen vier Wände zu leben. Das heißt, sie können gewisse individuelle Neigungen ausleben. Dies bedeutet aber noch nicht, daß sie sich als Individualität begreifen. Sehen Sie sich die sogenannten Ehrenmorde an: An ihnen können Sie sehr genau ablesen, daß auch die Männer unter extremem Zwang stehen. Sie agieren nicht aus sich heraus. Es ist nicht ureigenstes Bedürfnis eines jungen Mannes, seine Schwester zu töten. Das wird ihm auferlegt. Er steht unter dem Zwang, die Ehre der Gemeinschaft zu retten.

Die Frauen haben natürlich erst recht keine Möglichkeit, Individualität zu entfalten und auszuleben. Individualismus bedeutet ja, sich frei und selbstbestimmt zu entwickeln und das eigene Leben zu gestalten. Die überwiegende muslimische Gemeinschaft verlangt alles andere als ein selbstbestimmtes Leben von der Frau. Aussehen, Kleidung, Gebärden, Kontaktaufnahme, soziales Verhalten, all das wird von der Gemeinschaft kontrolliert und vorgegeben. Da ist kein Raum für individuelle Entfaltung und Individualität. Deshalb bin ich auch eine starke Kritikerin des Kopftuchzwangs, und ich glaube nicht daran, wenn mir eine Frau erzählt, sie trage das Kopftuch aus freien Stücken. Ein auch nur annähernder Individualismus, der notwendig wäre, um sagen zu können: „Ich trage das Kopftuch aus freien Stücken!" existiert meiner Ansicht nach nicht in der muslimischen Gemeinschaft.

Teil eines Ganzen

K.v.B: Würden Sie also sagen, daß der mitteleuropäische Individualitätsbegriff, so, wie er recht und schlecht hier verankert ist, für ein Mitglied der muslimischen Gemeinschaft überhaupt nicht existiert? Wenn ich nun aber jemandem gegenübersitze, wie empfinde ich dann diesen Menschen?

S. Ates: Sie erfassen Ihr Gegenüber nicht mit einem irgendwie gearteten Individualitätsbegriff. So, wie Sie mir hier gegenübersitzen, sind Sie dann für mich eine Person, die zu einer Familie gehört; Ihr Einzelschicksal zählt nicht. Wenn ich mit mir fremden Türken oder Kurden ins Gespräch komme, werde ich sehr schnell gefragt: „Wer sind deine Eltern, wo kommen sie her?" Sie werden immer als Teil eines Ganzen gesehen. Auch ich mit meinen 41 Jahren in meiner Position als angesehene Anwältin in Berlin, die für die Rechte der Frauen kämpft, sogar ich, von der man annehmen sollte, daß sie in der türkischen Community bekannt dafür ist, daß sie für gewisse Positionen steht, werde wahrgenommen als die Tochter zweier Menschen, die aus Sivas kommen. Die meisten Türken, denen ich begegnet bin, begreifen auch nicht etwa die Türkei als Heimat, sondern lediglich die Region, aus der ihre Familie stammt. Es interessiert auch kaum jemanden, wo ich geboren bin. Ich bin nämlich in Istanbul geboren. Es zählt lediglich die Region, aus der meine Eltern kommen.

Der Kontext zählt

Deswegen muß ich bei meinen Mandantinnen auch diesen Blick anwenden: Sie stehen für mich nie alleine da. Ich frage immer nach dem Kontext, der sie umgibt und der mitbestimmt. Bei der Fachkraft, die hier für mich arbeitet, habe ich im Bewerbungsgespräch stark abgetastet, welches Umfeld sie umgibt. Strenggenommen habe ich arbeitsrechtlich gesehen gar kein Recht, nach dem Ehemann zu fragen. Sie kam gemeinsam mit ihrem Mann zum Bewerbungsgespräch. Im Grunde genommen hätte ich fragen müssen: „Halt, einen Augenblick, warum bringen Sie Ihren Mann mit? Ihn will ich ja nicht einstellen, sondern Sie!", aber ich habe es, ganz im Gegenteil, begrüßt. Ich sah, daß sie ein sehr gutes Verhältnis hatten. Ich konnte abtasten, ob er das Ganze mitträgt, denn ich bin ja nun eine Anwältin, die auch Lesben und Schwule vertritt, also keine Alltagsarbeitgeberin.

Kopftuch: Die Unberührbare

Ich besitze selbst einen schwarzen Tschador, dies nur nebenbei. Ich halte sehr gerne Vorträge über die Kopftuchfrage, während derer ich selbst unter dem Schleier bin.

K.v.B: Das finde ich großartig. Pädagogisch sehr geschickt. Auch in Schulen?

S. Ates: An Schulen trug ich bisher immer unverschleiert vor, aber an der Universität oder vor Journalistinnen z.B. habe ich schon verschleiert vorgetragen.

K.v.B: Und wie reagieren Studenten und Journalisten darauf?

S. Ates: Das ist natürlich tief beeindruckend. Stellen Sie sich das für einen Augenblick vor: Ich stehe vor Ihnen und rede und rede – und Sie sehen meine Mimik nicht. Sie sehen lediglich meine Augen. Sie sehen kaum etwas, das von meiner Individualität zeugt. Nach und nach pflege ich mich dann zu entschleiern. Auf einer Juristinnentagung habe ich mit diesem Auftritt einer Professorin so die Luft abgeschnürt, daß sie es im Raum nicht mehr aushielt und hinausging.

Ich halte es für wichtig, Menschen, die sich mit dieser Frage theoretisch auseinandersetzen, konkrete Erlebnisse zu vermitteln. Ich lasse sie mich als Gegenüber verschleiert wahrnehmen, und ich rege sie auch an, sich einzufühlen, wie es ist, einen Schleier zu tragen – oder ein Kopftuch. Ihre gesamte Körperhaltung ändert sich, Sie ziehen sich zurück. Auch das Kopftuch kann die Wangen bis zur Kinnlade umschließen, es ragt über Ihre Stirn. Fühlen Sie das einmal durch!

K.v.B: Nun gibt es viele Menschen, die das Kopftuch mit dem Nonnenhabit vergleichen.

S. Ates: Ach! Wenn wir mit dem Kopftuch so weit wären wie mit dem Nonnenhabit, hätten wir die gesamte Diskussion keine Sekunde länger nötig.

Nonnen tragen und trugen das Habit ja nicht, um sich vor sexuellen Gelüsten und Übergriffen zu schützen, sondern um zu zeigen, daß sie sich gänzlich der Religion verpflichtet haben, ihr Leben der Religion hingeben wollen, und zwar aus freien Stücken. Es handelt sich hier nicht um ein sexuelles Bezugssystem. Es ist heute nicht mehr so, daß die jungen Mädchen, die als verwerflich oder vom guten Weg abgeirrt gesehen werden, ins Kloster geschickt werden. Zeigen Sie mir ein deutsches junges Mädchen, das, sobald es in die Geschlechtsreife kommt oder weil es sich mit einem Jungen an der Straßenecke geküßt hat, ins Kloster gesteckt wird! Diese Zeiten sind vorbei. Das Habit zeigt, im Gegensatz zum Kopftuch, den freien Willen der Frau an, die es trägt.

Das Kopftuch dient nach meiner Auslegung hingegen nicht dazu, Gottgefälligkeit aus freier Entscheidung zu zeigen. Es zeigt, daß diejenige, die es

trägt, rein ist, und daß diejenigen, die es nicht tragen, unrein sind. Und es bedeutet nicht Unterwerfung unter Gott oder ein religiöses Lebensprinzip, sondern lediglich Unterwerfung unter den Mann.

Leider Gottes gibt es sehr viele junge muslimische Mädchen, denen sofort Zwangsheirat blüht, wenn sie an einer Straßenecke mit einem Jungen gesehen werden. Dies kann ihnen auch schon früher drohen, sobald sich erste weibliche Reize auch nur ahnen lassen. Beim Kopftuch geht es um das Verdecken weiblicher Reize. Außerehelicher Verkehr ist im Islam nicht erlaubt. Das Kopftuch zeigt an, daß es sich bei der Trägerin um eine reine Frau handelt, um eine Unberührbare.

Die Ehre aller

K.v.B: Damit sind wir beim Ehrbegriff des Mannes. Die Ehre des Mannes definiert sich über die Keuschheit und sexuelle Tadellosigkeit seiner Frau; besser gesagt, nicht nur seiner Frau, sondern aller weiblichen Familienmitglieder. Dies ist ja nun für einen gestandenen Mitteleuropäer sehr schwer nachzuvollziehen.

S. Ates: Denken Sie an das einleitende Gespräch in Sachen Individualität: Wir existieren nicht als Individuum, sondern als Mitglied einer Gemeinschaft. Als Mitglieder einer Gemeinschaft haben alle Einzelglieder eine bestimmte, untergeordnete Aufgabe zu erfüllen. Der Ehrbegriff bezieht sich hier nicht auf das Individuum, sondern auf diese gemeinschaftliche Einheit; und er betrifft niemals eine Person direkt, sondern deren Umkreis. Und das ist fatal. Es ist kein individueller Ehrbegriff.

K.v.B: Also bildet sich auch keine individuelle ethische Haltung?

S. Ates: Nein. Die Ehre definiert sich über Keuschheit und auch über das sexuelle Fehlverhalten der weiblichen Mitglieder. Über das sexuelle Fehlverhalten wird nicht etwa nur die Ehre eines Mannes verletzt, sondern die Ehre aller Männer der Gemeinschaft. Da fühlen sich dann nicht etwa nur die nahen Verwandten betroffen, sondern der gesamte Umkreis. Das kann mitunter ein gesamter Bezirk sein. Im Grunde genommen betrifft es sogar alle Moslems. Das ist natürlich ein absurder Zustand.

Großspurige Hüter der Jungfräulichkeit

Einige Jungs der dritten Einwanderergeneration gebärden sich z.B. als die Hüter der weiblichen Jungfräulichkeit. Sie drangsalieren Mädchen auf dem Schulhof dafür, daß sie kein Kopftuch tragen, daß sie einen Freundeskreis haben.

K.v.B: Das habe ich in der U-Bahn auch schon beobachtet.

S. Ates: Ja, mit Worten wie: „Biste keine Türkin? Wieso trägst du kein Kopftuch?" Ich hatte mit 18 Jahren einen deutschen Freund, mit dem ich in der U-Bahn fuhr. Neben uns stand ein anderer Schulkamerad. Dieser Klassenkamerad, der übrigens, obwohl er Türke war, nur gebrochenes Türkisch sprach, unterhielt sich mit uns. Mit in der U-Bahn fuhr ein türkischer Mann. Der sprach nicht etwa mich an oder meinen deutschen Freund, sondern diesen Klassenkameraden, mit der aufgebrachten Frage, wie um alles in der Welt er tatenlos mit ansehen könne, daß ich als Muslima mich einem Deutschen hingebe. Sprach es und verließ empört unter Schimpfworten den Wagen. Dabei hatten wir gar keine Zärtlichkeiten ausgetauscht; ich war höchstens leicht an meinen Freund angelehnt. Ich halte selbst nicht viel von großen Küssereien in der Öffentlichkeit.

Und genau diese Art von Ehrbegriff leben einige Jungs nun 2005 immer noch.

Verlierer der Integrationspolitik

K.v.B: Liegt es mit daran, daß die Gemeinschaftsstrukturen in der dritten Generation so abgekapselt und verfestigt sind, daß ein Wiedererstarken dieser Werte bei den jungen Kerlen so aufwellt?

Velazquez: Sor Jeronima de la Fuente, 1620, Museo del Prado, Madrid

S. Ates: Gefestigt ist eben leider gar nichts. Sehr viele in der dritten Generation haben das unreflektiert mitgenommen. Es ist nicht etwa so, daß diese Werte individuell gewachsen wären, daß die Jugendlichen sagten: Ich bin der Überzeugung, daß es falsch ist, was ich hier sehe, dies geht gegen meine inneren Werte. Ein 14jähriger sagt: Bei uns ist das halt nun mal so – und er hat es von seinen Eltern. Dem geht kein persönliches Urteilen voraus.

K.v.B: Ich hatte auch nicht so sehr die freie Willensbildung im Auge, sondern eher die Frage, ob die Clanstrukturen inzwischen so gefestigt sind, daß es für die Jugendlichen leichter ist, diese Werte vehement nach außen zu tragen. Ist diese Entwicklung ein Anzeichen für mißglückte Integration?

S. Ates: Die Integration ist mit Sicherheit extrem mißglückt. Diese Jugendlichen haben leider in den Strukturen sehr wenig Halt. Sie haben nichts anderes als dieses großspurige Auftreten. Nur hierbei „sind sie noch wer".

K.v.B: Meinen Sie damit, daß diese Jugendlichen auch in der Familie keinen Halt mehr haben?

S. Ates: In der Familie haben sie kein großartiges Ansehen. Besonders eine Vielzahl der männlichen Mitglieder der dritten Generation sind die größten Verlierer der mangelnden, schiefgelaufenen und strenggenommen nicht gewollten Integrationspolitik. Sie machen den Großteil der Lost Generation aus, denn sie haben nichts mehr, an dem sie sich festhalten können. Den Mädchen gelingt die Integration noch eher.

K.v.B: Liegt es daran, daß die Mädchen kommunikativer sind?

S. Ates: Ja, sie sind kommunikativer, offener, sie bilden eher die Brücke, sie sind gestaltungsfähiger. Die Jungs sind auf eine Rolle festgelegt, die ihnen scheinbare Macht verleiht. Mädchen reagieren oft aus der Ohnmacht heraus.

Männliche Vorbilder sind gefragt

K.v.B: Setzt diese Opferhaltung Kraft frei?

S. Ates: Ja, denn die Mädchen wollen sich ihrer Einengung eher entledigen. Den Jungs wird also diese scheinbare Macht gegeben, die sie in der Gesellschaft authentisch gar nicht haben. Nur an diesem Punkt haben sie Macht. Und deswegen müssen sie dieses letzte Zipfelchen von Macht auch überall demonstrieren: Auf der Straße, in der U-Bahn. „He, wir sind die, die was zu sagen haben!" – weil sie natürlich bei den Deutschen überhaupt nichts zu sagen haben. Sie schreiben schlechte Noten in der Schule, bekommen keine Ausbildungsplätze, sie bekommen auf der Straße noch weniger Anerkennung, weil man sie als türkische Machos abstempelt.

K.v.B: Wo und wie müßte man ansetzen, um den männlichen Jugendlichen aus diesem Dilemma zu helfen?

S. Ates: Man müßte versuchen, ihnen authentische Ausstiegsmöglichkeiten aus dieser Sackgasse zu bieten. Sie müßten lernen, über andere Dinge Anerkennung zu finden. Sie bräuchten andere Bildungschancen. Sie bräuchten Vorbilder. Sie bräuchten dringend öffentliche männliche Vorbilder.

K.v.B: Aber diese müßten dann ja wohl aus der eigenen Community kommen.

S. Ates: Ja, mit Sicherheit.

K.v.B: Was sollten diese Vorbilder vermitteln?

S. Ates: Sie könnten sagen: Das Frauenbild, das Ihr hier großspurig verteidigt, ist überaltert. Nicht einmal mehr wir türkischen Männer schauen so auf unsere Frauen. Haltet nicht daran fest, es bringt euch nur Nachteile. Mädchen brauchen solche Figuren weniger, sie begreifen Interkulturalität eher, weil sie die Welten miteinander vergleichen und Sehnsucht nach diesem oder jenem entwickeln. Die Jungen geben sich der Illusion von Geltung hin, indem sie ihre kleine Schwester prügeln und genießen, daß sie ihr sagen dürfen, wo es lang geht.

Ehrenmord: die Spitze des Eisbergs

Nehmen Sie die drei jungen Männer, die vor wenigen Tagen den Ehrenmord an Hatun Sürücü vollzogen haben. Letztendlich haben sie sich einem sozialen Druck ausgesetzt, die Ehre der gesamten Familie bereinigt – und sie haben ihren individuellen Lebensweg vermurkst.

K.v.B: Da ist nun dieser gemeinschaftliche Ehrbegriff, dem sie sich unterworfen haben, aber schaltet sich damit ein individuelles Schuldgefühl völlig aus? Wo bleibt zumindest eine latente Verzweiflung über den Verlust einer geliebten Person? Haben die Geschwister einander nicht auch gern? Ist diese Tat nicht auch für die Seele des Täters völlig verheerend?

S. Ates: Es gibt Männer, die sagen: Ich würde dies jederzeit wieder tun. Viele Männer sind seelisch tatsächlich sehr verkorkst. Ein solcher

Ehrenmord ist ja die Spitze eines riesigen Eisbergs, der ultimative GAU. Wobei ich behaupte, wir hätten viel mehr solcher Morde, wenn die Frauen nicht reglos verharren würden, wenn mehr türkische Frauen Schritte täten, wie Hatun Sürücü sie vollzogen hat und die anderen Frauen, deren Fälle ich bearbeitet habe. Zur Zeit verharren viele Frauen in Schweigen, weil sie den Nachahmungseffekt dieser Taten fürchten. Und das ist nicht unbegründet. Viele Männer sagen ihren Frauen jetzt: Siehst du, was die können, kann ich auch. Sieh dich also vor.

Unrechtsbewußtsein wecken

K.v.B: Wenn nun die Zwangverheiratung als Straftatbestand rechtliche Gültigkeit erfährt, wie Sie es fordern, oder wenn das Jugendstrafrecht verschärft wird, damit jüngste männliche Familienmitglieder nicht mehr straffrei Ehrenmorde begehen, dann wäre dem von außen zunächst ein Riegel vorgeschoben. Aber wenn dieser Ehrbegriff so gewaltig ist – finden dann solche Taten nicht weiterhin ihren Weg zum Opfer?

S. Ates: Bisher wurde Zwangverheiratung ja nicht unter Strafe gestellt. Es wurde als Nötigung als strafbar erachtet, aber es wurde nie explizit so benannt. Nun ist es als besonders schwerer Fall der Nötigung strafbar. Um das Unrechtsbewußtsein zu wecken, brauchen wir meiner Ansicht nach unbedingt einen eigenen Straftatbestand. In der Gemeinschaft würde, wie ich denke, schon ein gewisses Umdenken beginnen, wenn wir die ersten Fälle hätten, die verhandelt würden und mit ihnen die ersten Urteile; wenn wir verdeutlichten: Nein! Das geht hier nicht.

K.v.B.: Inwiefern wäre ein solches Umdenken, angestoßen durch eine veränderte Gesetzeslage, eine Hilfe für die türkischen Jugendlichen?

Die Deutschen sind unrein

S. Ates: Natürlich sind die jungen türkischen Männer mit diesen Lebensbildern, die sie da ausleben müssen, seelisch enorm belastet. Es handelt sich ja in keiner Weise um positive Lebensmotive, wenn in ihnen enthalten ist, daß man unter diesen oder jenen Bedingungen die eigene Schwester töten muß. Man sollte also alles tun, um sie von dieser Last zu befreien. Dort, wo muslimische Männer Kontakt zur Moderne haben, wo junge Männer durch das Elternhaus die Chance hatten, in anderen Bezirken zu leben als in den Ballungsgebieten, wo ihnen anderes nahegebracht wurde als diese Werteskala, da sehen Sie auch Integrationserfolge. Solche Männer sind in dieser Gesellschaft angekommen. Deshalb würde ich sagen, es ist nicht Hopfen und Malz verloren. Alle Versuche, die aber von außen kämen und nicht aus dem eigenen kulturellen Umkreis, sind von vornherein zum Scheitern verurteilt; das ist leider meine Erfahrung. Solche Initiativen wurden strikt abgelehnt, als rassistisch abgestempelt, auch wenn es hin und wieder durchaus positive Versuche waren.

K.v.B: Würden Sie also sagen, daß die Einstellung bestehenbleiben wird, daß alles, was von den Deutschen kommt, von vornherein schlecht ist?

S. Ates: Ja; weitestgehend, wenn auch nicht alles, solange sich nicht innerhalb der Community ein Wandel vollzieht, solange nicht die Imams, Hodschas, die Gemeindevorsteher einen Wandel vorleben, wird dies so sein. Die inneren Strukturen gleichen ja einem Staat im Staate. Leute in gewissen Straßenzügen haben wirklich die Position eines Gemeindevorstehers, und sie übertragen ihr „Amt" an ausgesuchte Dritte. Gerade diese Respektspersonen müßten ein anderes Bild vermitteln. In der Gemeinschaft gibt es, anders als im hiesigen Kulturkreis, immer noch den authentischen Respekt vor den Älteren. Nur haben die Älteren bisher leider die Neigung, sich abzuschotten, indem sie an den alten Bildern festhalten.

K.v.B: Verachtet also ein typisches türkisches Familienoberhaupt, das z.B. in Berlin-Kreuzberg wohnt, die hiesige Werteskala, das hiesige Rechtssystem?

S. Ates: Ja, durch und durch. Deutsche sind unrein, unmoralisch, ihre Sitten sind verfallen, sie haben keinen Familiensinn, die Kinder werden mit 18 Jahren aus dem Haus geworfen, die Mädchen prostituieren sich, außerehelicher Geschlechtsverkehr wird durch die Familie unterstützt. Und deshalb müssen die eigenen Kinder vor den Deutschen geschützt werden. Auch der Rechtsbegriff wird verachtet. Die Frauen haben nach diesem Wertesystem viel zu viele Rechte.

Immer im eigenen Milieu

K.v.B: Beschreiben Sie doch einmal für den Leser kurz die Strukturen einer typischen Kreuzberger, Neuköllner, Weddinger etc. Großfamilie. Beschreiben Sie z.B., wie sich ein 13jähriges Mädchen seinen drei älteren

Nicolae Grigorescu, Türkische Gefangene, 2. Hälfte 19. Jh, Kunstmuseum, Cluj

Brüdern, seiner Mutter, seinem Vater unterzuordnen hat, wie sein Alltag aussieht.

S. Ates: Ein solches Mädchen darf ja noch zur Schule gehen. Dies ist also ein wesentlicher Teil ihres Kosmos, denn es gibt auch in der Gemeinschaft einen großen Respekt vor Bildung, aber keine häusliche Unterstützung dafür. Das Mädchen soll gute Schulleistungen erbringen, es soll möglichst auch gute Abschlüsse erzielen und eine gute Ausbildung erhalten. Gleichzeitig muß das Mädchen aber auch den Haushalt führen. Es gibt auch Familien, die ihre Tochter von der Hausarbeit befreien; dies geht aber nicht einher damit, daß sie etwa Freizeit hätte, sondern sie muß dann lernen oder ihre Zeit zu Hause verbringen. Draußen soll sie möglichst wenig Zeit verbringen. In Ausnahmefällen darf sie mit Freundinnen verkehren, aber das untersteht starker Kontrolle. Die Familie weiß immer ganz genau, wann wer bei wem ist. Sich irgendwo anders aufzuhalten bedeutet meist nur die Erlaubnis, sich bei Familienmitgliedern aufzuhalten, bei einer Cousine, bei einer Tante oder so. Freizeit findet also zum Großteil in Wohnungen statt. Man besucht sich gegenseitig, und dies ist die einzige Freizeitgestaltung. Kulturelle Angebote, Sport, Theater oder ähnliches sind nicht an der Tagesordnung und nicht im Sinne der Familie. Die Jungs hingegen treiben sich auf der Straße herum, gehen auch in Diskotheken. Die jungen Frauen, die Sie in Diskotheken sehen können, sind meist alleinerziehende Mütter oder geschiedene Frauen. Eine unverheiratete junge Türkin ist dort kaum anzutreffen. Unverheiratet auf die Suche gehen können hauptsächlich Männer oder einige wenige Frauen.

Die Väter arbeiten – oder aber sie sitzen zu Hause. Sie frequentieren vielleicht ein bestimmtes Café oder treffen sich mit Freunden und Verwandten, jedoch immer im eigenen Milieu. Der eigene Bezirk, geschweige denn die Stadt, in der man lebt, wird sehr selten verlassen; wenn überhaupt, dann nur, um andere Verwandte in einer anderen Stadt zu besuchen. Insgesamt sind die Erwachsenen zwar sehr kinderlieb, aber sie haben nicht im Bewußtsein, daß man Kinder auch fördern kann, sie zu Hause mit sinnvollen Spielen bilden kann, ihnen Erziehungsangebote machen kann, die sie über den Tellerrand hinausführen. Das soll in der Schule geleistet werden, man gibt es völlig ab. Man hat die Kinder einfach um sich herum.

Das Placet der Familie

K.v.B: Und wie gliedert sich die Familie hierarchisch?

S. Ates: Ganz klassisch: Die Männer sind die Oberhäupter, die Frauen sind ihnen untergeordnet. Die Hierarchie beginnt beim Vater und geht weiter über den älteren Sohn. Die Mutter hat immer nur Stellvertreterfunktion. Vor ihr steht der ältere Bruder, dann folgen die Schwestern.

K.v.B: Das heißt, wenn es ein Familiengespräch gäbe, bei dem die jüngere Schwester etwas erreichen will, wäre es für sie wichtiger, den älteren Bruder zu beeinflussen als die Mutter.

S. Ates: Auf jeden Fall. Der ältere Bruder hat mehr Durchsetzungskraft und Rechte als die Mutter.

K.v.B: Wird aber ein anständiger Bildungsweg auch für Mädchen gutgeheißen?

S. Ates: Das wird auf jeden Fall gutgeheißen. Wir wissen, daß in der Türkei 30 Prozent der Professorenstellen mit Frauen besetzt sind. Dieses Phänomen haben wir in islamischen Ländern und besonders in der Türkei. Dort herrscht großer Respekt vor Bildung. Ich werde immer wieder von türkischen Männern beglückwünscht zu meinem Berufsleben, und sie artikulieren dann, daß sie sich für ihre Töchter ähnliches wünschen. Das klingt vielleicht ein wenig absurd.

K.v.B: Wenn nun aber eine junge Türkin einen bestimmten Studienwunsch äußert und einen bestimmten individuellen Bildungsweg einschlagen will: Wie sieht es dann aus?

S. Ates: Dann wird es bei einigen schwierig. Die Frau braucht das Placet der Familie. Sie kann nichts allein entscheiden und kämpft oft vergeblich. Sie muß sehr geschickt taktieren, wenn sie sich selbständig machen will.

Zwangsheirat: Alles ist fremdbestimmt

K.v.B: Wie und wann fallen die Würfel für eine Zwangsheirat?

S. Ates: Bei einigen kurdischen Familien wird eine Zwangsheirat schon mit der Geburt beschlossen. Normalerweise geschieht dies aber um den Zeitpunkt der Geschlechtsreife herum. Wenn die Familie bemerkt, daß die Männer beginnen, bei einem Mädchen hinzugucken, kann es sehr schnell gehen – möglichst, bevor das Mädchen sich bewußt wird, daß Männer auf seine beginnenden Reize reagieren. Das Mädchen soll nicht auf dumme Gedanken kommen. Oft ist es so, daß Jungs verheiratet werden, die auf Abwege kommen, die mit Drogen in Berührung gekommen sind, die Straftaten begehen. Um sie vom schlechten Weg abzubringen, verheiratet man sie mit einer Importfrau, die wiederum keinen Schimmer davon hat, daß sie mit einem Jugendlichen verheiratet wird, der Straftaten begangen hat oder drogenabhängig ist. Drogenabhängigkeit ist ein sehr häufiges Motiv für eine Zwangsheirat: Die Braut soll den Jugendlichen retten. Strenggenommen ist das etwas wie organisierte Kriminalität. Wochen-, monate-, jahrelang wird dies von außen organisiert und auf den Lebensweg der jungen Menschen massiv Einfluß genommen. Man legt fest, daß der Betroffene keine Widerworte zu leisten hat, und dann beginnt die Maschinerie. Das Brautpaar ist ja in seiner individuellen Ausprägung oft noch gar nicht so weit, das nachvollziehen zu können. Man nimmt ihnen alles ab. Wer wann wo hinzugehen hat, wo sie zu leben haben, wer wo zu arbeiten hat, wen sie besuchen dürfen, wen nicht, wer zu konsultieren ist, wenn es Streitereien gibt, wo sie sich dann einzufinden haben, um die Dinge zu klären, auf welchen Wegen eine Aussöhnung praktiziert wird, alles wird fremdbestimmt organisiert.

K.v.B: Eine enorme Attacke auf die Individualität.

S. Ates: Genau. Und wenn es zu einer Trennung kommt, dann wird bis ins Detail organisiert, wie selbst diese Trennung stattzufinden hat. Ob es erlaubt wird, ob nicht, wenn ja, unter welchen Voraussetzungen, wo die Frau hinkommt etc. Wenn sie es schafft, in ein Frauenhaus zu gehen, kommen Tausende von Anweisungen der Großfamilie.

Nicolae Grigorescu, Catinca, 2. Hälfte 19. Jh, Kunstmuseum, Bukarest

Frauen als Sklavinnen

K.v.B: Wenn eine solche Importfrau aus ihren Wurzeln gerissen und woanders implantiert wird – dann hat sie doch vermutlich eine Art Sklavinnenstatus. Sieht die Schwiegermutter sie als wirkliche Braut ihres Sohnes – oder bedeutet eine solche Frau erst einmal Machtzuwachs für die leibliche Mutter des Bräutigams?

S. Ates: Sklavinnenstatus beschreibt es ganz genau. Endlich steigt die Schwiegermutter in der Hierarchie auf und darf auch einmal treten. Mit einer Importbraut wird selten der Wunsch verfolgt, eine neue Ehe zu beginnen, von einer Liebesheirat ganz abgesehen. Es wird oft lediglich für eine Haushaltshilfe für Sohn und Mutter gesorgt; eine billige Arbeitskraft, eine Sklavin. Sie erledigt den Haushalt und sorgt für Nachwuchs.

K.v.B: Wenn solche Frauen sich bei Ihnen in der Anwaltskanzlei einfinden, ist es dann oft schon zu spät?

S. Ates: Na ja, zu spät für was? Es ist meist zu spät, die Ehe mit dem Argument der Zwangsverheiratung aufheben zu lassen, weil die Jahresfrist meist überschritten ist. Es ist jedoch nie zu spät, den Frauen Hilfe zu leisten, sich scheiden zu lassen. Einige Frauen sind zur Zeit sehr eingeschüchtert und wagen nicht, den Bruch mit der Familie zu vollziehen, wegen der Ehrenmorde, die geschehen sind. Zwei solcher Mandantinnen hatte ich vor kurzem. Sie sagten: „Die bringen mich um, wenn ich gehe".

Opferschutz

K.v.B: Abgesehen von der Einführung des Straftatbestands: Müßten nicht rechtliche Hilfen eingerichtet werden, wie z.B. Opferschutz, Umzugshilfe, Bannmeile? Greifen diese Dinge?

S. Ates: Opferschutz ist leider viel weniger als ausreichend. Auch wenn wir einstweilige Verfügungen oder Anordnungen haben wie eine Bannmeile: Daran halten sich die besonders brutalen Männer nicht. Solche Männer haben ihre eigenen Gesetze. Dennoch: Wir sind glücklich, daß es das Gewaltschutzgesetz gibt. Wir bräuchten eben nur einen viel größeren Apparat für den Opferschutz. Die Maßnahme, die Frau in ein Frauenhaus zu schicken und sie dann alleine zu lassen, ist verheerend, schon psychologisch gesehen. Das ist der seelische Horror.

K.v.B: Hieße das, man bräuchte psychologisch geschulte Fachkräfte mit Kulturkenntnis?

S. Ates: Dringend, vor allen Dingen mit Kulturkenntnis. Außerdem werden qualifiziertere Sozialarbeiter gebraucht. Diese Frauen haben ja zu keiner Sekunde ihres Lebens gelernt, selbst Entscheidungen zu treffen. Man muß sie theoretisch wie Kinder an die Hand nehmen und ihnen beibringen, wie es ist, selbstbestimmt zu leben. Das ist wie Laufenlernen. Statt dessen werden allen Frauenprojekten und Frauenhäusern die Gelder gekürzt.

Augen zu und durch

K.v.B: Nun von der Mutter der Braut aus gesehen: Wie kommt es, daß Mütter, die durch Zwangsheirat unendlich gelitten haben und die ihr Kind lieben, ihre Töchter dennoch zwangsverheiraten?

S. Ates: Wenn zwangsverheiratete Frauen ihre Töchter zwangsweise verheiraten, dann deshalb, weil sie denken, ihre Töchter könnten nur in der Gemeinschaft existieren, sind nur anerkannt, wenn sie sich den Regeln unterwerfen. Die Furcht, daß die Großfamilie die eigene Tochter verstoßen könnte, weil sie sich einen Mann sucht, der nicht in die Gemeinschaft paßt, ist so groß, daß die eigene Tochter lieber zwangsverheiratet wird. Strenggenommen ist Berlin ja immer noch Westsidestory. Die Argumentation der Mütter ist oft die folgende: Schau mich und deinen Vater an. Wir kannten uns beide nicht. Wir haben uns angenähert, dann akzeptiert – und nach und nach wird es Liebe werden. Solche beschönigenden Gedanken wirken bei einer Jugendlichen unter Umständen zunächst.

Gewalt an der Tagesordnung

Es gibt ja sogar einige Linke, die sagen: Mag doch sein, daß arrangierte Ehen letztendlich besser funktionieren als Liebesehen. Das finde ich extrem verharmlosend und gefährlich. Im Grunde genommen ist diese Argumentation ein Schlag ins Gesicht all derjenigen Frauen und Mädchen, die in der Hochzeitsnacht vergewaltigt werden, während nebenan die Familienmitglieder sitzen und darauf warten, daß das Laken herausgereicht wird.

K.v.B: Ist häusliche Gewalt an der Tagesordnung?

S. Ates: Natürlich bei einer erschreckend hohen Anzahl. Eines der Mädchen, das hier war, hat sich die Vergewaltigung in der Hochzeitsnacht noch gefallen lassen, sie machte „Augen zu und durch!", wie man es ihr geraten hatte. Aber sie fand es so schrecklich, daß sie sich von ihrem Mann nicht wieder anfassen ließ. Sie wird seit sechs Monaten von Familienmitgliedern drangsaliert, geschlagen, und man versucht sie zu nötigen, wieder mit ihm zu schlafen.

Einige Schwiegermütter schlagen ihre Schwiegertöchter regelmäßig.

Eine andere Mandantin wollte zunächst kein Kind gebären. Die Schwiegermutter schlug sie, dann gab sie ihr Tabletten, von denen sie sagte, es seien Verhütungsmittel. Es waren Kopfschmerztabletten.

Die Frauen sind auf diesem Gebiet sehr zurückhaltend, sich zu äußern. Eine Mandantin, die zwanzig Jahre verheiratet war und fünf Kinder hat, sagte, sie habe kein einziges Mal freiwillig Sex gehabt. Rechnen Sie einmal aus, wie viele Vergewaltigungen das sind. Und was sollte diese Frau auf einer Gerichtsverhandlung sagen, wenn sie gefragt wird, warum sie Hunderte von Vergewaltigungen zugelassen hat? Eine Frau, die nie gelernt hat, individuelle Bedürfnisse zu äußern?

K.v.B: Die unter Umständen auch gar kein Deutsch spricht?

S. Ates: Das sowieso. Der Frau wird verboten, Deutsch zu lernen. Es wird mit allen Mitteln verhindert, daß sie Kontakt zur Außenwelt aufnimmt. Die gesamte Straße weiß, daß sie die zugereiste Importfrau ist, man achtet scharf auf ihr Verhalten. Viele Frauen denken, daß ihnen bei Trennung die Kinder genommen werden. Vielleicht erfahren sie durch Zufall, daß die Gesetze hier anders sind. In diesem Fall trauen sie sich eher, ihre Not zu artikulieren. Oder aber die häusliche Gewalt nimmt so schlimme Formen an, daß die Polizei aufkreuzt - und mit diesem Polizeibesuch entsteht das erste Mal Kontakt zur Außenwelt, der sie ermutigt. Ich würde sagen, in dieser Stadt betrifft solche häusliche Gewalt bestimmt tausende Frauen. Täglich. Ich spreche wirklich von täglichem Prügeln und täglicher Erniedrigung. Auch die jungen Mädchen betrifft das. Sie kommen von der Schule, der Bruder schlägt sie, der Cousin schlägt sie. Das ist nicht etwa Schwarzmalerei. Die Dunkelziffer ist enorm hoch.

Zwangsverheiratete Männer

Aber wir können ruhig auch einen Blick auf die jungen Männer werfen, die zwangsverheiratet werden. Diese artikulieren ihre Probleme noch weniger. Wenn man auf ihre Sexualität zu sprechen kommt, wird es sehr schwierig.

K.v.B: Ist bei ihnen der Statusverlust noch größer?

S. Ates: Ja, wobei den Männern eben der Kontakt zur Außenwelt nicht genommen ist. Sie müssen ihrer Frau nicht dienen. Sie kommen nach Hause, alles ist gebügelt, gewaschen, das Essen ist gerichtet, sie verrichten ihre ehelichen Pflichten und können dann die Wohnung wieder verlassen, ins Café gehen, hinaus. Und sie haben nicht selten draußen noch eine Freundin.

K.v.B: Das tut der Ehre dann aber keinen Abbruch?

S. Ates: Im Gegenteil.

Bewußte Unkenntnis: Gutmenschen

K.v.B: Wo liegen Ihre tiefsten Enttäuschungen über die Integrationspolitik?

S. Ates: Ich denke, unser Grundproblem ist diese gewisse Multikulti-Fanatik. Ich habe ja nun auch Kontakt nach Frankreich, nach Amsterdam, ins europäische Ausland, was diese Fragen betrifft – und ich sehe, daß in all diesen Ländern ein gewisser Multikultiwahn betrieben wird. Ich nenne die Menschen, die das betreiben, Multikulti-Fanatiker. Es sind mehrheitlich dem linken Spektrum zuzuschreibende Menschen und Politiker, Feministinnen, Grüne, vermeintliche Liberale, Linke, die ohne Kenntnis der Umstände urteilen.

Aber sie pflegen auch bewußt ihre Unkenntnis. Die Grundhaltung ist: Wir haben uns dort nicht einzumischen. Aufgrund ihrer eigenen Probleme, eine kulturelle Identität zu finden, finden sie in dem Schützen einer fremden Kultur Halt für ihr eigenes Leben. Dieses Schützen geht meist einher mit dem ausnahmslosen Hinnehmen anderer Kulturformen. Das gibt ihnen ein Selbstbild, Gutmensch zu sein.

K.v.B: Die Selbsteinschätzung, Gutmensch zu sein, speist sich demnach daraus, daß man unterläßt, sich einzumischen? Sehen Sie das in Deutschland auch gewachsen als Konsequenz aus dem Dritten Reich?

S. Ates: Ja, ganz gewiß. Dieses Gepäck im Nacken verursacht, daß diese Menschen nun die fraglosen Hüter der Minderheiten abgeben müssen. Die Deutschen haben ein wirklich absolut verkorkstes Verhältnis zu Integrations- und Minderheitenfragen.

Ich sehe nicht hin!

Kreuzberg etwa oder Wilhelmsburg in Hamburg – oder ähnliche Bezirke in anderen Städten – sind das beste Beispiel dafür. Es gibt viele durchaus denkfähige Bürger, die Tür an Tür leben mit Menschen, die zwangsverheiratet werden oder wurden. Sie hören, wie dort geschimpft und geschlagen wird, sie wissen ganz genau, daß dort Not herrscht; eine Tür weiter leben Mädchen, die körperlicher Gewalt ausgesetzt sind, die an Folter grenzt: Aber sie sehen nicht hin. Und nun frage ich: Warum zieht man denn in diesem „Ich sehe nicht hin!" keine Analogie zum Dritten Reich? Das sind doch erschreckende Parallelen!

Und so veranstaltet man gern Karneval der Kulturen; oder man geht dorthin, aber man hat keinen einzigen nichtdeutschen Freund! Man feiert Multikulti, aber man begeht diese Feste unter sich; denn wirkliches Multikulti heißt in Kreuzberg ja türkisch-arabisch-deutsch. Das kann doch nicht tatsächlich als Multikulti bezeichnet werden. Wenn Karneval der Kulturen gefeiert wird, drücken sich die türkischen Frauen an der Häuserwand entlang am Trubel vorbei oder sitzen in den Parks – oder sehen verstohlen von oben aus dem Fenster zu. Sie sollten, wenn Sie durch diese Straßen gehen, immer den Blick nach oben richten und daran denken, wie viele Frauen dort in ihre vier Wände eingesperrt sind.

Multikulti auf Kosten der Grundrechte

Ich weiß das aus eigener Erfahrung, denn ich habe selbst vom Fenster auf die Straße gesehen. Ich war selbst eingeschlossen in einer solchen Wohnung. Und wenn mir nicht einige Deutsche geholfen hätten, dort herauszukommen, säße ich unter Umständen immer noch da oben. Wenn ich wirklich Verantwortung übernehmen will für eine andere Kultur und für meine Mitmenschen, dann genügt es nicht zu behaupten, die Mehrheit der Türken sei integriert, denn sie ist es definitiv nicht. Wenn Integrationspolitik so betrieben wird, wie sie betrieben wird, so tut mir das in der Seele weh.

Nun gut, man könnte jetzt sagen, ich habe einen selektiven Blick, weil ich hier die negativen Fälle bearbeite. Aber aus meinem selektiven Blick heraus kann ich für eine Mehrheit sprechen. Selektiver Blick und persönliche Betroffenheit sind Schlagworte, mit denen man Gedankengänge und Argumente hervorragend abwerten kann. Aber die Integrationspolitiker reden über Dinge, verdienen ihr Geld mit einer Sache, von der sie im Grunde gar keine Kenntnis haben. Im Grunde weisen sie mit ihrer Haltung ihre Arbeit von sich.

Nicolae Grigorescu, Bäuerin aus Muscel, 2. Hälfte 19. Jh, Kunstmuseum, Bukarest

Nehmen wir ruhig auch einen Politiker wie Joschka Fischer, der mit Sicherheit mit dem Leitfaden der Multikultipolitik seiner Partei zu tun hat: Denken Sie, er hat auch nur entfernt Kenntnisse zu dieser Sache? Weiß der überhaupt, was tatsächlich im Leben der Minderheiten in Deutschland geschieht? Ich nehme ihn hier nur als Beispiel für die Generation der Alt-68er.

Der Begriff Multikulti kann nicht einhergehen damit, daß einer ganz klar umrissenen Gruppe von Menschen Grundrechte versagt werden: nämlich existentielle Menschenrechte – insbesondere den Frauen.

Besonders auf die Palme bringen kann es mich da, wenn linke deutsche Feministinnen dieser mangelhaften Rechtslage zuarbeiten.

K.v.B: Indem sie die Augen zumachen?

S. Ates: Ja, und mehr als das: indem sie Menschen wie mich als Rassistin bezeichnen. Sie machen mir zum Vorwurf, daß ich die Ansicht vertrete, daß es durchaus sinnvoll sein kann, Männer, die ihre Frauen extrem unterdrücken, damit meine ich wirklich extreme Fälle, in ihrem aufenthaltrechtlichen Status anzugreifen.

Steter Tropfen höhlt den Stein

K.v.B: Nun ist diese Haltung ja auch ein wenig generationsbedingt. Sehen Sie, daß sich da etwas ausdünnt und eine neue Generation nachkommt – oder werden dieselben Schlagworte gefahren? In der Öffentlichkeit beginnt ja anscheinend ein neues Bewußtsein zu wachsen, Entschließungsanträge liegen vor...

S. Ates: Na ja, ich kann nur sagen: Steter Tropfen höhlt den Stein. Zur Zeit bin ich eine der wenigen, die mit solchen Aussagen an die Öffentlichkeit gehen. Schauen Sie: 1983, als ich noch keine 21 Jahre alt war, noch vor dem Anschlag auf mich, brachte ich mich mit großem Engagement auf dem Internationalen Frauenkongreß in Frankfurt ein. Ich war gerade drei Jahre von zu Hause weg und bat dort um Unterstützung für all die jungen Frauen, die in der Situation verharren, aus der ich ausbrechen konnte. Ich machte mit Nachdruck darauf aufmerksam, welch große Rolle die Zwangsheirat spielt. Es wurde mir gesagt, ich solle das nicht so schwarzmalen. Dort sprang mir dieser eigenartige Kulturrelativismus entgegen: Das sei doch ähnlich wie in der katholischen Erziehung, es könne doch nicht so schlimm sein, man könne sich das gar nicht vorstellen, das sei doch eine kulturelle Eigenheit, es sei gar nicht sicher, ob man das als Zwangsheirat bezeichnen könne usw. Was ich aber 1983 gesagt habe, bezog sich auf diese Fälle, die heute ernst genommen werden. Deswegen sage ich: Steter Tropfen höhlt den Stein.

Wollen Sie denn alle kriminalisieren?

K.v.B: Von welchen Ihrer Forderungen erhoffen Sie sich, daß sie in einigen Jahren Wirkung tragen, vielleicht ein wenig schneller als in 20 Jahren?

S. Ates: Ich setze mich dafür ein, daß das Strafrecht dahingehend geändert wird, daß bei solchen Ehrenmorden, die jetzt geschehen, Organisationen wie Amnesty International oder Terre des Femmes nebenklageberechtigt sein sollten, denn die Mütter der Opfer tun es nicht. Das ist nun eine ganz neue Forderung, die ich bisher als einzige formuliere, und ich schätze, das wird eher 20 Jahre dauern als einige wenige.

Vor zwei Jahren war ich eine der verschwindend wenigen, die den Straftatbestand einforderten. Von den Grünen wurde mir damals gesagt: Frau Ates, wollen Sie denn alle kriminalisieren?

K.v.B: Inzwischen läuft der Antrag von Rot-Grün auf Gesetzesänderung.

S. Ates: Genau. Und jetzt wollen sie es sich auch gerne auf die Fahne schreiben. Meine Arbeit erschweren sie mir aber weiterhin. Ich bin ja zu radikal, selektiv und persönlich betroffen. (*lacht*)

Aber wissen Sie, vielleicht sind ja in 20 Jahren so viele Menschen in dieser Sache mit Öffentlichkeitsarbeit und guten Lösungsansätzen unterwegs, daß ich mich hier in meinem Büro ganz meinen Fällen widmen kann.

❦

Velazquez: Der Hofnarr Calabacillas, um 1636, Museo del Prado, Madrid

Das paradoxe Gesetz

Von Andreas Laudert

Er beweist nur sich selbst, sein einziger Beweis ist er selbst, alle Gegner besiegen ihn sofort, aber nicht dadurch, daß sie ihn widerle-
gen, er ist unwiderlegbar, sondern dadurch, daß sie sich beweisen.
(Franz Kafka, Tagebuch vom 15. Februar 1920)

1

Als Kind war Eigenwilligsein gleichbedeutend mit etwas Verwerfli-
chem. Wenn ich mich weigerte, zum Guten-Tag-Sagen Verwandten vor-
geführt zu werden, als sei ich ein Zirkuspferd, fühlte ich mich mir selbst
sehr nah (sofern ein Kind oder Jugendlicher das kann), vor allem, wenn
ich mich gerade einer Beschäftigung hingegeben hatte, die mich ganz
erfüllte und von der ich nicht weggeholt werden wollte. In meinem Fall
war dies das Schreiben. Meine pikierten Eltern, die keinen Respekt
hatten vor meiner Individualität und vor deren Neigungen, kommentier-
ten meine Bockigkeit mit dem merkwürdigen Satz: „Das steht Dir nicht!",
als handle es sich um eine Mode, als sei mein Eigenwille, meine Individualität ein Kleidungsstück, das man an der Garderobe der Konformität
abgibt, um vor anderen Menschen als etwas zu erscheinen, was man
nicht ist. Sie schafften es, mir ein schlechtes Gewissen zu machen. Die
Onkel und Tanten, die dieses seltsame Spiel unterstützten, aber vielleicht
gar nichts dafür konnten, habe ich nie als „Verwandte" empfunden,
sondern als Feinde, als die Anlässe einer erniedrigenden Verleugnung.
Ich hatte sehr alte Eltern. Als sie selbst so jung gewesen waren wie ich
damals, tobte der Zweite Weltkrieg. Sie waren in einer Gesellschaft
aufgewachsen, in der Individualität nicht nur nichts zählte, sondern nach
dem Krieg auch nicht bevorzugter Gegenstand des eigenen Strebens war –
dafür Ruhe, Ordnung und Stabilität. Tatsächlich genoß ich in meiner
Kindheit und Jugend der 70er und 80er Jahre eine Stabilität, die es
seitdem nie wieder gab. Selbst der jugendliche, eigentlich aber noch
kindliche Widerstand im Rahmen von Anti-Atomkraft- oder Friedensbe-
wegungen gehörte zu dieser Überschaubarkeit und Ordnung der moralischen Gefühle. Individuell und „cool" war derjenige, der auf der richti-

gen Seite stand. Mit der Wende 1989 und dem Ende der Schulzeit trat etwas anderes in mein Leben und veränderte die ganze Welt. Plötzlich war vom Sieg des Kapitalismus, vom Ende der Geschichte und von grenzenloser Freiheit die Rede. Die Achsen von Gut und Böse zerfielen fürs erste. Zwar mußte man immer noch ein schlechtes Gewissen haben, weil man ein Individuum war. Aber der Begriff wurde beweglicher, flexibler. Wer allzu rebellisch war, galt nun als irgendwie unentspannt. Denn es war ja der Kapitalismus, der die Individualisierung der Menschen letztlich gewährleistete und vorantrieb und der mittels Markenkleidung festlegte, was angesagt war. Als frei galt seitdem der, welcher sich soviel wie möglich leisten und aussuchen, wer sich verwirklichen konnte im Rahmen des Vorhandenen. Aber mitunter macht zu viel Freiheit unfrei. Die Deutsche Bahn erlebte eine Bauchlandung, als sie ein neues Tarifsystem einführen wollte, bei welchem sich jeder seinen individuellen Reiseweg zurechtbasteln konnte, um mit komplizierten Vergünstigungen so preiswert wie möglich davonzukommen. Der einsetzende Protest hatte viele Gründe – etwa die Konterkarierung der angeblichen Flexibilität durch eine Gängelung der Spontaneität –, aber einer war auch, daß die Leute schlicht keine Lust hatten, sich so viel mit Tarifen und Geldfragen zu beschäftigen. In der Zeit, in welcher die überforderten Schalterbeamten einen umständlich beraten hatten, wäre man in den Zug gestiegen und am Ziel angekommen.

Individuellsein ist in unserer westlich geprägten Gesellschaft zu einer modischen Forderung geworden, die oft das Gegenteil erzeugt. Allzu gewollte Originalität erscheint manchmal als Konformität. Alles mögliche wird einem heute individuell zugeschnitten: „Hier ist *Ihre* individuelle Lebensversicherung! Buchen Sie *Ihren* ganz individuellen Urlaub!" Plötzlich wird es zu einem heroischen Akt der Selbstbestimmung, sich diesem Service- und Individualitäts-Terror zu verweigern. Daß sich die Dienstleistungen individualisieren, heißt ja noch lange nicht, daß sich die Seelen der Menschen differenzieren, und daß ich zwischen immer mehr Kaffeesorten wählen kann, bedeutet nicht, daß ich immer freier werde. Unter jungen Leuten und unter „Kreativen" gilt es als out, in bestimmten Stadtvierteln zu wohnen, es gibt gleichsam Biotope für originelle Menschen. Dort finden wir die Läden, in denen wir uns einkleiden, die Theater, in denen wir uns geistig bestätigen, die Musik, die unser Lebensgefühl garantiert. Immer schon hat die Opposition gegen das Spießige früher oder später ihre eigene Spießigkeit hervorgebracht, das Außergewöhnliche seine eigenen Gewohnheiten und die vermeintliche Freiheit ihre eigenen, uns benebelnden Rituale. Die britischen Filmemacher Monty Python haben in ihrer Kinosatire „Das Leben des Brian" das Schicksal vermeintlicher Messiasse durchgespielt. Der gegen seinen Willen zum Erlöser erkorene Protagonist Brian, ein eher einfacher Mensch, versucht der ihm zujubelnden Menge klarzumachen, daß sie ihn nicht blind anbeten solle. Seinen verzweifelten Appell „Ihr seid alle Individuen!" als allgemeine Vorgabe interpretierend, skandieren sie im Chor: „Wir sind alle Individuen!" Nur einer von ihnen ruft dazwischen: „Ich nicht!" und beweist damit als einziger seine Individualität, allerdings ohne diejenige des Helden widerlegt zu haben. Im Gegenteil: *Wenn* sich hier Führertum offenbart, dann in dessen Verweigerung und in der Erkenntnis, daß es menschlicher wäre, sich nicht auf einen Sockel heben zu lassen, sondern jedem zu seiner spezifischen Mission auf der Welt zu verhelfen.

All diese Fragen haben mich als Erwachsenen nie verlassen: Wann mache ich mich schuldig: wenn ich zu sehr ich selbst, wenn ich egoistisch bin, oder wenn ich zu wenig ich selbst, wenn ich zu märtyrerhaft bin und meine Interessen verleugne oder opfere? Oder ist es das Gesetz der Individualität, daß sie keinem Gesetz folgt, also auch nicht dem eigenen, sondern daß sie absolut beweglich ist? „Der Messias wird erst kommen, wenn er nicht mehr nötig sein wird. Er wird nicht am letzten Tag kommen, sondern am allerletzten." So faßte Franz Kafka diesen Widerspruch zusammen. Wie wird der Messias wiederkommen? Kommt er als eine bestimmte, auserwählte Individualität, oder kommt er in der Individualität aller Menschen?

Vor diesem Hintergrund sollen im folgenden verschiedene Dimensionen dieses Begriffes ins Bewußtsein gehoben und dabei auch besondere Individualitäten und historische Schicksale betrachtet werden, die vielleicht im verborgenen miteinander zusammenhängen und mir typisch scheinen für unsere Zeit. Im Mittelpunkt soll dasjenige stehen, was ich als das paradoxe Gesetz aller Individualität bezeichnen würde: das Gesetz der Freiheit – das darin besteht, daß es keines ist. Der Begriff „besondere Individualitäten" wird ja so nur in esoterisch-okkulten Zusammenhängen verwandt. Tatsächlich läßt sich an Schicksalen, die sich vor anderen aus irgendwelchen Gründen auszeichnen, dieses Gesetz der Freiheit am eindrucksvollsten studieren. Denn wer wirklich individuell ist, lebt im Widerspruch. Er lebt dieses Paradoxon, er verkörpert es. Er wird ein Menschheitsrepräsentant. Der Grund des Paradoxons – Paradoxon ist nur ein vorläufiger Arbeitsbegriff – ist die menschliche Kreativität. Sie ist zugleich auch die Kraft, die dieses Paradoxon auflöst. Sie ist immer eine Rebellion gegen das Allgemeine – und belegt damit etwas Allgemeines. Das ist ja das Paradoxe oder, mit anderen Worten, das Schöne. Es macht die Lebenskunst aus, daß sich die hervorbringende Schöpferkraft – das Künstlerische – und unsere ebenso schöpferische und Geist offenbarende Urteilskraft – das Moralische – in ihr begegnen. Wie frei bin ich, meine Individualität zu übersteigen und zu vergessen, um mein Zusammenleben mit anderen so zu gestalten, daß ich nicht nur normativ, sondern situativ zu handeln vermag?

2

Eine Individualität zu sein bedeutet, schuldig werden zu können. Das Thema schließt an dasjenige der Schuld (FLENSBURGER HEFTE 86) direkt an. Wenn ich meine moralischen Impulse nicht aus mir heraus entwickele – was bedeutet, daß ich aus meiner Individualität heraus moralisch schöpferisch bin –, sondern nur allgemeine Vorgaben umsetze, wie man „richtig" handelt, kann ich nicht im existentiellen Sinne schuldig werden, sondern mich allenfalls juristisch strafbar machen. Ich kann die Verantwortung immer auf das Vorgegebene schieben, das in meinen Augen entweder untauglich ist oder aber das sich bewährt hat: Ich gehorchte ja nur. Wenn dies eine Weile eine gewisse Ordnung garantiert hat, mag ich für mich in Anspruch nehmen, Teil davon gewesen zu sein, also „funktioniert" zu haben. War zum Beispiel Kain nur ein Mörder oder, insofern er nicht mehr funktionieren wollte, nicht auch sehr menschlich? Kain erschlug Abel, weil Abel und dessen Opfer funktionierte und Kains nicht, weil Abel die Vorgaben Gottes adäquat umsetzte, während Kains Opfer von Gott mißbilligt wurde. Kain wurde zum Täter. Aber er war auch ein Opfer der eigenen Individualität und ihrer Affekte: Der Grund für Kains Zorn war Eigenwille und die Erkenntnis, daß Gott ihn scheinbar nicht beachtete. Wie Judas steht auch Kain Menschen Pate, die so sehr unter der Spannung von Individualität und Universalität litten, daß es schwerfällt, ihr Handeln moralisch zu bewerten. Für die einen sind sie Verräter, Erzbösewichte, Ketzer oder Kranke. Anderen gelten sie als visionäre Märtyrer, als Wegbereiter und Idealisten. Gerade die Heilige Schrift verweist hier auf die Freiheit der Schrift: Sie muß zwar erfüllt werden, doch das Unheil, von dem sie erzählt, zeugt oft von Menschen, die die

Johann Liss: Abel, von seinen Eltern beweint, 1.Drittel 17. Jh. Akademie, Venedig

Schrift bestätigen, indem sie gegen diese handeln. Alle Sünder sind begnadete Künstler.

Ein Aspekt von Schuldigwerden ist, kreativ und initiativ zu sein. Es bedeutet eine Vorwegnahme, das Überschreiten einer Grenze. Das verschafft uns neue Erfahrungen und Beurteilungsgrundlagen. Natürlich kann man sich auch schuldig machen, indem man etwas unterläßt. Aber auch das ist ein Tun, eine Initiative des Bewußtseins, eine Wahl. In jedem künstlerischen Prozeß, gerade beim Schreiben, wechselt man ab zwischen einem Drauflosschaffen und dann einem Prüfen, Kürzen und Tilgen des allzu Ausgesprochenen, des bevormundenden Kommentars, des zu überfrachteten Bildes. Ein Text wirkt durch das, was er sagt, und durch das, was er nicht sagt. Kunstwerke provozieren stets die Kreativität auch ihrer Betrachter, insofern ihr bloßes Vorhandensein die Grenze zwischen dem, was ist, und dem, was sein kann, für eine Weile verwischt. Daß jemand etwas erschaffen hat, also in Erscheinung treten ließ, was es vorher noch nicht gab, weist auf ein Vermögen hin, das derjenige, der solches sieht, sogleich auch in sich selber sucht.

Bringt man im Ergreifen der persönlichen Kreativität manchmal Überpersönliches hervor? Während ich in diesem Augenblick vor einem sich allmählich füllenden Blatt Papier sitze, blättern Sie, der Leser oder die Leserin, in einem zu Ende geschriebenen Buch. Sie halten ein Ergebnis in Händen, weil ich wie die anderen Autoren dieses FLENSBURGER HEFTES in einem Prozeß war. Als Leser begeben Sie sich ebenfalls in einen Prozeß: Ein Text wird Ihnen möglicherweise zur Ursache eigenen Nachdenkens. In diesem getrennt und doch gemeinsam ablaufenden Vorgang macht man die Erfahrung des Übergreifens der eigenen Individualität. Aber dieser Übergriff muß kein gewaltsamer sein. Er muß nicht als ein solcher empfunden werden. Ich habe mich mit dem aus Erfahrungen gewachsenen Vertrauen vor das leere Blatt gesetzt, daß mir schon etwas einfallen und daß es einzelne geben wird, die der Artikel anregen oder die ihn überhaupt zur Kenntnis nehmen werden, aber auch in der Hoffnung auf die Kreativität des Lesers. Mein Text begründet meine Individualität und übersteigt sie zugleich. Das Geschriebene wird danach nicht mehr mir gehören, sondern es ist eine Realität in der geistigen Welt geworden, in einem Gesprächsraum zwischen anderen Menschen und mir. Indem ich meine Gedanken niederschreibe, spreche ich potentiellen Lesern zu, willens zu sein, mich aus mir heraus zu verstehen zu versuchen. Ich hoffe, daß sie ihre eigenen Verstehensvoraussetzungen dabei reflektieren werden, so daß eine zwar relative, aber doch aufrichtige Offenheit entsteht gegenüber dem, was als Text an sie herantritt. Ich hoffe also, daß man mich in Frage stellen wird, denn dann weiß ich, daß ich lebe.

Rudolf Steiner sagt im XIV. Kapitel seiner „Philosophie der Freiheit" (GA 4): „Menschen, die in jede Beurteilung eines anderen sofort ihre eigenen Begriffe einmischen, können nie zu dem Verständnisse einer Individualität gelangen." Das Erkennen, schreibt er, müsse sich ebenso freimachen vom Gattungsmäßigen wie die zu erkennende Individualität. Ich glaube, es ist der Wunsch jedes Menschen, daß ihm um seiner selbst willen Interesse entgegengebracht wird und nicht um einer bestimmten Funktion willen.

Unsere Kreativität besitzt indes eine Doppelnatur. Wenn ich diese außer acht lasse, kehrt sie sich gegen sich selbst: Dann wirkt das vermeintlich Individuelle klischeehaft, und das Übergreifende wird zum Übergriff. Es gibt zwei schöpferische Qualitäten des Geistes: das Hervorbringen und das Beurteilen des Hervorgebrachten. Weniger über das, was andere tun, als zunächst über das, was ich selbst erzeugt habe, sollte ich illusionslos richten lernen, mit einem ruhigen Abstand – sowohl ästhetisch: ist es stimmig, was ich erschaffen habe? – als auch moralisch: war es richtig? Immerhin hat man Gott nachgeahmt, und so muß man nun wie er, bevor man seine Welt „der Welt" übergibt, sehen, ob sie gut ist. Bevor ich etwas veröffentliche und damit einen Prozeß, der sich bis dahin nur in mir abspielte, öffne, bin ich aufgerufen, seine Wirkung einzuschätzen. Dies fordert mein gewordenes Schriftstellertum und bereits erworbene Erkenntnisse heraus, denn damit kommt die Freiheit der anderen ins Spiel, dem gemeinsamen Prozeß ihren Stempel aufzudrücken und die Welt an sich zu reißen.

Noch jeder Schriftsteller ist auch durch das Lesen der Werke anderer zum Schreiben gekommen, so wie das Kind des Vorbildes des Erwachsenen bedarf. Man hat Sehnsucht danach, sich auch einmal „schuldig" zu machen am Zustand der Wirklichkeit, Sehnsucht, sich gegen das Gegebene zu entscheiden und sich die Freiheit zu nehmen, selbst für die Wirklichkeit zuständig zu sein. Dabei schafft man auch im Interpretieren etwa eines Bildes ein Bild. In der Fehlinterpretation eines Textes macht man sich schuldig an den Intentionen seines Verfassers. Aber was heißt Fehlen? Jede Schöpfung ist unerschöpflich, und manchmal berühren ihre Interpreten eine Wahrheit, die dem Schöpfer gar nicht bewußt war. Je näher eine schöpferische Persönlichkeit der geistigen Welt steht, je präziser und gewissenhafter sie aus Geistigem arbeitet, desto dauerhafter, wahrer und umfassender ist ihr Werk. Es bildet dann die Verbundenheit zwischen dem Geistigen im Menschenwesen und dem Geistigen im Weltall bewußt ab und führt andere auf den Weg. Ein solches Werk berührt die Seelen der Menschen, es bewegt und beunruhigt sie wie Hunger oder Durst. Doch wenn man sich selber auf den Weg macht, beginnen auch die Möglichkeiten des Irrtums, es verstärkt sich die Notwendigkeit und auch die Lust am unkonventionellen Schritt, an eigenen, ungewohnten Geh- und Sichtweisen und völlig neuen Interpretationen, weil eine Sache um so rätselhafter ist, je präziser sie aus Geistigem wirkt. Was auf den Punkt gebracht wird, zerstreut sich sofort in den Umkreis. Das ist das Schicksal der Anthroposophie Rudolf Steiners. Kreativ, also individuell mit ihr umzugehen, kann nicht heißen, beliebig mit ihr umzugehen, sondern zeitgemäß. Aber auch hier lauert ein Paradoxon: manchmal wirkt gerade das Fundamentalistische beliebig, weil es nichts erschafft, sondern nur anwendet, und manchmal wirkt das Flexible und Weiterentwickelte beliebig, weil es im zwanghaften Erschaffen von immerzu Neuem das schon Vorhandene nicht mehr sieht und nutzt, statt dessen oft denunziert. Da erscheint Kreativität als Selbstzweck, als wolle man vor der Komplexität einer Sache fliehen, indem man sie neu erfindet. Aber das Wesen kann nicht neu erfunden werden. Individualität kann nicht bewiesen, sondern nur gelebt werden.

Die Erkenntnis, daß die Welt auch von meinen unscheinbaren Taten abhängt, bedeutet eine Verantwortung, die mir gleichermaßen Würde verleiht und mich erdrückt. Die Unentschiedenheit vieler Menschen heute mag aus diesem Schwellenerleben herrühren: Die vielen Möglichkeiten, so schön und freimachend sie einerseits sind, können auch lähmen, die vielen Reize und Wahrnehmungen verwirren. Schon daß ich geboren bin, ist eine Entscheidung gegen eine geistige Welt, so wie der Tod der neuerliche Entschluß für sie ist. Diese beiden Schwellen machen sich im heutigen Leben anwesender, werden durchlässig. Immer, wenn ich mich entscheide, mache ich mich schuldig an der anderen Möglichkeit, wie ich auch hätte handeln können, die ich zwangsläufig ausschließe. Ich mache mich aus meinem Geist heraus schuldig an meinem Geist und aus Freiheit schuldig an der Freiheit.

Kann ich meine Individualität und die kosmischen Wirkungen meiner Taten denn überblicken? Individuellsein bedeutet nicht automatisch, gegen den Strom zu schwimmen, es bedeutet manchmal auch, mit dem Strom zu schwimmen. Aber ich muß den Strom (geistig) erkannt haben. Es kann die übergeordnete Aufgabe einer Individualität sein, für die Menschheit schwere Schuld auf sich zu laden, aber genauso, ein scheinbar konformes, unauffälliges Leben zu führen. Die Frage ist, wie ich meine Intentionen einbringe in die Zeit, in der ich lebe, und auch, ob die anderen aus ihrer Individualität heraus erkennen und anerkennen können, was ich warum *jetzt* tue. Ob mich jemand als frei erlebt, hängt auch davon ab, wie frei er selber ist oder ob er mich um meine Freiheit oder mein So-Sein beneidet (wie Kain den Abel). Oft wird es als Übergriff empfunden, wenn jemand seine Überzeugungen radikal formuliert, weil es ziemlich moralisch klingen kann. Das bloße Äußern einer Überzeugung hindert den Mitmenschen eigentlich nicht daran, das Gesagte für sich zu relativieren, sich ein eigenes Urteil zu bilden und dieses danebenzustellen. Anders ist es, wenn jemand seine Überzeugung in Handlungen übersetzt, welche anders Überzeugten diese Freiheit nehmen. Die Geschichte ist voll von Beispielen, wo mit guten Gründen das Schlechte getan wurde, wo im Namen der Freiheit gefangengenommen, im Namen eines Gottes heillos gehandelt oder im Namen der Individualität dieselbe unterdrückt wurde. Individualität ist kein Inhalt, sondern etwas, was in mir reagiert, was ich aktiviere, was entsteht. Das Problem von Menschen, die bewußt oder unbewußt ihre Überzeugungen anderen aufdrängen und die Welt damit retten wollen, ist die fehlende Distanz zu dem, was für diese Menschen evident ist. Sie meinen etwas gefunden zu haben, einen Inhalt, den sie nur weiterzugeben haben. Was sie aber eigentlich belegen, ist ihre Kreativität, die Fähigkeit, sich mit Geistigem zu verbinden. Sie zeigen immer nur ihre Begeisterung, können aber oft nicht vermitteln, worin sie gründet, weil andere Menschen nun einmal von anderen Dingen begeistert sind. Das ist auch das Schicksal vieler, die zur Anthroposophie gefunden haben. Entweder mein Mitmensch fühlt, erkennt und lebt dasjenige, was Anthroposophie nicht als Gütesiegel, sondern im Wesen ist, auf seine Weise – dann macht ihn das nicht zu einem Anthroposophen, sondern zu einem Menschen oder, mit anderen Worten, zu einer Individualität, und meine und seine Weise werden sich in einer höheren Harmonie ergänzen; oder ich werde ihn auf keine Weise von Anthroposophie überzeugen können, weil er das Gefühl haben wird, ich wolle ihn nur von mir selbst überzeugen. Aber ich bin nicht ich, sondern ein mächtig gewordener Auszug meiner selbst, der sichtbare, Biographie gewordene Teil einer Kraft, die im Kosmos so wirkt wie im Menschen. Was ist diese Kraft? Christus? War der Menschensohn die Verkörperung von etwas so Allgemein-Menschlichem, daß nicht entscheidend ist, was er lehrte, sondern daß er war und auch, daß er wußte, wer er war? Offenbar schweben diejenigen Menschen besonders in der Gefahr zu fehlen, die es am wenigsten wollen, die sich auf moralische Motive berufen, seien es Vorläufer und Propheten oder Nachfolger und Jünger: Menschen, die das Gesetz der Freiheit mißachteten, indem sie ihm gehorchten, und die Gott in dem Moment verrieten, da sie ihn erkannten.

Ein Beispiel dafür, das sich kurz zu betrachten lohnt, ist der junge ägyptische „Ketzer"-Pharao Echnaton, für viele der erste Individualist auf einem Herrscherthron. Echnaton stand auf besondere Weise im Spannungsfeld von Persönlichem und Überpersönlichem, unter der Spannung eines starken Egos einerseits und ebenso starken moralisch-emanzipatorischen Menschheitsimpulsen andererseits. Er wurde schuldig, weil er zu damaliger Zeit zu individuell war. In einem Roman läßt der ägyptische Nobelpreisträger Nagib Machfus einen Zeitgenossen des Pharao sagen, daß Echnaton eigentlich ein Dichter gewesen sei und daß es eine

Echnatons Hieroglyphen

Echnaton (Amenophis IV)
© Wikipedia

Tragik bedeutet habe, daß er ausgerechnet in einer Machtposition war. Echnaton interpretierte das Eigene als etwas, was die Regel werden sollte oder was er bereits für die Regel, also für etwas Allgemeingültiges hielt. Sein Wollen wurde ihm zu einem Sollen für die anderen. Als er merkte, daß er scheiterte, floh er noch mehr in seine eigene Welt. Echnaton forderte, aus einer Evidenz heraus, aus persönlichem Erleben, daß alle anderen so glauben und so sein müßten wie er, nämlich Individualitäten. So ersetzte er den bis dahin gültigen Götterglauben durch die erste monotheistische Religiosität der ägyptischen Geschichte. Hätte das Volk die tieferen Gründe seines Glaubens persönlich allmählich nachempfinden können, wäre er nicht als Tyrann erlebt worden. Da er aber diese Evidenz nicht zeitlich aufgliederte, nicht schrittweise vermittelte, sondern überfallartig oktroyierte, war sie keine intersubjektive Evidenz mehr. Da er sich nicht genug mit der Situation seines Volkes verband, wirkte dogmatisch und unmenschlich, was eigentlich eine Vorwegnahme eines spirituellen Entwicklungsschrittes der Menschheit bedeutet hatte. Echnaton machte sich schuldig, weil er so unschuldig agierte: völlig naiv und verträumt.

Laut Rudolf Steiner spiegelt sich die ägyptische Epoche in der heutigen. Vor dem Horizont der Frage nach der Entwicklung von Individualität ist es interessant, eine andere Gestalt in den Blick zu nehmen, die zunächst nur wenig mit Echnaton zu tun zu haben scheint, allein schon deshalb, weil sie zu völlig unterschiedlichen Zeiten lebten. Während Echnaton äußerliche Macht besaß, fühlte sich der Schriftsteller und für viele geistige Repräsentant des 20. Jahrhunderts, Franz Kafka, sein Leben lang fremden Mächten ausgeliefert. Was Echnaton nicht bewußt wurde, weil er mit seiner Seele ganz im Eigenen aufging, nämlich der Widerspruch zwischen Erkenntnis und Leben, war dem Künstler Kafka schmerzhaft bewußt; deshalb ging Kafkas Seele nirgendwo ganz auf, es blieb immer ein Rest. In diesem Rest, in der Widerborstigkeit, sich mit etwas zu identifizieren, was man nicht selber erschaffen hatte, behauptete sich Kafkas Individualität. Da er zugleich so streng mit sich selber war und seinem Schreiben selten neutral gegenüberstand, sondern sich übermäßig, wie mit einem privaten Mythos, mit diesem Schreiben identifizierte, löste der eigene Perfektionismus – paradoxerweise – die Ziele seines doch so stark sich äußernden Strebens wieder auf. Wo Echnaton der Stimme seines Sonnengottes in absoluter Gewißheit vertraute und sich als auserwählt ansah, gab es für den modernen Intellektuellen Franz Kafka nur den Zweifel, die Selbstqual, die Unerkennbarkeit Gottes, die Schuld und das einem anonymen Schicksal Ausgeliefertsein. Auch Kafka spürte stark eine gewisse persönliche „Eigentümlichkeit", doch bewirkte sie eine Unterdrückung des Eigenen. Was Echnaton zunehmend schwächte, führte bei Kafka zur seismographischen Wahrnehmung des Wollens und der Eigentümlichkeiten anderer, ja der Welt. Bei Echnaton handelt es sich um eine Herrschergestalt, bei Kafka um einen Dichter, vielleicht um das, was Echnaton hätte werden können. Kafka fühlte sich nach eigenem Bekunden sein Leben lang „unschuldig schuldig" und identifizierte sich in Briefen sogar mit Kain. Doch es gab keine Evidenz eines Eigenen. Fraglos war das eigene „Böse-" und „Unwürdigsein":

„Jeder Mensch ist eigentümlich und kraft seiner Eigentümlichkeit berufen zu wirken, er muß aber an seiner Eigentümlichkeit Geschmack finden."

In diesem autobiographischen Fragment kommt Kafka über die Bewußtmachung seiner Eigentümlichkeit sogleich auf die Schuld:

„Man erkannte meine Eigentümlichkeit nicht an(...). Wenn man aber schon diese offen zur Schau gestellte Eigentümlichkeit verurteilte" – nämlich, daß er als Kind statt zu schlafen unter der Bettdecke immer noch lesen wollte – „um wie viel schlimmer mußten die Eigentümlichkeiten sein, die ich aus dem Grunde verborgen hielt, weil ich selbst ein kleines Unrecht in ihnen erkannte." Kafka unterscheidet dann zwischen „zwei Gruppen von Eigentümlichkeiten", den gezeigten und den geheimgehaltenen: „...bei der Lockerung der ganzen seelischen Organisation, die ich ohne entscheidende Unterbrechungen durchgemacht habe, genügte *eine* verborgene Eigentümlichkeit, um mich so zu erschüttern, daß ich mich mit aller sonstigen Anpassung doch nirgends festhalten konnte." (Hervorhebung im Original)

Aufgrund dieses Traumas wagte er selten, seinen Willen deutlich zu formulieren oder gar durchzusetzen. Auffällig ist, daß er sich im Tagebuch und vor allem in Träumen beständig mit Herrschergestalten identifiziert, vor allem häufig Vorstellungen von Napoleon hat.

In der Schule wurde einem Kafka als Autor vermittelt, der die Ausweglosigkeit menschlichen Strebens dargestellt habe. Man sollte weniger seinen eigenen Weg zu Kafka finden, sondern diese Ausweglosigkeit bestätigen. Dann bekam man gute Noten. So erlag man, in seiner Not, eben der Autorität von Kafkas Werk, obwohl einen das Rätselhafte daran ebenso nervte wie das Rätselhafte der Autorität des Lehrers. Erst später wurde mir klar, daß ich damals bloß nicht wagte, mir einzugestehen, daß mich Kafkas Romane eigentlich gelangweilt haben, während mich der Mensch interessierte. Als Schüler war ich zu meiner eigenen Individualität noch nicht erwacht. Ich übernahm die Urteile anderer. Als ich aber erwachte, merkte ich, daß auch in Kafkas Werken allgemeine Urteile übernommen und Autoritäten provoziert werden und daß die Individualität der Helden in den eigenen Projektionen verschwindet. Der Mensch ist dann gelähmt, im Äußeren zu handeln – wie in der im Prozeß-Roman eingebauten Parabel „Vor dem Gesetz": Ein Mann vom Lande strebt nach dem Gesetz, vor diesem steht jedoch ein Türhüter, der dem Mann einerseits versichert, es sei möglich einzutreten, andererseits „jetzt aber nicht". Der Mann beschließt also zu warten. Während all der Jahre unternimmt er vergebliche kindische Versuche, den Türhüter zu bestechen, damit er in das Gesetz eingelassen würde. Kurz vor seinem

Kafka (ca. 1917)

Tod stellt er dem Türhüter eine letzte Frage: Warum habe außer ihm niemand sonst Einlaß begehrt? Der Türhüter gibt dem Mann zu verstehen, dieser Eingang sei nur für den Mann vom Lande bestimmt gewesen, und schließt ihn. – Der Mann suchte zwar das Gesetz, aber wandte es nicht in der Suche nach dem Gesetz an. Nur so wäre er im Gesetz gewesen. Denn bei diesem Gesetz handelt es sich um das Gesetz der Freiheit, der Individualität. Sein Denkfehler lag darin, daß es etwas Universelles ist – „das Gesetz" – mit jedoch individuellen „Eingängen". Der Mann zeigte durch sein Verhalten, daß er noch nicht reif, noch nicht frei genug war, „jetzt" eingelassen zu werden: von sich selbst nämlich. Der Türhüter spiegelte ihm dies nur. Der Mann ging ganz in der Rolle des Bittenden auf, anstatt initiativ zu werden und sich durch Übertritt schuldig zu machen. Insofern wandte der Mann das Gesetz unbewußt eben doch an: das Gesetz seiner Biographie, der diesmaligen Inkarnation. Daß Kafka seinem vor der Schwelle verharrenden Mann vom Lande im Leben oft glich, ist keine Aussage über die grundsätzlichen (Selbst-)Erkenntnis-Grenzen des Menschen, sondern ein Charakterzug der Biographie und der Individualität Franz Kafkas. Sein Geist offenbarte sich nicht (oder nicht nur) im Scheitern und in seinen Minderwertigkeitskomplexen – sein Geist offenbarte sich im Verfassen dieser Parabel!

Vielleicht könnte man Kafka nicht gröber mißverstehen, als wenn man ihn aus einem bürgerlichen und durch Kanonbildung gerade ent-individualisierenden Literaturverständnis heraus als sogenannte „besonders hohe Individualität" auf einen Thron hievte. Er war so besonders wie alle Menschen, und dafür scheint sein Leben ein Gleichnis gewesen zu sein. Er drückte Allgemeines aus, indem er in dem Widerspruch zu leben fertigbrachte, allem Allgemeinen den Kampf anzusagen – und zugleich sich ihm zu fügen. Er repräsentiert unsere Moderne, gerade weil er sie nicht repräsentieren wollte. Die unvergleichbare Vielfalt der Deutungen seines Werkes gründet weniger in einer markanten oder provokativen Signatur, sondern darin, daß dieser Autor nicht zuspitzt, sondern seltsam offen und in der Schwebe bleibt. Kafkas spirituelles, aber darin immer eigenständiges Denken hat seine Dichtungen widerlegt: Das aphoristische Werk und auch seine Briefe sind Dokumente eines derart differenzierten, reichen, sprühenden Geisteslebens, daß das eigentlich Absurde des Rätsels Kafka doch vielmehr darin besteht, daß seine Rezeption, aber auch sein Selbstbild sich so negativ, so hoffnungslos, so pessimistisch ausnehmen. Vielleicht verlief die Begegnung Kafkas mit Rudolf Steiner im Jahr 1911 äußerlich ergebnislos, weil Kafka das Eingeweihtsein Steiners nicht wirklich akzeptieren, sondern sich durch leise Ironie (das belegt Kafkas Tagebuch) vom Leibe halten wollte, aber zugleich - durch übertriebene Demutsgesten - die vermeintliche Hierarchie in sich selbst reproduzierte.

3

Wenn man den Bogen spannt in unsere Zeit, so wird einem klar, daß das Nachdenken über Individualität die eigene Individualität tangiert, wenn nicht offenbart. Es kann keine Lehre der Individualität geben. Es würde nichts nützen, lediglich ein Wissen abzurufen oder sich hinter geisteswissenschaftlichen Aussagen zu verstecken. Jeder ist heute aufgerufen, im Persönlichwerden das Überpersönliche zu erspüren: Wo bin ich in Begegnungen an Grenzen gestoßen, weil mir etwas zu selbstverständlich war, was der andere nicht teilte? Wo wagte ich umgekehrt nicht, zu mir selbst zu stehen, aus Sorge, zu bevormundend zu wirken? Kann ich als Individualität überhaupt noch authentisch sein, wenn es so viele (moralische) Möglichkeiten in mir gibt, meine Individualität zu verwirklichen? Hat der Schriftsteller Helmut Krausser recht, der in seinem Tagebuch schrieb: „Mein Ich ist ein Projekt, kein Mensch"?

Ich schreibe diesen Beitrag aus der Überzeugung, vielleicht auch aus dem Glauben heraus, daß eine im weitesten Sinne anthroposophische Publikation in einem anderen Verantwortungszusammenhang steht als jene, durch welche ich in der Vergangenheit im Literatur- und Theaterbetrieb bekannt geworden bin. Dabei handelt es sich allerdings um meine persönliche Meinung und auch Entscheidung, um ein Bekenntnis, das ich gegenüber Freunden, die der Anthroposophie gleichgültig gegenüberstehen und diesen Schritt nicht nachvollziehen, ablege. Machen sie andere Erfahrungen, oder interpretieren sie diese bloß anders? Bewirkt Anthroposophie, daß man über die Dinge anders nachdenkt, oder schafft sie die Dinge neu? Warum empfinde ich viele aus meiner Generation als so resignativ? Warum können wir einander immer weniger geistig anregen? Vielleicht, weil man manchmal nicht mehr aus der eigenen Individualität heraus, aus Geistigem, Lebendigem miteinander redet, sondern nur noch aus den abstrakten Vorstellungen von Individualität, die man in sich trägt. Diese Vorstellungen sind bei mir „anthroposophische", bei jenen negative, die meinen komplett negierende. Wenn ich diesen Freunden sagte, jemand sei eine hohe Individualität gewesen, und das in einem karmischen Sinne meinte, würde ich nicht verstanden werden. Zwar würden sie es irgendwie einordnen können, da sie von meiner Verbindung zur Anthroposophie wissen, aber sie würden es mir weder glauben noch für sich übersetzen können, da schon der Begriff diskreditiert ist. „Individualität ist eine Erfindung des 20.Jahrhunderts", antwortete mir ein Freund, der gerade über Kafka promovierte und den ich, während ich an diesem Beitrag arbeitete, spontan um eine Assoziation bat. Er pflegt bestimmte, für ihn seriöse und klar begrenzte Vorstellungen von Wissenschaft, hat aber keine Vorstellungen von Geist. Zunächst äußerte er eine treffende Analyse der Gesellschaft, dann die Absage an jedwede Idee eines autonomen Subjekts, eines sich entwickelnden, schöpferischen Ich. Im Namen *seiner* Individualität wies er ein übergeordnetes, für alle geltendes Konzept von Individualität zurück. Sie wird von ihm nicht als prägend erfahren, sondern ist ein Denkmodell. Von Individualität auszugehen, ist schon Interpretation, und zwar eine Fehlinterpretation, ein Wunsch, eine Erfindung. Als Kronzeuge gilt Kafka, obwohl man im Gegensatz zu Kafka Individualität und Universalität nicht zusammen denkt, sondern nur als unüberwindbaren Dualismus. Alles Transzendente wird deshalb als übergriffig erlebt. Auch die Anthroposophie steht unter dem Generalverdacht des Ideologischen, da ihre Natur nicht schicksalsmäßig zugänglich wird und es nicht „funkt". Anthroposophie gilt als Weltanschauung wie andere, mit einer besonderen Anthropologie.

Daß Individualität ihrer Natur nach, sobald sie als allgemeine Forderung auftritt, sich auch gegen sich selbst wenden muß, hat Rudolf Steiner in der „Philosophie der Freiheit" herausgearbeitet. Zugleich hat er darin diesen Dualismus überwunden und damit die Philosophie der Neuzeit provoziert. Sein Fazit – je individueller wir würden, desto friedlicher wäre unser Zusammenleben – stellt das Bild der meisten Menschen auf den Kopf; zielt doch die Einsetzung von Ethik-Räten und immer neuen Kommissionen vor allem darauf, Menschen zu kontrollieren und Individualität einzugrenzen, weil sie gefährlich ist. Man sieht dabei gar nicht, wie absurd der Glaube ist, man könne durch Appelle oder Gesetze die Einhaltung von Werten gewährleisten, obwohl die Realität diesen Glauben permanent widerlegt. Die Individualität will schaffen, will sich schuldig machen, deshalb wird alles, was möglich ist, auch geschehen. (Eine andere Frage ist, wie sich die Individualität zum eigenen Geschaffenen stellt – daß Erfinder die Freiheit haben, sich aus Gewissensgründen später gegen die eigenen Werke zu wenden, hat die Physik gezeigt.) Gegenüber solcher fast schon kalkulierten Naivität nimmt sich der Imperialismus der US-Amerikaner fast liebenswert ehrlich und entwaffnend authentisch aus. Dort geht man konsequenterweise einen Schritt weiter und sagt, man müsse seine Werte durch Kriege verbreiten und überallhin transportieren – sozusagen wie Fleisch oder Spielzeug. Aber Individualität und Freiheit sind keine Werte. Steiner führt völlig neue Gesichtspunkte und Kategorien ein: die Liebe des freien Menschen zur freien Tat oder das „Vertrauen(...)daß der andere Freie mit ihm einer geistigen Welt angehört und sich in seinen Intentionen mit ihm begegnen wird" (GA 4, IX. „Die Idee der Freiheit"). Der ethische Individualismus ist ein Gesetz, das keinen Gesetzescharakter hat, das kein Sollen meint, sondern ein Wollenkönnen. Es gilt, eine Technik, eine moralische Phantasie auszubilden und anzuwenden, um dieser Wahrheit, diesem Zusammenhang in Taten zu entsprechen: in der Situation, nicht als Norm. Viele Intellektuelle kommen in ihrem Nachdenken über Moralität, Spiritualität oder Religion nicht hinaus über das Einräumen eines irgendwie jenseitigen, sinnstiftenden sogenannten Unberechenbaren oder Unzerstörbaren. Konkret Geist zu denken (und sich im akademischen Zusammenhang dem Werk Rudolf Steiners und dem in der „Philosophie der Freiheit" entfalteten Begriff der moralischen Technik zu öffnen), das geschieht kaum. Dabei könnte der Diskurs über Techniken eine Brücke bauen. In einem Vortrag in der Berliner Schaubühne forderte kürzlich der französische Philosoph Bernard Stiegler, sich nicht gegen die zunehmende Technisierung des Lebens zu erheben, sondern sie mittels eines umfassenderen, menschlicheren Begriffs von Technik zu gestalten. Darin zeige sich doch gerade Individualität: daß sie erfinderisch sei. Ob ich die Technik nutze oder mich von ihr benutzen lasse, liegt also in der Freiheit, ist individuell. Jede Technik weist auf einen Vorgang der Selbstdistanzierung hin, auf eine Verfeinerung. Die Technik des Künstlers – sein Haupthandwerk – besteht nicht im Drauflosschaffen, in der Inspiration. Man kann inspiriert auch Blödsinn hervorbringen. Die Arbeit beginnt am Gewissen, im Betrachten der eigenen Taten. Man prüft, wie etwas wirkt: jenes Wort in jener Zeile in einem Gedicht, jene Farbe in einem Bild oder jenes Instrument in einer Partitur. Technik optimiert Wirkungen, oder wie Picasso sagte: er erfinde nicht, er finde. Technik bedeutet Eingriff. Kunst hieße, niemals sehen, daß alles gut ist, so umschrieb es Rilke.

Weil diese Selbstdistanzierung als Voraussetzung von Urteilsbildung ein schöpferischer Vorgang der Individualität ist, der seiner Natur nach sowohl ästhetische als auch moralische Urteile betrifft, darf ich manchmal doch auch richten über die Taten eines anderen: wenn seine allzu starke Individualität die meine negiert, wenn seine Techniken überhandnehmen und sie zwar, nach seiner Maßgabe, funktionieren, aber nur, wenn ich nach seinen Vorstellungen mit-funktioniere. Es gibt Grenzen, deren Überschreitung man instinktiv zurückweist, einen Punkt, wo ich mich als Individualität eliminiert und gefangengenommen sehe in ein Bild. Zumindest die Individualität des Erwachsenen bedarf deshalb allerdings nicht des Schutzes vor Infragestellungen. Ich hätte eine geringe Meinung von mir und meinen Kräften, wenn ich mich allzu schnell als bevormundet empfände. Bewahrheitet sich dies nicht erst, wenn ich mich bevormunden lasse? Die Strategie eines anderen kann ich durchschauen und zurückweisen. Kaspar Hauser jedoch, dessen Individualität im frühestmöglichen Stadium systematisch geleugnet wurde, konnte sich nicht wehren, weil er noch nicht über irdisch-biographische Techniken verfügte. Vielleicht fehlten sie auch Kafka, der auf die Frage, ob er so einsam sei wie Kaspar Hauser, geantwortet haben soll, er sei „einsam wie Franz Kafka".

Individualität offenbart sich am Widerstand, den ich leiste gegen die Vereinnahmungen durch die Ziele und Motive anderer. Doch erst der Widerstand gegen die Vereinnahmungen durch mich selbst und die bewußte Infragestellung meiner Evidenzen begründen dabei meine absolute Freiheit und unterscheiden mich vom Tier, das die Ziele seiner Gattung nicht relativieren und nicht gegen diese handeln kann. Wir müssen unter schwierigsten Bedingungen Techniken entwickeln, die unsere Kunst offenbaren, weil wir zwar als Individualitäten gedacht, aber dies niemals automatisch sind. Dieses Spiel kann Spaß machen, insofern es die Kunst unserer Freiheit ist. Doch die Forderung, die Ahnung, daß jeder auf sich selbst zurückgeworfen ist, kann bedrängen und ein apokalyptisches Lebensgefühl hervorrufen. Ohne die Gewißheit, daß sich in widerspruchsvollen Gefühlen und Erfahrungen und in den so verwirrend und paradox erscheinenden Gesetzmäßigkeiten unserer Biographien etwas ausspricht und sich anwesend macht, das meine Widersprüchlichkeit voll bejaht und will, könnten wir nicht leben. Manchmal sogar wie im Traum, wie Kinder, vertrauen wir uns dieser Kraft an. Dies mag darin seinen Grund haben, daß sie uns von einem übersinnlichen Wesen zuströmt, welches sie im Überschuß besitzt und von dem wir bedingungslos geliebt werden. Wir können individuell von diesem Wesen wissen, nicht obwohl, sondern weil es uns in der Individualität des Mitmenschen begegnet.

Velazquez: Der Hofnarr Don Juan de Austria, 1643, Museo del Prado, Madrid

Kontinuität und Wandlung

Interview mit Konrad Schily

von Renate Hasselberg und Wolfgang Weirauch

Konrad Schily, *Dr. med., geb. 1937. Studium der Medizin an den Universitäten Basel, Tübingen, Hamburg 1957 bis 1964, Promotion zum Dr. med. in Tübingen 1966, Facharzt für Neurologie und Psychiatrie 1976.*

Vorstandsmitglied des gemeinnützigen Vereins zur Entwicklung von Gemeinschaftskrankenhäusern (1966 bis 1984), Aufbau der Abteilung für klinische Labordiagnostik (1969 bis 1974) und Aufbau sowie spätere Leitung der neurologischen und psychiatrischen Abteilung des Gemeinschaftskrankenhauses Herdecke unter PD Dr. Gerhard Kienle (1969 bis 1983).

1978 bis 1980 ärztlicher Leiter des 1. Mentorenkurs für Musiktherapie, 1980 Aufbau eines Studiengangs Musiktherapie an der Musik-

hochschule Aachen in Kooperation mit dem Gemeinschaftskrankenhaus Herdecke. *1984 Übernahme des Diplom-Studienganges an die
Universität Witten/Herdecke.*

*1976 bis 1981 Vorbereitungen zur Gründung einer Hochschule in
freier Trägerschaft zusammen mit PD Dr. Gerhard Kienle und Prof.
Dr. Hensel (Marburg) im Rahmen der Freien Europäischen Akademie der Wissenschaften.*

*1981 Eintragung des Universitätsvereins Witten/Herdecke; 1982 An-
erkennung der Universität durch die Landesregierung in Düsseldorf;
1983 Betriebsbeginn der Universität Witten/Herdecke. (1983 Humanmedizin, 1983 Studium Fundamentale, 1984 Wirtschaftswissenschaft,
1985 Zahnmedizin, 1985 Naturwissenschaften, 1986 Zusatzstudien-
gang Musiktherapie, 1991 Traditionelle Chinesische Medizin, 1996
Pflegewissenschaft)*

*Von 1981 bis 1988 Vorstandsvorsitzender des Universitätsvereins.
1988 Verselbständigung der Universität Witten/Herdecke in eine
GmbH. Von 1988 bis 1999 Präsident der Universität.*

*Oktober 1999 bis Mai 2002 stellvertretender Vorsitzender des Direk-
toriums (Gesellschafterversammlung) der Universität Witten/Herdek-
ke. Von Mai 2002 bis Dezember 2003 erneut Präsident der Universität Witten/Herdecke. Seit 01/2004 Ehrenvorsitzender des Direktori-
ums der Universität Witten/Herdecke.*

Leiter der Initiative Campus Europae (11/1999 bis 03/2004).

*(März 2004 Gründung der European University Foundation in
Luxemburg).*

Arbeitsschwerpunkte: Bildungs- und Ausbildungsfragen.

*Veröffentlichungen: Buchbeiträge und Aufsätze zu Fragen der Bil-
dung und Universitätsstrukturen. „Der staatlich bewirtschaftete
Geist", Econ-Verlag, Düsseldorf, 1995.*

Wenn es schneit, sehen wir die Schneeflocken – und niemand kommt
auf die Idee, daß es etwas anderes als Schneeflocken sind. Aber wenn
wir genauer hinschauen, werden wir bemerken, daß keine einzige
Schneeflocke einer anderen gleicht. Ähnlich ist es mit den Menschen.
Von weitem sind es Massen oder anonyme Gruppen. Schauen wir aber
genauer hin, dann werden wir mehr und mehr die Unterschiede bemerken, die die einzelnen Menschen auszeichnen. Das Leben prägt

jeden Menschen auf seine Weise, und er gestaltet seinerseits das Leben mit seinem individuellen Engagement.

Wie sich die Menschen bereits nach Jahrzehnten wandeln, berichtet Konrad Schily anhand seiner Erfahrungen mit den Studenten der Universität Witten/Herdecke. Anhand konkreter Erlebnisse mit den Studenten und Kollegen, bei den Aufnahmegesprächen, der Planung eines Hochschulgebäudes oder punktuell entscheidenden Lebenssituationen, spürt er dem Aufblitzen des menschlichen Ich nach. Gleichzeitig weist er auf die Gefahr der Verzauberung hin, auf die Gefahren, die in unserer modernen Welt lauern und die Individualität paralysieren können: die globale Datenvernetzung, die alle Menschen nur äußerlich verbindet, und die Pseudoidentifikation des Menschen mit äußeren Gegenständen oder fragwürdigen Zielen.

Renate Hasselberg: Kannst Du einige wichtige Ereignisse Deines Lebens schildern, die Dich als Individualität geprägt haben?

Konrad Schily: Spontan fallen mir zwei Begegnungen ein; die eine hatte wohl einen entscheidenden Einfluß auf meine berufliche Biographie, die andere war eher im Sinne Deiner Frage prägend. Als 13- oder 14jähriger begegnete ich in einem heilpädagogischem Heim am Lago Maggiore einem Taubstummen. Als ich meinen Eltern erzählte, was ich mit diesem Taubstummen besprochen hatte, hielten sie das für die üblichen Flunkereien eines Jugendlichen. Ein Arzt hat dann aber meinen Eltern erzählt, daß auch andere Menschen das Gefühl gehabt haben, mit diesem Taubstummen gesprochen zu haben. Nach der Begegnung mit diesem Menschen stand für mich fest, daß ich Medizin studieren wollte.

Von prägender Bedeutung war für mich die Begegnung mit G. Kienle und dem Kreis der Menschen, die mit ihm arbeiteten.

In jedem Leben gibt es verschiedene Stationen, die einen besonders prägen: Für mein Leben gilt es z.B. für die Situation, daß, als die Universität Witten/Herdecke zur Anerkennung kam, die drei Menschen, die die wesentliche Rolle beim Aufbau der Universität spielen sollten - Hensel, Kienle und Schäfer - starben. Kienle starb unmittelbar nach der Eröffnung der Universität. Sein Tod hat mich genauso geprägt, wie mich diese drei Personen zu ihren Lebzeiten geprägt haben. Auch der Unfalltod meiner Eltern war für mich ein einschneidendes Erlebnis.

Plötzlich kommt das Problem von außen

R.H.: Kannst Du aus Deiner Zeit als Arzt im Krankenhaus Herdecke und über besondere Momente berichten, die für Deine Individualitätsbildung wichtig waren?

K. Schily: Die wesentliche Begegnung war die mit Kienle, den ich seit 1958 kannte. Aber allgemein kann ich sagen – und das weiß jeder, der mit Leidenschaft Arzt ist –, daß einen die Patienten ungeheuer prägen. Oft hat man das Gefühl, daß in einer ganz bestimmten Lebenssituation ganz bestimmte Patienten kommen. Kaum hat man ein persönliches Problem, kommt es von außen durch einen Patienten herein. – Und dieses Problem soll man dann auch noch lösen! Vielleicht ist es aber auch nur so, daß man in einer bestimmten Situation besonders auf bestimmte Problemfelder aufmerksam ist.

Das Individuelle drückt sich in einzelnen Symptomen aus

R.H.: Individualität ist mehr als die Summe von hervorragenden Eigenschaften. Was ist nach Deiner Einschätzung und Erfahrung dieses „Mehr"?

K. Schily: Es gibt möglicherweise langweilige Menschen, aber es gibt mit Sicherheit keine langweilige Biographie.

Ganz allgemein: Die Erfahrung des anderen, die Entwicklung der Wahrnehmungsfähigkeit einem anderen gegenüber, auch für das, was über das äußere Gepräge hinausgeht, was über die Gebrechlichkeit der Physis hinausgeht, ist etwas ganz Wunderbares, was man auch als Arzt immer wieder erfahren kann. Da findet man Symptome, die auch in einer Biographie wahrzunehmen sind. Es ist ja nicht so, daß man ein konfiguratives Ich wahrnimmt, sondern man sieht, wie sich ein Ich ausprägt, wie eine Individualität leidensfähig ist, oder sogar mit Humor leidensfähig ist, wie jemand durch eine glückliche oder unglückliche Situation hindurchgeht und wie dann die Individualität nach dieser Situation wie bereichert erscheint.

Ich halte auch nicht viel von dem Ausdruck Ich-Schwäche, denn das Leben ist so vielseitig und reichhaltig, prägt die Individualitäten auf so verschiedenartige Weise, daß man wirklich immer nur Symptome wahrnehmen kann.

R.H.: Es gibt immer wieder Menschen, die trotz ihrer großen Fähigkeiten schwierige Situationen keinesfalls besser meistern können als Menschen mit weniger großen Gaben. Die Gaben jedoch kommen aus der Vergangenheit, während eine Situation beherzt in der Gegenwart gemeistert werden muß.

Drückt sich das Ich nicht eher im Meistern einer schwierigen Situation aus als in den hervorragenden Eigenschaften eines Menschen?

K. Schily: Die „hervorragende Eigenschaft" könnte ja durch das Meistern schwieriger Situationen charakterisiert sein und die Umstände sind eben vielfältig. Ich kann ein Beispiel eines Verwandten von mir schildern, der vor jetzt schon vielen Jahren Geschäftsverhandlungen in Afrika führte. Wenn ich seine Schilderung richtig in Erinnerung habe, trug sich etwa folgendes zu: Seine europäischen Kollegen blieben über das Wochenende im Hotel und tranken Whisky, was ihm zu langweilig war. Deshalb ließ er sich von einem Afrikaner einen Fahrer besorgen, der mit ihm durch das Land fuhr. Mein Verwandter ist ein freundlich neugieriger Mensch, der gern auf andere zugeht. So nahm er auch eine Einladung in einem Dorf in ein Haus zum Essen an. Während er dort unter den Menschen saß, fiel ihm ein Mensch am anderen Ende des Raumes auf, und es dämmerte ihm, daß er diesen Menschen kannte. Es war der Chef-Verhandlungspartner der anderen Seite. Auch dieser war über das Wochenende nach Hause gefahren, hatte dort seinen europäischen Anzug abgelegt und trug hier Standestracht. Deswegen hatte mein Verwandter ihn nicht gleich erkannt. Sein Verhandlungspartner freute sich natürlich sehr, und seitdem liefen die Verhandlungen und Geschäfte sehr gut, denn man hatte eine ganz andere Ebene gefunden.

Mein Verwandter hatte diese Situation nicht bewußt herbeigeführt. Er war einer unangenehmen Situation – dem Whiskytrinken im Hotel – ausgewichen und hatte statt dessen dieses positive Erlebnis mit seinem Geschäftspartner. Außerdem erkannte er auf der Fahrt über Land, daß er die Lkws, die er den Afrikanern eigentlich verkaufen wollte, gar nicht verkaufen konnte, weil sie auf diesen Straßen zu Bruch gehen würden. Sie brauchten eine spezielle Achsenkonstruktion usw.

Diese Situation zeichnet meinen Verwandten aus: mit einer freundlichen Haltung ohne jedes Vorurteil auf die Welt zuzugehen und sie anzuschauen.

R.H.: Das bedeutet also, daß man herzhaft das bejaht, was ist?

K. Schily: Ja, das Individuelle drückt sich in ungeheuer vielen Einzelheiten aus. Wir werden immer wieder gefragt, nach welchen Kriterien wir die Studenten der Universität Witten/Herdecke aufnehmen. Meist antworten wir dann: „Nach den Kriterien, die wir sehen." Man könnte jetzt die gesamten Wände mit Kriterien vollschreiben, aber dann würde wieder jemand anderes kommen, der seine eigenen Kriterien mitbringt. Das ist wie mit Schneeflocken: Alle haben grundsätzlich etwas Leichtes, trotzdem gleicht keine einer anderen, obwohl es Milliarden von Schneeflocken gibt. Aber jede Schneeflocke erkennt man immer wieder als eine Schneeflocke.

Wir suchen eben nicht nur Begabung, sondern Persönlichkeiten. Das Individuelle am Menschen ist eine gewisse Aktivität, die man spürt und die sich immer wieder neu äußert. Sie kann physisch oder psychisch gebremst sein, aber in bestimmten Momenten äußert sie sich immer wieder. Und wenn sie sich überhaupt nicht mehr äußern kann, dann äußert sie sich trotzdem noch in der Biographie.

R.H.: Bist Du in Deinem Leben Menschen begegnet, von denen Du sagen kannst, das war oder ist eine besondere Individualität?

K. Schily: Die meisten Menschen, an die ich in meinem Umkreis denke, sind Menschen, die Entwürfe vor sich hatten oder haben. Diese Entwürfe sind keine Ideen, die man anderen Menschen überstülpt, so wie es z.B. Lenin gemacht hat, der – nebenbei bemerkt – sicherlich auch eine ausgeprägte Individualität war. Es sind Entwürfe, verbunden mit einem eigenen Engagement. Es ist ein Engagement, ein bestimmtes Verhältnis zur und in der Welt. Dieses Verhältnis zur Welt kann auch ein aktives Zurückziehen sein.

Ich denke dabei immer wieder an Pestalozzi, der z.B. gesagt hat, daß man die Kinder nicht jeden Tag prügeln solle, da einmal pro Woche reiche. Nach heutigen Maßstäben würde man ihn als schwarzen Pädagogen abordnen. Trotzdem geht von diesem Mann durch den Zeitenstrom etwas ungeheuer Positives aus. Ich trage in mir immer wieder das Bild, wie er sich schützend vor seine Kinder stellt.

Das Individuelle verschwindet

Wolfgang Weirauch: Inwiefern wird die Individualität der Studenten an den staatlichen Universitäten bei der Aufnahme und während des Studiums berücksichtigt?

K. Schily: Von der Struktur her sind diese Universitäten staatlich geführt und Körperschaften des öffentlichen Rechts, und deshalb sind sie so ausgerichtet, daß sie auf Gleichheit bedacht sein müssen. Um diese

Gesprächsrunde (von links): K. Schily, R. Hasselberg, W. Weirauch

Gleichheit herzustellen wurde nach einem Urteil des Bundesverfassungs-gerichtes die ZVS, die Zentrale Vergabestelle für Studienplätze eingerichtet. Diese muß möglichst objektive Kriterien finden, also z.B. die Abiturnote. Auch die Auslastung der Universitäten erfolgt nach Formalkriterien. So kommt es, daß ein Professor ein Seminar mit 130 Menschen führen soll. Dieser kann kein individuelles Verhältnis zu seinen Studenten aufbauen. Aber vielleicht trifft sich der gleiche Professor am Wochenende mit drei Doktoranden, zwei Assistenten und vier Studenten – und dann arbeiten sie miteinander. Das wiederum ist ein völlig individuelles Verhältnis. Aber die anderen bleiben unberücksichtigt. Ein solcher Professor muß ca. 130 Hausaufgaben begutachten, und dabei verschwindet das Individuelle weitgehend.

An diesem Punkt setzt auch meine primäre Kritik an dem Hochschulwesen an, an dieser Art von Gestaltung einer Hochschule.

Im Gespräch entsteht ein Bild der Person

W.W.: Was ist demgegenüber an der Universität Witten/Herdecke anders? Inwiefern wird man in Herdecke der Individualität bei der Aufnahme und während des Studiums mehr gerecht als anderswo?

K. Schily: Ob wir der Individualität mehr gerecht werden, weiß ich nicht. Ich habe an dieser Stelle ganz institutionsegoistische Gründe: Wir suchen die Damen und Herren Studierenden, derer die Universität bedarf, und nicht diejenigen, die der Universität bedürfen. Ansonsten würde man zu einer Art Therapeutikum werden.

Das Verfahren in Herdecke ist folgendermaßen: Wir laden zum Studium ein, und ob wir zusammenkommen, muß das Aufnahmeverfahren zeigen. Dieses hat einen schriftlichen und einen mündlichen Teil. Beim mündlichen Teil sind wir uns relativ sicher, weil dort willkürfreie Ermessensentscheidungen gefällt werden. Wir wollen nicht, daß dieses Auswahlverfahren von einer Person durchgeführt wird, sondern meist sind es vier bis sechs Auswählende. Und in diese Gruppe versuchen wir immer Menschen zu bringen, die nicht Universitätsangehörige sind. Wir könnten z.B. Sie als Journalisten einladen, daran teilzunehmen. Sie dürften dann allerdings nicht von außen zuschauen, sondern müßten Ihren eigenen Prozeß beschreiben, den Sie dabei durchmachen, warum Sie sich für einen Bewerber entschieden haben, warum Sie sich gegen einen anderen entschieden haben und wie die Kommunikation mit den anderen fünf oder sechs Interviewern war. Während dieses Gesprächs entsteht ein Bild der Person.

Das ist immer ein sehr spannender Tag. Auch diejenigen Bewerber, die nicht genommen werden, äußern sich oft so, daß es für sie ein sehr wichtiger Tag gewesen sei. Denn sie lernen dabei sehr viel – oft auch über sich selbst – und möchten dieses Erlebnis nicht missen.

Es gibt es sehr kluge Leute, die bereits aus den schriftlichen Unterlagen sehr viel über eine Person lesen können. Sie schauen differenzierter hin, etwa wie ein Maler, der 30 verschiedene Rottöne unterscheiden kann, während bei mir z.B. nach fünf oder sechs verschiedenen Schluß ist. Solche Menschen lesen auch zwischen den Zeilen und schlagen vor, daß diese oder jener eingeladen werden sollen. Ihre Fähigkeit ist nicht sehr verbreitet, aber diese Menschen liegen damit oft sehr richtig.

Wir erwarten eine gewisse Lebensklugheit und Offenheit von unseren Studierenden, und dabei schauen wir uns etwa dreimal so viele Studenten an, wie wir aufnehmen können.

Für die Studierenden sieht es heute anders aus als vor etwa 20 Jahren. Damals kamen viele zu uns, weil sie woanders keinen Studienplatz bekamen. Heute können sie auch an vielen anderen Universitäten studieren. Sie informieren sich vorher sehr genau, haben bestimmte Erwartungen, und es ist ihre ganz spezielle Entscheidung, an unserer Universität studieren zu wollen.

W.W.: Dann haben Sie das Problem, das andere Professoren mit übervollen Seminaren ständig haben, also nur einmalig am Beginn?

K. Schily: Ja, der Aufwand am Anfang ist relativ groß. Das Studium selbst ist ein Vertrag, den man miteinander eingeht. Ich habe einmal

Gustave Courbet: Die Begegnung, 1854, Musée Fahre, Montpellier

länger mit einem Mathematik-Professor diskutiert, der gegen unser Aufnahmeverfahren war. Ich fragte ihn z.B. nach der Anzahl seiner Studenten in den einzelnen Semestern und nach seinen Erfahrungen mit ihnen. Er erzählte, daß er im ersten Semester etwa 60, im zweiten etwa 40 und im dritten noch 15 Teilnehmer habe und daß er mit letzteren dann richtig arbeiten könne. Daraufhin habe ich ihm nahegelegt, sich doch einmal zu überlegen, welchen Arbeitsaufwand er mit den 45 abgesprungenen Studenten gehabt habe und wie es wäre, wenn man statt dessen eine einmalige Anstrengung an den Anfang setzen würde, so daß man von vornherein ungefähr die richtige Auswahl treffen könne. Da hat er mich lange angeguckt und gesagt: „Wahrscheinlich wäre das der bessere Weg." Ich habe ihn auch darauf hingewiesen, daß es Studenten geben könne, die sich in einer großen Gruppe nicht entfalten könnten, aber trotzdem das Potential zu großen Mathematikern in sich trügen.

Darüber hinaus ist es auch kein schönes Erlebnis, wenn jemand nach dem dritten Semester aufgibt. Wenn er aber nach 14 Tagen wüßte, daß das Studium für ihn in einer bestimmten Konstellation nicht möglich ist, dann erspart man ihm kostbare Lebenszeit, und er hat die Chance, sich woanders einen Studienplatz zu suchen.

Zwei Gruppen von Studenten

W.W.: Sie haben jetzt über zwei Jahrzehnte Studenten kennengelernt. Welche Veränderungen und Wandlungen haben Sie bei den Studenten festgestellt?

K. Schily: Vor 20 Jahren sah die Welt vollkommen anders aus. Wer heute in die Universität eintritt, war 1989 jünger als zehn Jahre. Für diese Menschen gehören die DDR oder der Kalte Krieg kaum noch zu den Lebenserfahrungen. Und das gilt selbst für diejenigen, die aus den neuen Bundesländern kommen. Sie hören meist nur von ihren Eltern, daß es früher anders war. Dadurch, daß jetzt Menschen aus den neuen Bundesländern bei uns studieren, trifft man auch auf Menschen, die noch niemals mit der Bibel in Berührung gekommen sind. Selbst sprichwörtliche Äußerungen, die einen Bibelbezug haben, sind ihnen vollkommen fremd.

Unter den heutigen Studenten sehe ich zwei verschiedene Gruppen. Eine von ihnen hat an spirituellen Fragen nicht das geringste Interesse, findet alles Spirituelle und Übersinnliche höchst uninteressant. Sie interessieren sich dafür, wie etwas funktioniert, aber nicht, warum etwas funktioniert. Das entspricht eigentlich ganz unserer heutigen Wissenschaft, die sich auch in keiner Weise in Frage stellt.

Eine zweite Gruppe – und sie ist stärker geworden – geht mit einer ziemlichen Selbstverständlichkeit innerpsychisch um. Spirituelles muß für sie handhabbar sein, aber sie kaufen auch Bücher wie „Der Umgang mit sich selbst" und Bücher über Meditation. Diese Studenten sind für Spirituelles offen, und es ist für sie relativ selbstverständlich, mit etwas Übersinnlichem umzugehen, zumindest mit der seelischen Dimension.

Kein gesamtgesellschaftlicher Anspruch, sondern Partnerschaft

W.W.: Sind die heutigen Studentinnen und Studenten individueller als die Generationsgruppen der 50er bis 80er Jahre?

K. Schily: Die Studenten heute sind differenzierter, aber es gibt generelle Trends. Ein genereller Trend ist z.B., daß sie immer weniger revolutionär sind. Sie verbünden sich gerne, aber dann in konkreten Projekten.

W.W.: Kurzfristig, praktisch und sachlich.

K. Schily: Ja. Und darin sind sie sehr stark. Man ergreift z.B. irgendein Projekt mit albanischen Studenten, regelt alles, ärgert sich mit den Behörden oder anderen Menschen herum, aber alles wird konkret in die Praxis umgesetzt. Es hat nicht mehr den allgemeingesellschaftlichen Anspruch wie vor einigen Jahrzehnten, sondern etwas Partnerschaft-liches. In diesen Projekten liegt auch etwas Sportliches, eine gewisse Originalität, verbunden mit der Zuversicht, die geplanten Projekte auch hinzubekommen. Stark abgenommen hat aber das Engagement bzw. das Nachdenken über Zukunftsentwicklungen der gesamten Gesellschaft.

W.W.: Liegt es am zunehmenden Egoismus der Studenten, daß diese nicht mehr gesamtgesellschaftlich denken und handeln, oder ist die Welt so kompliziert geworden, daß man sich gar nicht mehr für eine Gesamtentwicklung einsetzen kann?

K. Schily: Es ist besonders schwierig, innere Entwürfe zu bilden, weil man dazu nicht angestoßen wird. Wenn dann einer auftritt, der innere Entwürfe entwickeln kann, dann sind die heutigen Studenten sehr interessiert und voll dabei. Dadurch verändern sie sich auch. So etwas geschah z.B. bei Vorlesungen des Friedensforschers Johann Galtungs. Dadurch entstehen Bilder, und diese sind lebenswirklich.

Aus der Kraft des Widerstands entsteht eine Ich-Beziehung

W.W.: Wo, wie und wann blitzt die Individualität in der Biographie eines Menschen auf? Wann und wodurch äußert sich ganz besonders das Ich eines Menschen?

K. Schily: Das kann ein kurzer und entscheidender Augenblick sein. Dann sieht man, wie ein Mensch wach wird und sagt: „Jetzt muß gehandelt werden!" Ich denke dabei an ein konkretes Erlebnis, das sehr lange zurückliegt. Ich war damals noch in der Pathologie tätig. Das war ein Holzgebäude, und plötzlich sagten alle, daß es so brandig rieche, und es war tatsächlich ein Feuer ausgebrochen. Unter uns war auch ein Oberassistent, ein Afrikaner, der sagte überhaupt nichts, holte den Feuerlöscher und löschte das Feuer. Er war wach und handlungsbewußt und griff sofort ein. Wir anderen, etwa ein Dutzend, standen wie gelähmt, er aber war in diesem Moment das einzige Individuum, das handelte. Und es war auch wirklich höchste Zeit dafür.

So etwas findet man immer wieder in entscheidenden Lebenssituationen. Auch unter den Studierenden erleben wir das oft. Es gibt viele ehemalige Studenten, mit denen ich noch heute in Kontakt bin. Und jedesmal, wenn wir uns begegnen, ist das etwas ganz Besonderes. Meistens waren das Menschen, die mir bei bestimmten Fragen außerordentlich Widerstand geleistet haben und über die ich mich in verschiedenen Situationen furchtbar geärgert habe. Aus der Kraft des Widerstands entsteht also eine Ich-Beziehung, beginnt ein Prozeß.

Gegnerischer Verständigungsprozeß

W.W.: Welche Prozesse erleben Sie zwischen Gruppe und Individualität?

K. Schily: Am besten gebe ich Ihnen ein weiteres Beispiel. Der Neubau dieser Universität verlief in einem sehr eigenartigen Prozeß. Das Geld war vorhanden, die Studenten wollten die Planung gestalten, und dann durften die Professoren auch noch ein Wort sagen. Schließlich haben wir uns auf ein Verfahren geeinigt. Wir vereinbarten, daß die Studenten einen Architekten vorschlagen dürfen, ferner die Stadt Witten, die uns sehr geholfen hat, und ebenfalls die Professoren. Alle schwärmten aus, und letztlich gab es sechs Architekturbüros, die einsteigen wollten. Von diesen haben letztlich vier einen Entwurf abgeliefert. Die Studenten haben bei diesen Entwürfen mitgearbeitet, waren also die besten Boten der Architekten. Und dann entstand ein Prozeß des Miteinanders bzw. Gegeneinanders unter uns, denn meist hatten die Studenten eine ganz andere Vorstellung als z.B. ich.

Dieser Prozeß kulminierte für mich, als ich eines Abends spät noch Argumente gegen die Entwürfe suchen wollte, die nicht meiner Vorstellung entsprachen. Ich ging in den Raum, in dem die verschiedenen Modelle der Entwürfe für alle zugänglich waren und traf dort auf Studierende, die sich in der genau gleichen Absicht, nur unter anderen Vorzeichen, ebenfalls in die Entwürfe vertieft hatten. Ich begriff, daß wir uns in einem „gegnerischen Verständigungsprozeß" befanden. Wir wollten den anderen begreifen, um zu erfahren, warum wir sein Modell nicht wollten.

Dann gab es eine Preisverteilung, also eine Rangfolge der verschiedenen Architektenentwürfe. Das Architekturbüro, das den ersten Preis erhielt, wurde zu einem Gespräch mit den Studierenden, den Mitarbeitern und mir geladen. Ich eröffnete das Gespräch und teilte dem Archi-

Casper David Friedrich: Abtei im Schnee, 1809, Schinkel-Pavillon, Berlin

tekten nach einigen Dankesworten mit, daß er den ersten Preis erhalten habe, daß wir seinen Entwurf sehr schön fänden und anregend, daß es aber noch nicht „unsere Universität" sei und wir deshalb alle miteinander in einen neuen Prozeß einsteigen müßten. Die Antwort des Architekten war, daß er sein Modell abgeliefert habe, daß er das Universitätsgebäude bauen wolle, und wenn es fertig sei, dann könnten wir einziehen. Eine weitere Zusammenarbeit wollte er nicht.

Daraufhin haben die Studenten und ich uns angeschaut, haben den Architekten für einige Minuten vor die Tür gebeten, und dann haben wir uns sofort darauf geeinigt, daß wir mit diesem Architekten nicht zusammenarbeiten könnten. Ich habe ihm darauf einen Scheck für sein Preisgeld ausgeschrieben und ihn verabschiedet.

Es begann dann mit dem Architekten Deterding ein neuer intensiver Planungsprozeß wieder in einer größeren Gruppe.

Es war Eile geboten, denn jeder Tag kostete 8.000 DM. Es suchten mich dann Studierende auf, die ihrer Besorgnis Ausdruck gaben, daß die Baukommission im Begriffe sei, aufgrund des Finanzdruckes einen im Grunde von keinem wirklich gewollten Kompromiß zuzustimmen. Ich war nicht Mitglied der Baukommission. Nach dem Gespräch mit den Studenten nahm ich an der nächsten Sitzung der Baukommission teil und machte ihnen dort klar, daß zwar ein gewisser Druck bestehe, daß er aber andererseits nicht so groß sei, daß man einen Schnellschuß machen müsse. In diesem Moment entfaltete sich eine große Erleichterung unter den Mitgliedern dieser Planungskommission. Und das Interessante war, daß aus dieser Erleichterung heraus ein völlig neuer Ansatz gefunden werden konnte und eine Planung beschlossen wurde, nach der dann letztlich gebaut wurde.

Das Geheimnis dieser zweiten Runde war, daß dort zwar lauter Individualisten saßen, die aber jeweils Aspekte der gemeinsamen Universität in die gemeinsame Ideenbildung einbrachten, und, daß der Architekt diese Gruppe als den Bauherren anerkannte. Dies galt für die Planungsphase. In der daran anschließenden Bauphase galt, daß nur einer, der kaufmännische Geschäftsführer, dem Architekten Weisungen geben dürfe. Die Komplexität in der Phase der Ideenbildung wurde also in der Handlungs-, bzw. Bauphase drastisch reduziert. Diese Regelung war außerordentlich wirksam. Auf dieser Basis wurde der Bau in einem rasanten Tempo geplant und durchgeführt. Nach 18 Monaten war er fertig.

Zwar hat er gewisse Macken, die wir mittlerweile erkannt haben, aber jeder, der den Bau betritt, ist begeistert. Und ich bin fest davon überzeugt, daß er nicht in dieser Weise entstanden wäre, wenn wir die ganze Planung und Bauphase einem einzigen überlassen hätten. Das Schöne an diesem Bau ist, daß er aus einem Prozeß zwischen Individualisten erwachsen ist.

W.W.: Stellen wir uns einen Menschen vor, dessen eigentliche Impulse versiegt sind und der viele Aufgaben, die eigentlich in seinem Schicksal gelegen haben, versäumt. Auf welche Weise macht sich bei einem solchen Menschen seine höhere Individualität wieder geltend, damit er zu seinen ursprünglichen Vorhaben zurückfinden kann?

K. Schily: Solche Schicksale erlebt man oft bei Menschen, die sehr reich werden. Vor kurzem saß hier auf diesem Stuhl ein Freund von mir, dessen Freund wiederum sehr prominent ist und der zu großem Reichtum gekommen ist. Und mein Freund sagte mir: „Konrad, hilf mir, der muß wiederentdecken, wer er selbst ist. Er versäumt das, was er eigentlich tun sollte." Ich habe ihm geantwortet, daß ich ihn nicht anrufen könne, um ihm Moral zu predigen, sondern daß er auf das Schicksal vertrauen solle. Das ist etwas sehr Typisches.

Dann gibt es bei jedem Menschen Dinge, die er unbewältigt mit sich herumträgt und die an anderer Stelle hinderlich werden. Ein unbewältigtes Problem macht mich keinesfalls mutiger, sondern schwächt mich auch in anderen Bereichen.

Die Gefahr, verzaubert zu werden

W.W.: Wie schätzen Sie die Individualisierung der heutigen Menschen – bezogen auf Westeuropa – ein? Werden sie individueller, oder tendieren sie mehr zu Gruppenhaftem, weil man sich nur noch über Markenklamotten u.ä. definiert?

K. Schily: Die Gefahr, das eigene Individuum nicht zu entdecken, ist heute größer als früher. Aber genauso groß ist die Chance, es doch zu entdecken. Die Gefahr, daß man sich über Markenprodukte definiert, ist zwar groß, andererseits glaube ich nicht, daß das früher sehr viel anders war. Früher definierte man sich über andere Dinge, wie z.B. über die Tracht, den Stand usw. Wenn Sie sich vorstellen, welcher Masse von Bildern die Menschen heute ausgesetzt sind und welche seelisch-physiologischen Prozesse dabei z.B. bei den Jugendlichen ablaufen, wie stark man gelähmt, wie leicht man onlinesüchtig werden kann – dann wird deutlich, wie schnell man heute verzaubert werden kann. Das ist ähnlich wie bei Wolfram von Eschenbachs Parzival: Wenn Gawan in Klingsors Reich kommt, steht er vor einer Kugel, mit Hilfe derer man in die gesamte Welt schauen kann. Gawan muß dann verschiedene Prüfungen bestehen, u.a. mit dem Löwen kämpfen. Aber dadurch, daß er ihn besiegt, wird er frei.

Mir scheint es, daß wir heutigen Menschen etwas Ähnliches wie diese Kugel haben, mit der wir in die Welt schauen. Und auch wir sind gefangen. Wenn aber jemand in irgendeiner Form diesen Löwen bewältigt, dann hat er Chancen, aus seiner Gefangenschaft herauszukommen und seinen individuellen Weg zu finden.

Die heutigen Jugendlichen haben viel mehr Chancen als die Jugendlichen vor 30 oder 40 Jahren, allein schon deswegen, weil sie sehr viel schneller und unverbindlicher in fremde Länder reisen oder mit anderen Menschen kommunizieren können. Die Seinsweise der Menschen hat sich nicht grundlegend verändert, obwohl wir natürlich anders als die Menschen vor 100 oder 500 Jahren sind.

Wo bleibe eigentlich ich?

W.W.: Woran liegt es, daß die Menschen ihre äußeren Hüllen oder sogar ihr Denken, Fühlen und Wollen als ihr Ich empfinden?

K. Schily: In gewisser Weise empfindet man durch die Tätigkeit des Denkens, Fühlen und Wollens schon sein Ich. Ich würde von mir auch immer sagen: „Ich bin ein Mann." Wenn ich aber von meinem Geschlecht absehe und mich frage, was dann von meinem Ich übrigbleibt, dann wird es schon dünn. Wenn man in den sinnlichkeitsfreien Raum vorstoßen will, wird es deshalb so dünn, weil der Weltinhalt, das Äußere, so mächtig auf uns einwirkt und wir andererseits daran wach werden.

Wir leben in einer Zeit des Materialismus und der Globalisierung. Der reine Materialismus beschränkt den Menschen auf seine DNA. Die globalisierte Datenvernetzung verbindet alle Menschen auf äußere Weise miteinander. Dazwischen steht das Individuum und fragt sich: „Wo bleibe eigentlich ich?"

Die Welt ist von zwei Gegensätzen gekennzeichnet. Auf der einen Seite haben wir die Vereinheitlichung oder auch Vereinigung der Welt in der Technik, den internationalen Finanzmärkten und vielem, was mit der Globalisierung zusammenhängt. Auf der anderen Seite haben wir die Pseudoidentfikation mit äußeren Gegenständen, wie z.B. Markenklamotten, genauso aber das Zerfallen in Cliquen oder die Identifikation mit religiösen Gruppierungen. Auf der einen Seite vereint sich die Welt, auf der anderen zerfällt sie. Ein Amerikaner beschrieb das einmal als die Welt zwischen „Mac world und Dschihad". In dieser Welt hat Demokratie kaum noch Platz. Das sind die Lebensprozesse, die heute ablaufen und in denen der einzelne sich nur sehr schwer behaupten kann.

W.W.: Das eine Extrem, das Sie beschrieben haben, ist der Rückfall in Cliquen, Gruppen, Volks- und Religionszusammenhänge. Was muß eine Individualität leisten, um sich als Individuum aus diesen Gruppenzusammenhängen zu befreien?

K. Schily: Hier möchte ich an erster Stelle die Waldorfpädagogik nennen, weil sie die jungen Menschen mit der Welt verbindet, anstatt sie von der Welt zu trennen. Wir müssen es lernen, uns mit der Welt auseinanderzusetzen, und wir sollten die Welt und die verschiedenen Kulturen möglichst vielseitig kennenlernen. Auch die Mehrsprachigkeit ist ein Tor zur Welt.

Eine Individualität interessiert sich für die Welt und beschäftigt sich mit ihren Inhalten. Dazu gehört, fremde Kulturen und andere Religionen zu verstehen oder sich z.B. mit einem Menschen wie Kant auseinanderzusetzen. Wenn man sich auf diese Weise mit der Welt beschäftigt, dann besteht man als Ich, lernt sich als Mensch kennen und reift zur Individualität.

Anthroposophie als Weg zur Individualität

R.H.: Gibt die Anthroposophie eine umfängliche Perspektive, aus der es sich lohnt oder unter der es notwendig ist, Individualität in seiner persönlichen Biographie auszubilden?

K. Schily: Soweit ich die Anthroposophie verstanden habe, ist die gesamte Anthroposophie ein Weg der Ausbildung der Individualität. Man braucht ja nur an die Definition zu denken, das eigene Selbst, den eigenen Geist mit dem Geistigen im Kosmos in Beziehung zu setzen. Dabei betont Rudolf Steiner immer wieder, daß dies *ein* Weg sei – und diese Toleranz Steiners muß ich hier deutlich hervorheben. Eigentlich ist alles, was aus der Anthroposophie hervorgegangen ist, individuationsfreundlich. Man denke nur an die Waldorfpädagogik, den Gottesdienst der Christengemeinschaft oder den freichristlichen Kindergottesdienst – das ist alles ungeheuer gesund. Und man kann natürlich noch viel weiter denken.

Die Anthroposophie verweist mich immer wieder auf mich selbst. Sicherlich eignet sich die Anthroposophie auch zur Exegese, auch gibt es möglicherweise Anthroposophen mit Scheuklappen. Aber das ist nicht der Sinn der Anthroposophie.

R.H.: Die Anthroposophie fördert also nicht nur den Individuationsprozeß des Menschen, sondern ermöglicht auch durch falsch verstandene Anthroposophie eine Verhinderung desselben? Kann bei einem problematischen Umgang mit der Anthroposophie die Individualität auch gedämpft oder geschädigt werden?

K. Schily: Das geschieht dann, wenn ich mich der Sache nicht vollständig stelle. Stell Dir vor, Du diskutierst mit einem krassen Materialisten. Wenn man fair ist, dann wird man feststellen, daß der andere irgendwo recht hat. Und wenn der Materialist fair ist, dann sagt er vielleicht zum eigenen Standpunkt: Irgendwie hatte das eine Dimension, über die ich noch einmal nachdenken muß.

Jetzt gehen beide nach Hause. Der Anthroposoph hat die Tendenz, noch einmal bei Steiner nachzulesen, der Materialist hat die Tendenz, sich noch einmal in seinen Lehrbüchern zu vergewissern, daß seine eigene Theorie die richtige ist. Der Individuationsprozeß von beiden hätte aber darin bestanden, daß man es schafft, auf den Standpunkt des anderen einzugehen und in diesen einzusteigen. An dieser Stelle behindern wir uns oft selbst, weil wir annehmen, daß wir uns selbst aufgeben, wenn wir uns auf einen anderen Standpunkt einlassen. Ein positives

Beispiel dafür ist die ungeheure Toleranz des Sufismus: Auf der einen Seite steht die Integrität des Glaubens, auf der anderen Seite die ungeheure Toleranz.

Aber der Blick auf eine neue Idee der Individualität wird uns in unserer Gesellschaft zunehmend verstellt. Wenn man z.B. fragt, was das Herz ist, das sagt einem jeder Dorfdepp, daß das eine Pumpe sei. Aber bei Steiner liest man etwas ganz anderes. Jetzt beginnt die gleiche materialistische Entwicklung bezogen auf das Gehirn. Gewisse materialistische Modellvorstellungen verstellen uns einen bestimmten Weltblick. Ich bin sehr froh, daß ich einige Jahre im Labor gearbeitet habe und dort auch sehr viel mit Maschinen umgehen mußte. Diese Maschinen lassen einen nicht frei. Weltgeschichtlich tritt dieses Maschinenartige ein, wenn eine Vorstellung Platz greift wie z.B. diese: Das Gehirn ist ein komplizierter Computer. Man überträgt also seine eigene Vorstellung vom Computer auf das Gehirn, und da ich es so anschaue, scheinen entsprechende Versuche meine Modellvorstellungen zu bestätigen.

R.H.: Wodurch kann eine Individualität verhindert werden: durch die Erziehung, durch die Umwelt, durch das persönliche Erbe des Individuums?

K. Schily: Das ist nicht leicht zu beantworten. Innerhalb der PISA-Debatte wurde immer wieder gesagt, daß die PISA-Studie kein Leistungsnachweis sein sollte, sondern sie sollte aufzeigen, daß wir sehr viele Kinder haben, die in sozialen Zuständen leben, innerhalb derer sie schulisch nicht lernen können. Viele Kinder können eben nur in der Küche, an der Ecke des Eßtisches, Schularbeiten machen, andere dagegen haben Ballett- und Reitunterricht. Um letztere müssen wir uns nicht so sehr kümmern, sondern vielmehr um die, deren allein erziehende Mutter beruflich tätig ist, die überfordert ist und die ihrem Kind zum Einschlafen eine Kassette einlegt. Viele Kinder wachsen auf diese Weise auf, und man fragt sich, wie diese es geschafft haben, zu Individualitäten zu werden.

R.H.: Andererseits gibt es Menschen, die ungeheuer viel mitbringen, die einen vielversprechenden Start haben und die trotzdem ihr Schicksal gegen die Wand fahren. Wie erklären Sie sich, daß viele Menschen mit sehr viel Kapital auf die Welt kommen und nichts daraus machen, andere aber mit sehr wenig Kapital auf die Welt kommen und aus diesem Wenigen sehr viel gestalten können?

K. Schily: Um diese Fragestellung zufriedenstellend zu beantworten, müßte man ein individuelles Schicksal genau betrachten, aber das würde den Rahmen sprengen. Deshalb kann man nur generalisierend sprechen, und an dieser Stelle wird jede Darstellung etwas unscharf. Wir müssen es schaffen – im Elternhaus, in der Schule und im Beruf –, daß sich die Kinder und Jugendlichen mit der Physis verbinden können. Ein Kind muß richtig gehen, sprechen und denken lernen. Die physische Grundlage des Kindes muß möglichst gesund sein, sonst wird ihm viel in seinem Schicksal verstellt werden.

Schicksal ist mehr

R.H.: Wir unterscheiden das irdische Ich als Manifestation allen irdischen Tuns und Begehrens und das höhere Selbst als Schicksalsinaugurator des Menschen. Bestimmen die Motive und Leidenschaften eines Menschen schlußendlich sein Schicksal?

K. Schily: Nein. Das Schicksal ist mehr. Das Schicksal tritt objektiv auf. Warum trifft z.B. den Nichtraucher das Bronchialkarzinom? Das Schicksal geht über subjektive Kriterien hinaus. Deshalb ist auch die Diskussion mit dem Islam so interessant, ob nun alles durch Allah vorgegeben ist oder nicht. Auch im Islam gibt es Richtungen, die nicht ausschließlich diesem einfachen Gedanken der Vorherbestimmung anhängen. Im Christentum bzw. bei den Taten des Christus wird dagegen immer auf etwas Objektives verwiesen, dies aber im Sinne von Naturgesetzlichkeiten, die nicht zu umgehen sind.

Daß es Gesetze im Schicksal gibt, fühlen die Menschen „irgendwie", sonst würde es nicht solche Redensarten wie: „Man trifft sich immer zweimal im Leben" geben. In allen diesen Anschauungen liegt etwas, was man als Individualität nicht beeinflussen kann. Meist verschließt sich der Sinn eines Ereignisses im ersten Moment, und erst viel später erhellt sich der Zusammenhang.

Individualität ist immer ein Prozeß. Individualität ist immer Bewegung. Individualität ist immer Fragen bildend in der Bewegung, und zwar bezogen auf die Gegenwart und darüber hinaus. Wenn wir uns als Ich betrachten, dann wissen wir, je länger wir gelebt haben, daß wir verschiedene Zustände durchlaufen haben, und zwar bis ins Physische hinein. Wir verändern uns, wissen aber zugleich, daß wir damals kein anderer gewesen sind. Ich bin immer ich, und doch bin ich im Fluß und verändere mich fortwährend.

Und um Heraklit zu bemühen: Niemand steigt zweimal in denselben Fluß, genauso aber steigt niemals *derselbe* zweimal in den Fluß. Trotzdem findet sich sowohl beim Fluß als auch bei der Individualität etwas Kontinuierliches.

Dann gibt es natürlich noch viele Dinge, die nichts mit dem Schicksal zu tun haben. Ein Melancholiker ist auch in einem glücklichen Geburtstagszusammenhang melancholisch. Allein schon dann, wenn er daran denkt, daß der schöne Geburtstag morgen vorbei sein wird. Das hat nichts mit dem Schicksal zu tun, sondern damit, daß er Melancholiker ist.

Die Schwingungen des Moments aufgreifen

R.H.: Ich möchte ein persönliches Erlebnis mit Dir erzählen. 1978-1982 war ich in Herdecke in der Psychiatrie als Krankenschwester tätig. Der Grund, warum ich dort begonnen habe, bist Du gewesen. Ich kam 1978 aus Israel zurück und besuchte Dich. Damals hattet Ihr im Herdecker Krankenhaus gerade die Psychiatrie aufgebaut, und Du fragtest mich, ob ich dort als Krankenschwester anfangen könnte. Ich lehnte das ab, da ich andere Pläne hatte.

Du empfahlst mir dann einen halbstündigen Spaziergang, um mir das noch einmal zu überlegen. Als ich wiederkam, hattest Du bereits einige Kollegen versammelt, und plötzlich stelltest Du mich als Eure neue Krankenschwester vor. Ich war wie vor den Kopf geschlagen.

Dabei geht es mir jetzt nicht darum, was Du gesagt hast, sondern wie Du es gesagt hast. Du schautest mich an und sagtest: „Die Würfel der Zukunft fallen in Herdecke." Das war weder Hybris noch Arroganz, sondern es war Deine Individualität, die für mich ausschlaggebend dafür war, daß ich mich dann auch für Herdecke entschied. Du warst so enthusiastisch mit dem verbunden, was dort in Herdecke entstand, daß von Dir unmittelbar ein individueller Funke zu mir übersprang und ich zu meiner zukünftigen Tätigkeit Ja sagen konnte. Und mit dieser selbstlosen Begeisterung hast Du auch später vieles in der Welt bewegt.

Das ist genau das, was der zentrale Punkt unseres Themas Individualität ist. Dieses persönliche Erlebnis, das ich von Deiner Individualität wahrgenommen habe, möchte ich an das Ende dieses Interviews stellen. In diesem Sinne individuell sein heißt, mit Begeisterung und Selbstlosigkeit etwas in die Welt zu stellen.

K. Schily: Ich erinnere mich daran. Der schicksalhafte Rahmen in Herdecke war gegeben. Dann tauchtest Du auf, und mir wurde klar, daß ich diese Dame in diesen Rahmen integrieren müßte. Es fügte sich gut, daß wir gerade eine Krankenschwester brauchten. Beides mußte zusammenkommen.

Wenn Musiktherapie wirklich gut ist, dann ist der Therapeut der Resonanzboden des Patienten. Der Therapeut darf sich nie über den Patienten erheben, aber er darf auch nie wie der Patient werden. Alles muß sich immer zu einem Ganzen fügen. Ich war damals kein Therapeut, und meine Entscheidung, Dich für die Stelle der Krankenschwester anzusprechen, war intuitiv. Bei solchen Entscheidungen ist es auch nicht so wichtig, logisch zu sein. Individuelle Entscheidungen zu treffen bedeutet, die Schwingungen des Moments aufzugreifen und das vollständige Bild zu erahnen, das aus diesem Anfang werden kann. Eigentlich tritt auf meiner Seite das individuelle Etwas zurück, auch wenn Du es ganz anders erlebt hast.

R.H.: Es war aber noch mehr. Oft war es so, daß sowohl Du als auch Herr Kienle in den Menschen etwas gesehen haben, was diese selbst nicht sahen. Ihr habt etwas in ihnen gesehen, und dadurch konnten sie über sich hinauswachsen. Dadurch wurde etwas möglich, was Ihr gesehen habt, die jeweiligen Menschen aber nicht. So etwas ist doch eine sehr spezielle Kraft eines Menschen.

K. Schily: Das ist das Brennen für eine Sache. Wenn Wolfgang Weirauch nicht für die FLENSBURGER HEFTE brennen würde und davon überzeugt wäre, daß sie für die Welt notwendig sind, würde es sie nicht geben. Genauso brannten wir für das Krankenhaus Herdecke und die Universität Witten/Herdecke. Eigentlich sind Pionierleistungen ganz individuelle Tätigkeiten, die aber nur in der Gemeinschaft mit anderen erfolgreich werden können. Wir sind es eigentlich nie allein, und jeder ist notwendig für den Erfolg.

Velazquez: Hofzwerg mit Hund,2. Drittel 17 Jh., Museo del Prado, Madrid

Begegnung wird Ich

Individualität im Spiegel des Engels

von Wolf-Ulrich Klünker

Das Verständnis von Individuum und Individualität hat menschheitsgeschichtlich große Wandlungen erfahren. Oftmals wird darauf hingewiesen, daß das menschliche Individuum erst mit der Neuzeit und insbesondere durch die Aufklärung und im deutschen Idealismus zu einer hervorragenden Wertschätzung gelangt sei. Die menschliche Individualität sei letztlich weder mit einer anderen vergleichbar noch festzulegen oder gänzlich auszusprechen; sie sei Ursache und Zweck in sich selbst, bestimmte sich in ihren Intentionen, Gedanken und Handlungsweisen. Die verschiedenen Wissenschaftsgebiete, insbesondere Psychologie, Philosophie und Medizin, bemühen sich in der Neuzeit zunehmend, von allgemeinen Begriffen des „Menschlichen" zu individuellen Betrachtungsweisen zu gelangen. – Allerdings ist gegenüber diesen Tendenzen in der jüngsten Zeit eine Gegenbewegung zu spüren: Der Mensch versteht und erlebt sich stärker in seiner Gattungsgebundenheit, beispielsweise in seiner Bestimmtheit durch genetische Vorgaben und leiblich bedingte Bedürfnisse.

Eine solche Perspektive auf die Entwicklung von Individualität relativiert sich allerdings, wenn man berücksichtigt, daß vorneuzeitlich weniger die irdische, wohl aber die geistige und unvergängliche Individualität des Menschen beachtet wurde. Beispielsweise läßt sich aus dem älteren Mysterienwesen erschließen, daß individuelle Selbsterkenntnis erst nach der Trennung vom Leib, also nachtodlich, für möglich gehalten wurde; solange das Ich mit dem Leib verbunden und demnach irdisch war, konnte es seiner selbst nicht gewahr werden. So wurde Individualität durchaus bis in das christliche Zeitalter hinein erlebt. Ein Hauptmotiv der Mysterieneinweihung lautete „Erkenne dich selbst", aber diese Maxime konnte nur eingelöst werden, indem der Mensch in einen künstlichen nachtodlichen Zustand versetzt wurde (dreitägiger todesähnlicher Schlaf).

Noch im 13. Jahrhundert betonte Thomas von Aquin die Notwendigkeit, die irdische Individualität der menschlichen Geistseele als unvergänglich anzusehen. Thomas wies in Abgrenzung zu einer arabischen Ausdeutung der aristotelischen Psychologie darauf hin, daß die menschliche Geistseele nicht nur durch den irdischen Leib individualisiert wird. Vielmehr dauere die Individualität auch nachtodlich fort; denn nur bei einer Kontinuität geistig-seelischer Individualität diesseits und jenseits der Todesschwelle könne die christliche Lehre gelten, daß der Mensch nachtodlich die Konsequenzen seines irdischen Denkens und Tuns erlebe (göttlicher Lohn bzw. Strafe).[1] Thomas wollte mit seiner Anschauung die Psychologie des

© Wikipedia

Thomas von Aquin

Aristoteles mit der christlichen Überlieferung verbinden. Er vertrat dabei einen Standpunkt, den die Psychologie erst im 19. und 20. Jahrhundert endgültig aufgegeben hat, der aber beispielsweise die „Bücher über die Seele" des Aristoteles ebenso bestimmte wie die spätere Menschenkunde des Christentums: daß Psychologie und Anthropologie erst dann zu einer wirklichen Erkenntnis von Seele und Ich gelangen können, wenn die nachtodliche und damit unsterbliche Individualität des Menschen wissenschaftlich begriffen werden kann. Und das Verhältnis von irdischer und ewiger Individualität – so stand für die damalige Wissenschaft vom Menschen fest – wird nur verständlich, wenn die Beziehung des menschlichen Ich zum Engel mituntersucht wird.

Individualität und Intellektualität

In dieser Perspektive zeigt sich eine Schwierigkeit gegenwärtiger Psychologie und Anthropologie, aber auch ein Problem im menschlichen Selbstgefühl: Identifiziere ich meine Individualität mit meiner *leiblichen* Existenz, so teilt dieses Ich-Erleben die Vergänglichkeit des Leibes; Individualität wird abhängig von leiblichen Zuständen wie Schlafen oder Wachen, Gesundheit oder Krankheit. Nehme ich darüber hinaus eine *seeli-*

---

[1] Vgl. dazu Thomas von Aquin: Über die Einheit des Geistes gegen die Averroisten. De unitate intellectus contra Averroistas. Hrsg. von Wolf-Ulrich Klünker. Stuttgart 1987 (insb. S. 21f).

sche Eigenrealität des Ich an, so bin ich mit der Wechselhaftigkeit seelischen Seins konfrontiert: Gefühle, Eindrücke, Empfindungen verändern sich, nicht nur im Laufe der Biographie, sondern innerhalb kürzester Zeit. Selbst intensive Gefühle können sich ins Gegenteil verkehren: Urteile wandeln sich zu diametralen Einschätzungen, zwischenmenschliche und andere Lebensverhältnisse, die gestern noch lebenstragend waren, können schon morgen ihre Ambivalenz zeigen. Seelische Individualität lebt gerade nicht in der Identität oder Kontinuität von Erlebnissen und Haltungen, sondern in ihrer Veränderlichkeit.

Worin besteht die Substanz der Individualität, das dauerhafte Wesen des Ich?

Auf diese Frage versuchte die ältere Psychologie bis ins 19. Jahrhundert hinein eine Antwort zu finden; die Wissenschaft vom Menschen, aber auch das menschliche Selbsterleben des 20. Jahrhunderts haben dieses Problem ausgeklammert oder bestenfalls an die philosophische Spekulation oder religiöse Subjektivität verwiesen. Es scheint heute fast vermessen, wenn man darauf hinweist, daß damit der entscheidende Fragehorizont der eigenen Existenz einfach verdrängt wurde. Denn kann eine Wissenschaft vom Menschen, kann ein Selbsterleben wirklich auskunftsfähig sein und befriedigen, wenn Individualität an die Dauer der Leibesexistenz gebunden wird und die Kontinuität von Ich-Sein ausgeklammert wird? Bleibt nicht hinter und unter der Rationalität gegenwärtigen wissenschaftlichen Denkens und des daraus resultierenden Selbstgefühls eine Unsicherheit und sogar eine gewisse Ängstlichkeit zurück, die vielleicht Zeugnis davon ablegt, daß Individualität letztlich doch nicht in den Grenzen von Geburt und Tod begriffen und gelebt werden kann? Daraus entsteht die Frage, wie das Ich diese Grenzen in seinem Selbstverständnis überschreiten kann – durchaus nicht nur im Sinne eines unsicheren Glaubenshorizontes, sondern auch in einer wissenschaftsfähigen Anschauung menschlicher Individualität.

Die Psychologie des Aristoteles, mit der die Wissenschaft von der Seele beginnt, aber auch die darauf aufbauende Menschenkunde des christlichen Mittelalters, hatte eine eindeutige Antwort: Die fortdauernde Individualität des Menschen hängt mit seiner Intellektualität, mit dem Denken zusammen, und dieses wiederum entwickelt sich für das Mittelalter in der Beziehung zwischen menschlichem Ich und Engel. So sprach

© Wikipedia

Aristoteles

der vorchristliche und christliche Aristotelismus bis ins 19. Jahrhundert hinein davon, daß nur die menschliche Geistseele (anima intellectiva) unvergänglich sei, derjenige Seelenteil, der als intellectus bezeichnet wurde. Thomas von Aquin faßt zusammen, daß dieser Anschauung zufolge der „intellectus ... etwas Unvergängliches ist"[2] und daß die Seele „nicht insgesamt, sondern als intellectus den Leib überdauert".[3] Rudolf Steiner formuliert zugespitzt in einigen Vorträgen des Jahres 1924 sogar, daß von persönlicher Unsterblichkeit und geistiger Individualität eigentlich erst die Rede sein kann, seit die Menschen die Intellektualität, also das eigenständige Denken, ausgebildet haben bzw. in das Zeitalter der Bewußtseinsseele eingetreten sind. „Stirbt heute ein Mensch, der wirklich die Möglichkeit hatte, während des Erdenlebens seine Seele zu durchdringen mit Intelligenz, mit wahrhaftiger Intelligenz, dann geht er durch die Pforte des Todes, und er schaut zurück auf sein Erdenleben, das da war als ein selbständiges Erdenleben."[4]

Diese Existenzform des individuellen und den Tod überdauernden Ich in der intellektuellen Gedankenbildung ist zunächst nicht leicht nachzuvollziehen. Denn die Intellektualität erscheint doch abstrakt und vom Ich sehr viel distanzierter erlebt als beispielsweise das Gefühl. Dennoch besteht eine merkwürdige Schicksalsverbindung von Ich-Individualität und der Intellektualität des Gedankens. Gerade diese Schicksalsbeziehung weist auf einen geistigen Hintergrund menschlicher Individualität, nämlich auf die Existenz des Engels. „ ... der Mensch fühlt sich als *lebendig* in den Gedanken. Die *Gedanken* leben nicht; *er aber* lebt *in* den Gedanken. Dieses Leben urständet in Geist-Wesen, die man (...) als die der dritten Hierarchie (...) ansprechen kann."[5]

---

[2] A.a.O., S. 41
[3] A.a.O., S. 43
[4] Rudolf Steiner: GA 237/1975/08.08.1924/S. 166.
[5] Rudolf Steiner: GA 26/1982/Leitsatz 59/S. 41.

In dieser Aussage Rudolf Steiners wird der Zusammenhang deutlich: Die Gedanken des Menschen sind intellektuell-abstrakt; aber das menschliche Ich, die Individualität lebt in den Gedanken – selbst wenn das Ich aus dem Gefühl lebt, ist es ihm nur als Gedanke bewußt. Individualität setzt aber Ich-Bewußtsein voraus; Ich-Individualität ohne Selbstbewußtsein ist nicht möglich. In diesem Sinne bildet der bewußte Gedanke das Lebenselement des Ich, und als dieses Lebenselement geht er zurück auf die Wirksamkeit der dritten geistigen Hierarchie, der auch der Engel angehört. Demnach hat die gedankliche Intellektualität im Hinblick auf die menschliche Individualität zwei Seiten: Sie erscheint in der abstrakten Gedankenbildung, vielleicht sogar mit wenig bedeutsamen Inhalten; aber ihre Wesensseite zeigt die Gedankenbildung erst als Lebenskraft und Lebenshintergrund des Ich, und hier (nicht in der gedanklichen Inhaltlichkeit) entsteht die Wesensbegegnung von menschlichem Ich und Engel.

Der Engel als Zeuge

Die mittelalterliche Psychologie war bemüht, einen wissenschaftlichen Begriff der Beziehung von Individualität, Intellektualität und Engelwesen zu entwickeln, jenseits von subjektiven Glaubensüberzeugungen. Es wurde einerseits die Beziehung der Seele zum Leib gesehen: Der Leib galt als irdische Entwicklungs- und Individualisierungsgrundlage des Ich. Andererseits war aber klar, daß menschliche Individualität geistig offen gedacht werden mußte, nämlich in ihrer Lebensgrundlage in einem überirdischen Bereich. Die Psychologie suchte also danach, irdisch Vergängliches und Unvergängliches zu verbinden. Die menschliche Individualität wurde als dasjenige geistige Wesen angesehen, in dem sich beide Seiten vereinigen. Man war daran interessiert, einen wissenschaftlichen Begriff vom Fortdauern der Individualität und ihrer nachtodlichen Existenz hervorzubringen, in der Überzeugung, daß erst eine Selbsterkenntnis des Menschen, die seine geistige Dimension einbezieht, Grundlage für eine gesunde und zuversichtliche seelische Existenz sein kann. Eine Psychologie oder Selbsterkenntnis, die die unvergängliche Dimension des Ich nicht einbezogen hätte, wäre als wissenschaftlich unzureichend und seelisch unbefriedigend empfunden worden. „Die Menschen sind nämlich nicht nur unvergänglich im Hinblick auf ihre gemeinsame Art, sondern auch im Hinblick auf die spezifischen Formen der einzelnen, und dies sind die vernunft- und gedankenfähigen Seelen (animae rationales); das kann von anderen vergänglichen Dingen nicht gesagt werden."[6]

Thomas will hier zum Ausdruck bringen, daß der Mensch in seiner Individualität, die sich in der Intellektualität beurkundet, mit dem Engel in Beziehung steht. Das menschliche Ich ist, insofern es geistig unvergänglich ist, mit einem Engel verbunden; der Engel ist diesem Ich „zugeordnet". Es besteht also ein merkwürdiges Verhältnis zwischen der intellektuellen Individualität und Unvergänglichkeit dieses einzelnen Menschen und der geistigen Individualität dieses einzelnen Engels. Die Beziehung zwischen Ich und Engel dient der Bewahrung und Entwicklung von Individualität. Man könnte sogar formulieren, daß das Mittelalter die Individualitätsentwicklung in bezug auf das Verhältnis von Ich und Engel angeschaut hat, um der irdischen wie der geistigen Dimension dieses Geschehens gerecht werden zu können. Der Engel blickt als überzeitliche Individualität auf die Entwicklungsschritte des irdischen Ich – der Engel wird zum unvergänglichen Spiegel einer Ich-Entwicklung, die sich auf Erden vollzieht. In der Beziehung von Engel und Mensch zeigt sich wie in einem geistigen Bild die Notwendigkeit, Ich-Entwicklung als Verhältnis von irdischer und überzeitlich-geistiger Individualität zu begreifen.

Sehr ansprechend kommt dieses Verhältnis zum Ausdruck, wenn Thomas die Frage beantwortet, ob der Engel Trauer über mißliche Existenzsituationen des Menschen empfindet. Thomas greift dabei auf ein Bild des Aristoteles zurück: „Es will der Seemann, absolut und universell betrachtet, nicht, daß die Schiffsladung ins Meer geworfen wird; doch wenn eine Lebensgefahr aufzieht, so will er genau dies (...). In gleicher Weise wollen die Engel Sünden und Strafen der Menschen, universell und absolut gesprochen, nicht; sie wollen sie aber, damit die Ordnung der göttlichen Gerechtigkeit erhalten bleibe."[7] Und da der Engel im konkreten Einzelfall solche Folgewirkungen menschlichen Verhaltens will, trauert er nicht darüber. Mit anderen Worten: Die überzeitliche Individualität des Menschen, der Engel, will auch die Folgewirkungen und damit die Entwicklungsbedingungen der zeitlichen Individualität, des irdischen menschlichen Ich.

---

[6] Thomas von Aquin: Summa theologica I, 113,2.
[7] A.a.O., 113,7.

Der Engel als Blick der ewigen Individualität auf ihre irdisch-zeitlichen Entwicklungsschritte und –bedingungen: ein Blick, der, beispielsweise in der Beziehung des Engels zur kindlichen Individualität, durchaus auch die Bewahrung der Individualität, also das Beschützeramt, umfassen kann. Wie weit die gedankenfähige und erkenntnisbezogene Bildsprache des Mittelalters in dieser Hinsicht reichen konnte, belegt eine weitere Aussage des Thomas von Aquin. Er geht in diesem Zusammenhang nämlich auch auf die Frage ein, welche Rolle der Engel beim sogenannten „Jüngsten Gericht", also bei der nachtodlichen Verantwortung, spielt, die die Individualität für ihre irdischen Entwicklungsschritte zu übernehmen hat. Nach dem Tod wird das Ich mit den Folgen seines Denkens und Verhaltens, mit den Wirkungen seiner Aktivitäten, beispielsweise auf andere Menschen, konfrontiert. Diese Begegnung der Individualität mit den Entwicklungsfolgen ihres irdischen Seins wurde im Mittelalter als „Jüngstes Gericht" bezeichnet. Und Thomas geht auf die Frage ein, ob die Engel bei diesem „Jüngsten Gericht" als Angeklagte mit zugegen sind. Es geht also um das Problem, ob die überzeitliche Individualität für die Entwicklungswirkungen der irdischen Individualität verantwortlich zu machen ist. Bezeichnenderweise lautet Thomas' Antwort, daß die Engel dort „nicht als Angeklagte, sondern als Zeugen" geladen werden.[8] Der Engel blickt also von dem umfassenden Bewußtsein der Individualität aus auf die Entwicklungswirkungen des irdischen Seins: Nachtodlich kann das überzeitlich-geistige Ich die Entwicklungsschritte des irdischen Ich bezeugen, d.h. es entsteht ein umfassendes Bewußtsein, das irdische und ewige Perspektive vereint.

Das Interesse des Engels

Der Engel als das überzeitliche Bewußtsein der Individualität beobachtet die irdisch-individuellen Entwicklungsschritte im Leib; er ist dabei vor allem mit den Wirkungen und Konsequenzen von Intentionen, Gedanken und Handlungen der irdischen Individualität konfrontiert. Diese Wirkungen und Konsequenzen werden geisteswissenschaftlich betrachtet in einem nächsten Erdenleben zu Ursachen der weiteren individuellen Entwicklung auf Erden. Für die überzeitliche Individualität, den Engel, ist von ungeheurer Bedeutung, ob die Beobachtungen und Erfahrungen, die sie im Miterleben des irdischen Ich-Lebensganges macht, geistig qualifi-

---

[8] A.a.O., 113,7 ad 4

zierbar sind. Der Engel als die überzeitliche Individualität kann um so mehr an diesen irdischen Erfahrungen teilhaben, als diese Erfahrungen seiner eigenen Bewußtseinsstufe, dem Geistselbst, entsprechen. Für den Engel wird also zur entscheidenden Frage, ob das irdisch-menschliche Verhalten geistselbstfähig wird. In dem Maße, in dem dies möglich ist, wird das irdische und das überzeitliche Bewußtsein der Individualität identisch, d.h. Mensch und Engel begegnen und identifizieren sich gegenseitig im geistselbstfähigen Ich.

Geistselbstfähigkeit bedeutet Vergeistigung der Individualität; umgekehrt vollzieht sich in dieser seelisch-leiblichen Entwicklung auf der Erde aber auch die Individualisierung des Geistes. Das menschliche Ich gelangt so zu einer Teilhabe an der geistigen Individualität des Engels – und umgekehrt kann sich der Engel durch die Vergeistigung irdischer Erfahrungen ein Erlebnisgebiet erschließen, das ihm sonst nicht zugänglich wäre. Würden aber diese irdischen Eindrücke nicht individuell vergeistigt (spiritualisiert), so könnte der Engel als Geistselbst-Wesen nicht an sie herankommen, nicht an sie anschließen. Um eigene Entwicklungsschritte vollziehen zu können, bedarf der Engel individueller Welterfahrung, zu der sonst nur das inkarnierte menschliche Ich fähig ist. Denn der Engel selbst ist nicht durch einen individuellen Leib auf der Erde inkarniert, sondern in den Begebenheiten, Tatsachen und Dingen der Erde selbst. Beispielsweise lebt er unmittelbar im Witterungsgeschehen, während das menschliche Ich im individuellen Leib das Witterungsgeschehen als außerhalb seiner selbst (selbstverständlich mit entsprechenden Innenwirkungen) erfährt.

Der Engel als die überzeitliche Individualität im Geistselbst-Bewußtsein ist in das Weltgeschehen wie ausgegossen; die menschlich inkarnierte Individualität kann sich die Welt gegenüberstellen. Für den Menschen trennen sich damit Welterkenntnis und Selbsterkenntnis, für den Engel sind beide untrennbar identisch. Thomas von Aquin unterscheidet eine dreifache Existenzform der Dinge und Gegebenheiten der Welt: in ihrer eigenen Natur (ihrem Eigenwesen), in der Schöpfungskraft des göttlichen Wortes (Logos) und in dem Geist des Engels (intelligencia angelica, nach Augustinus).[9] So wird die geistige Individualität des Engels, wenn sie sich mit der Absicht der Selbsterkenntnis auf sich selbst wendet, in

---

[9] Thomas von Aquin: Summa theologica I, 58,6.

Älteste bekannte Darstellung von
Augustinus in der Tradition des
Autorenbildes (Laterankirche, 6.Jh.)

sich die Dinge und Begebenheiten der Welt erkennen – und wenn sie sich der Welt zuwendet, wird sie darin sich selbst finden. Zu einer abgegrenzten geistigen Eigenerfahrung kann der Engel nur dann gelangen, wenn er an den geistselbstfähig gewordenen Erlebnissen und Erkenntnissen des menschlichen Ich partizipieren kann. Dann trennt er sich nicht von der Welt, aber er kann sie außerhalb seiner selbst erfahren; so kommt die überzeitliche Individualität des Engels gleichsam zu sich selbst.

Je mehr sich die irdische Individualität in den Geist einlebt, ohne ihre Erdenexistenz zu verleugnen, ja, je mehr sie die Erdenexistenz durch das Einleben in den Geist intensiviert, um so stärker kann die überzeitliche Individualität bei sich selbst angelangen – Spiritualisierung und Individualisierung kommen zusammen und verbinden sich zur Lebens- und Erlebensform des Geistselbst. Die irdische Individualität erlebt und erkennt als überzeitlich-geistiges Wesen, und die geistige Individualität erlebt sich in den vergeistigten Erfahrungen des Erden-Ich. Eine solche Welterfahrung wird für den Engel zum wirklichen Ich-Faktor, ebenso wie die aus diesem Geschehen auf den Menschen zurückstrahlende Geistselbst-Kraft das irdische Ich zum Geistselbst erhebt. Ein solcher Vorgang kann selbstverständlich nur vorsichtig empfunden und formuliert werden. Er weist auf eine zunehmende Nähe von Mensch und Engel, auf eine mögliche Bewußtseinskontinuität im individuellen Geist diesseits und jenseits der Schwelle des Todes.

Unter dem Gesichtspunkt geistiger Individualität kann auch für eine moderne Psychologie ein alter Bestandteil der Engelanschauung wieder bedeutsam werden: die Auffassung, daß die Individualität des Menschen sich in Freiheit zur Geistselbst-Existenz, zum Engel entwickeln kann; daß der Mensch dadurch zu einem neuen hierarchischen Wesen wird; daß dasselbe Geschehen im Engel Entwicklungsschritte ermöglicht, die ihm vorenthalten bleiben, wenn die menschliche Individualität nicht geistselbstfähig wird. Wie das menschliche Ich auf die Bewahrung und Begleitung durch den Engel angewiesen war, so scheint der Engel jetzt auf die Spiritualisierung des Ich angewiesen zu sein, wenn nicht ein kosmisch-geistiges Entwicklungsvakuum entstehen soll.

© IFBG
Franz Brentano

Eine neue Psychologie, die eine solche Anschauung der älteren Engellehre wieder ernst zu nehmen vermag, würde die Bewußtseinslücke der psychologischen Wissenschaft im 19. und 20. Jahrhundert überwinden, nämlich den Verzicht auf die wissenschaftliche Erschließung der unsterblichen Dimension von Individualität. In diesem Sinne könnte von einer solchen Psychologie die Intention wieder aufgegriffen werden, die am Anfang jeder Wissenschaft von der Seele stand, die die christliche Psychologie des Mittelalters bestimmt hat und noch bis in das 19. Jahrhundert hinein wirkte, beispielsweise im Werk des Psychologen und Aristoteles-Kenners Franz Brentano. Wäre ein solches Wiederanknüpfen möglich, so könnte rückblickend die dann historisch gewordene, vergleichsweise kurze, rein irdisch orientierte Entwicklungsspanne der Psychologie des 19. und 20. Jahrhunderts als überwunden gelten. Und es könnte neu bedeutsam werden, was in der jahrtausendealten Überlieferung von Psychologie und Anthropologie immer deutlich war: daß die irdische leiblich-seelische Individualität des Menschen nur im Spiegel ihrer überzeitlichen Dimension, der nachtodlichen Existenz und des Engelbewußtseins, begriffen werden kann und daß umgekehrt der Engel als individuelles Geistselbst-Wesen schließlich nur aus den spiritualisierten Erdenerfahrungen des menschlichen Ich denkbar und damit wirklich wird. Denn Denken und Sein sind für die Individualität in der Existenzform des Geistselbst identisch.

Velazquez: Der Hoffnarr ‚El Primo', 1644, Museo del Prado, Madrid

Wer prägt wen?

Individualität, Genforschung, neue Wissenschaften

Interview mit Detlev Ganten

von Katharina von Bechtolsheim

Prof. Dr. med. Detlev Ganten, *geb. am 28. März 1941 in Lüneburg; verheiratet mit Dr. med. Ursula Ganten, 2 Kinder.*
1962–64 Medizinstudium in Würzburg (1963 Vorphysikum, 1964 Physikum), 1964–65 Medizinstudium in Montpellier (Frankreich), 1965 Interne Chirurgie des französischen Krankenhauses in Marrakesch (Marokko), 1966–68 Medizinstudium in Tübingen und Med. Staatsexamen mit anschließender Medizinalassistentenzeit in Tübingen und Emden, 1969–73 Forschungsaufenthalt am Clinical Research Instiute, Montreal (Kanada),1973-91 Pharmakologisches Institut der Universität Heidelberg, 1991–2004 Gründungsdirektor des Max-Del-

brück-Centrums für Molekulare Medizin Berlin-Buch (MDC), 1993
Klinische Pharmakologie, Freie Universität Berlin, Universitätsklini-
kum Steglitz, seit 2004 Charité Universitätsmedizin Berlin.
   Zur Zeit ist D. Ganten: Gründungsdirektor des Max-Delbrück-Cent-
rums für Molekulare Medizin Berlin-Buch (MDC), Lehrstuhl für Klini-
sche Pharmakologie, FU Berlin, Klinikum Steglitz, Vorsitzender der
Hermann-von-Helmholtz-Gemeinschaft Deutscher Forschungszentren,
Vorstandsvorsitzender der Charité Berlin, Universitätsmedizin.
   Auszeichnungen und Mitgliedschaften: „Chavez Award" der Int.
Society of Hypertension (1981), „Sechenev Medaille" der Medizini-
schen Akademie Moskau (1981), „Wissenschaftspreis" der Deutschen
Liga zur Bekämpfung des hohen Blutdruckes (1981), „Heilmeyer Me-
daille" der Gesellschaft für Fortschritte auf dem Gebiet der Inneren
Medizin (1990), Max-Planck-Forschungspreis (1990), Okamoto-Preis,
Japan (1990), CIBA-Preis des Council for High Blood Pressure Rese-
arch, American Heart Association (1992), Dr. hc. Universität Iasi,
Rumänien (1995), Wissenschaftlicher Ausschuß des Gesundheitsfor-
schungsrates (1992–1997), Mitglied des Wissenschaftsrates (1993–1998)
Akademie der Wissenschaften Heidelberg, Polnische Akademie der
Wissenschaft (Polska Akademia Umiejetnosci), Berlin-Brandenburgi-
sche Akademie der Wissenschaften, Deutsche Akademie der Natur-
forscher Leopoldina, Academia Europea, Präsident der World Hyper-
tension League (1992–1998), Präsident der Gesellschaft Deutscher Na-
turforscher und Ärzte, GDNÄ (1996–1998)
   Herausgebertätigkeit: Journal of Molecular Medicine (editor), Hand-
book of Experimental Pharmacology, Clinical and Experimental Hy-
pertension, Journal of Hypertension, Hypertension, Heart and Ves-
sels, Fundamental and Clinical Pharmacology, Journal of Clinical
Investigation, Endothelium (editorial boards)

„Gefesselt an sein evolutionäres Erbe, gesteuert vom Diktat der Gene
und Hormone, irrt der Mensch in seinem Triebleben umher. Die Liebe
wurde, als Bindungskraft, hinzuerfunden." So kann man im Spiegel
(17.04.1995) lesen – und der Autor bemüht verschiedene Wissenschaftler, um diese Theorie zu belegen. Hunderttausende Deutsche lesen solche populär aufbereiteten Aussage Woche für Woche zwischen Mon-
tagsfrühstück und Arbeitsbeginn.

Was aber hat die moderne Wissenschaft zum Menschen als unverwechselbarem Wesen zu sagen? Wo nimmt er seine Lebensziele und Motive her? Wo beginnt die Individualität – und ist sie bestimmt durch ihre „genetische Matrix", das Genom? Was ist ein „erbgleiches, identisches Individuum", wie es etwa entstünde, wenn reproduktives Klonen erfolgreich durchgeführt würde? Welche ethischen Fragen werfen neue Forschungsmethoden auf – und wer beantwortet sie?

Der Fortschritt in der Wissenschaft ruft seit Jahrzehnten dort Vertreter der Kirche, Ethiker, Philosophen, Menschenrechtler und Politiker auf den Plan, wo es um mögliche Manipulation von Menschenleben geht. Erhitzte vor zwei Jahrzehnten noch die künstliche Befruchtung die Gemüter, die inzwischen längst rehabilitiert ist, so sieht man seit der Geburt des Klonschafs Dolly die Entstehung von Homunkuli bedrohlich näherkommen.

Rechtliche Institutionen bemühen sich um Definitionen zum Schutz des menschlichen Lebens, die Vereinten Nationen entwerfen Klonkonventionen, verwerfen sie wieder und ringen sich lediglich zu Deklarationen durch. Die Forscher sehen sich durch restriktive Maßnahmen in ihrer Forschungsfreiheit beschnitten oder atmen auf, wenn Gesetzeslockerungen stattfinden.

Über oder hinter all dem steht nicht nur die Frage nach dem menschlichen Leben, sondern nach der Individualität, die nach gängiger Auffassung entweder zu großen Teilen unter dem Primat des Erbguts steht oder aber sich durch Umwelt bildet. Welchen Gesetzmäßigkeiten folgt sie?

Prof. Dr. med. Detlev Ganten ist Genomforscher, Molekularmediziner und begeisterter Verfechter der zentralen Rolle der „life sciences". Er spricht in diesem Interview über die genomische Vielfalt, beantwortet Fragen zu Genom und Individualität, zu den Lebenswissenschaften, zur Evolution, beschreibt das für ihn maßgebliche Menschenbild, äußert sich zum Schutz des Lebens, zu ethischen und juristischen Fragen des therapeutischen und reproduktiven Klonens, zur Humanmedizin und zur Biotechnologie.

Katharina von Bechtolsheim: Können Sie mir eine biologische Erklärung für den Begriff Individualität geben?

Detlev Ganten: Berufsmäßig bin ich ja Genomforscher. Für jemanden, der Genomanalysen macht, stellt der Begriff Individuum überhaupt kein Problem dar. Es wäre eher problematisch zu definieren, wo Gemeinsamkeiten sind. Variabilität und Veränderung ist das Entscheidende in der Biologie und in der Evolution.

Bedenken Sie das folgende Beispiel: Sie haben drei Milliarden Basenpaare, die Sie halbe-halbe von Ihren Eltern vererbt bekommen haben. Bei jeder Zellteilung gibt es etwa auf eine Milliarde Basenpaare eine Veränderung. Da wir drei Milliarden Basenpaare haben und alles im Doppelstrang passiert, haben wir statistisch etwa zwölf Fehler pro Zellteilung. Nun besteht der Mensch aus 100 Billionen Zellen. Das heißt, wir alle tragen 100 Billionen verschiedene Genome mit uns herum. Jede Zelle ist also anders. Wenn man sich das vor Augen führt, muß man sich wundern, daß wir alle so menschenähnlich aussehen, daß ein so hohes Maß an Ähnlichkeit zwischen den Individuen besteht. Individualität ist also für mich überhaupt kein Problem. Für mich ist es eher ein Problem, wie die Natur es schafft, so lange eine Kontinuität aufrechtzuerhalten. Aber die Evolution zeigt ja, daß sich alles schnell ändert.

Gemeinsamkeit ist das Rätselhafte

Wenn wir die Vorgänge des Lebens näher betrachten, sind wir in der Tat einer dramatischen und rasanten Evolution unterworfen. In meinem Buch „Leben, Natur, Wissenschaft" (erschienen bei Eichborn im Oktober 2003) habe ich gewissermaßen die Evolution als einen Leitfaden zum Verständnis des Lebens entwickelt. Daher bin ich in meiner Aussage eben auch sehr beeindruckt von der Evolution. Der Homo sapiens ist vor ganz kurzer Zeit entstanden. In der Entwicklung des Lebens vom Einzeller bis zu dem, was wir jetzt an organisierten Zellverbänden auf den Füßen mit uns herumtragen, sind die wichtigen Veränderungen, die den Menschen zum überlegenen biologischen Wesen gemacht haben, 100.000 bis 200.000 Jahre alt. Das ist nichts, angesichts der 3,5 Milliarden Jahre der Entwicklung des Lebens.

Eine dieser Mutationen, die mich besonders fasziniert, ist das FoxP2-Gen, das dazu geführt hat, daß Gesichts-, Schlund- und die oralfaciale Muskulatur schneller bewegt werden können. Das bewirkt, daß die Feinregulation schneller und gezielter gemacht werden kann, was die Menschen in die Lage versetzt, fein zu artikulieren, Vokale und Konsonanten auseinanderzuhalten und zu bilden, Gedanken sprachlich zu äußern, sich mit dem anderen auseinanderzusetzen, subtile komplexe Gesellschaftsstrukturen zu entwickeln und über Sprache und Kommunikation zu stabilisieren.

Solche Mutationen laufen natürlich beständig weiter. Die Evolution geht rasend schnell, wir tragen sie alle als Individuum in uns – und Individualität ist das Grundelement menschlicher Entwicklung überhaupt. Insofern ist die Frage vielleicht nicht richtig gestellt. Die Gemeinsamkeiten sind das wirklich Rätselhafte.

Das Genom entscheidet nicht alles!

K.v.B: Daß Sie die Frage nach Gemeinsamkeit so stark betonen, liegt vielleicht auch daran, daß Sie über die Genomforschung mit diesen unendlichen Variationsmöglichkeiten beschäftigt sind, also diesen Teilbereich durchleuchten. Es ist aber doch für normal sterbliche Menschen wie mich dennoch immer wieder erstaunlich, wie einzigartig und unverwechselbar Menschen in ihrer geistigen Prägung sind. Sehen Sie denn die Individualität, von der ich spreche, also das Unverwechselbare eines Menschen, gegeben durch die vielfachen Variationsmöglichkeiten des Genoms?

Genom, vergrößert

D. Ganten: Nein, ich bin kein Genomiker, der behaupten würde, das Genom entscheidet alles. Daß mein Mitarbeiter, Herr Gutzeit, so, wie er hier sitzt, so ist, wie er ist, ist nur begrenzt durch sein Genom bedingt. Da gibt es eine ganze Reihe von familiären und anderen Besonderheiten seiner Jugend und seiner Umgebung, die ich so schnell gar nicht erkunden kann, die ihn zu dem machen, der er ist.

K.v.B: Bildet sich das geistig-seelisch Unverwechselbare in Ihren Augen nach der Geburt durch unsere Umwelt?

D. Ganten: Ja; ich denke nicht, daß Geist und Menschlichkeit sich durch genomisch-biologische Strukturen oder gar Programme bilden.

Die Sonderstellung des Menschen

K.v.B: Sie werfen in einer Ihrer Ansprachen diese Frage selbst auf, indem Sie sagen, die Lebenswissenschaften, die „life sciences", wie etwa Genomforschung, Immunologie, Biomedizin, sollten sich aufgerufen fühlen, dasjenige zu finden, was über das Genom hinausführt und die

Sonderstellung des Menschen ausmacht. Was verstehen Sie unter der Sonderstellung des Menschen?

D. Ganten: Strenggenommen stellen Sie damit ja zwei Fragen. Die Frage nach den Lebenswissenschaften und die Frage nach der Sonderstellung.

K.v.B: Zunächst frage ich, was Sie mit der Sonderstellung des Menschen meinen. Daran schließt sich die Frage an, wie die genannten Disziplinen die Frage nach der Sonderstellung des Menschen beantworten können, denn Sie sagen ja, daß sie es tun sollen.

D. Ganten: Die Sonderstellung ist natürlich schon die Möglichkeit des Menschen, sich selbst als denkendes Wesen zu erkennen. Wie verarbeiten und verstehen wir die Sinneswahrnehmungen, und wie prägen uns diese als soziale Wesen? Das sind die Fragen, die Sie weder im Tierreich noch in der sonstigen Biologie finden. Das ist rein menschlich und betrifft den ontogenetischen Aspekt Mensch.

Lebenswissenschaften

Darüber hinaus ist jedoch der Aspekt von Interesse, die Lebenswissenschaften als Leitwissenschaft für die Wissensgesellschaft zu sehen. Das ist ein Thema, das sich bei mir wie ein roter Faden durchzieht. Besonders in Deutschland wird ja hinsichtlich unserer Entwicklung zu einer Wissensgesellschaft sehr sorgenvoll darauf geblickt, daß diese bestimmt wird durch Forschung, ein unbekanntes Territorium, auf dem möglicherweise mit Methoden gearbeitet wird, die nicht von allen akzeptiert werden – wie Gentechnologie und dergleichen. Die Lebenswissenschaften sind ein Bereich, in dem wir, wenn wir es richtig machen und verantwortungsvolle Wissenschaft betreiben, viel besser verstehen und begreifen können, worum es geht, weil wir ja alle am eigenen Leib erfahren, was diese Wissenschaft für uns bedeutet; mehr als auf anderen Wissensgebieten, die abstrakter sind und weniger Beziehung zum Menschen haben.

Die Lebenswissenschaften sind also ein Forschungsgebiet, das eine Beteiligung des einzelnen an der Entwicklung zur Wissensgesellschaft erfordert. Dazu kommt die Besonderheit, daß es wohl kein Gebiet gibt, das so interdisziplinär und institutionsübergreifend ist wie die Lebenswissenschaften. Sogar Philosophie und Bioethik werden zu Teilen der Lebenswissenschaften. Auch die technologischen Anwendungen wie Medizintechnik in allen Bereichen, Informatik und das digitalisierte Krankenhaus, sie alle sind Teile der Lebenswissenschaften, die zusammen eine Neu-Orientierung der Gesellschaft bewirken können. Das ist einzigartig.

K.v.B: Obwohl, nehmen Sie mir das nicht übel, diese Wissenschaften da an ihre Grenzen geraten, wo die Klippe zwischen dem Leiblichen und dem Geistigen nicht wirklich mit einer forscherischen Aussage überwunden ist, die erklären würde, was den Menschen nun wirklich befähigt zu denken, was ihn befähigt, selbst Motive zu fassen. Für mich ist die Frage, ob die Lebenswissenschaften wirklich so interdisziplinär sind oder ob man sie als interdisziplinär und kompetent für diese Fragen ausruft. Natürlich decken sie augenblicklich sehr viel ab, da durch sie auch ethische Fragen aufgeworfen werden, da Wissensbedarf in der Gesellschaft da ist, der gedeckt werden muß, wie Sie das ja auch immer wieder anregen. An einer bestimmten Stelle machen die Forscher, von denen ich weiß, halt und sagen: Es gibt einen Augenblick, da weiß ich nicht mehr weiter. Da kann ich Analogien und Vergleiche herstellen, aber eigentlich kann ich mit Hilfe der materiellen Forschung, denn das ist ja Materie auf Nano-Ebene, nicht mehr genau erklären, was geschieht. Das stelle ich bei Ihnen fest, aber auch bei Menschen wie Ian Wilmut und Eckhard Wolf. Insofern prägen die Lebenswissenschaften ein Menschenbild, sie prägen die Zukunft, aber zentrale Fragen stehen ganz offen.

D. Ganten: Ja, vieles steht und bleibt vermutlich lange offen.

Genom: Inneres Gerüst

K.v.B: Aber vielleicht können Sie mir ja noch etwas sagen zu dem, was die Lebenswissenschaften aussagen können. Der Paläontologe und Genomforscher Svante Päabo schreibt in einem Essay: „Es besteht unterschwellig die Tendenz, bezüglich der meisten Aspekte des Menschseins auf unsere Gene zu schauen..." – dazu haben Sie ja schon gesagt, daß das nicht Ihr Ansatz ist – „und zu vergessen, daß das Genom nur das innere Gerüst für unsere Existenz darstellt."

Welchen Aspekt deckt das Genom ab, welchen nicht? Und was meint Päabo mit „innerem Gerüst"? Wofür ist das Genom inneres Gerüst?

D. Ganten: Er meint das innere Gerüst für die biologischen Abläufe und Gestaltwerdung. Die äußere Gestalt der Zellen, Organe und des Körpers sind dasjenige, was das Genom bestimmt. Es gibt in der Tat Abläufe, die über das Genom zeitlich und räumlich koordiniert werden.

Da gibt es sehr überzeugende und komplexe Vorstellungen über die Zusammenhänge. Das ist das innere Gerüst. Die leibliche Grundlage ist dadurch wesentlich geprägt. Determiniert trifft es nicht ganz, weil sich eben immer wieder Veränderungen vollziehen, die komplett chaotisch sind und Neues hervorrufen. Das Genom liefert wichtige Teile der biologischen Struktur, die Matrix. Alles andere kommt dazu.

Fanatismus hat mit Biologie nichts zu tun!

K.v.B: Einen Tag nach den Anschlägen vom 11. September wurde Päabo in einem Interview gefragt: „Kann man Terrorakte rein biologisch erklären?" Und er antwortete: „Das sind überlegte und kühl kalkulierte Handlungen. Es sind schreckliche, aber hohe geistige Leistungen, technisch und organisatorisch, zu denen nur Menschen fähig sind. Mit Biologie hat das nichts zu tun!"

Sehen Sie das ähnlich?

D. Ganten: Dem stimme ich zu. Religion und Fanatismus jeder Art haben mit Biologie nichts zu tun.

Die Fähigkeit zur Forschung

K.v.B: Können Sie etwas zu Ihrem eigenen Menschenbild sagen? Orientiert es sich an den Forschungsergebnissen, die Sie erzielt haben?

D. Ganten: Nein. Aber das ist eine sehr umfangreiche Frage. Entscheidend in meinem Menschenbild ist natürlich die menschliche Fähigkeit zur Forschung, wobei ich Wissenschaft als etwas auffasse, das die Fähigkeit beinhaltet, unsere Welt zu verstehen; und zwar nicht nur auf Überlebensaspekte hin zu interpretieren, wie das die Tiere tun, sondern Neugierde auf die Bereiche zu entwickeln, die nicht nur der eigenen Reproduktion dienen, Zusammenhänge zu erkennen, diese zu systematisieren, möglicherweise zu abstrahieren und daraus neue Entwicklungsmöglichkeiten für sich selber zu bilden; im Idealfall aber nicht nur für sich selber, sondern für die Gemeinschaft, für die Familie, für die anderen. Das, denke ich, ist ein wesentlicher Grundzug meines Bildes vom Menschen.

Mir ist der Geist der Aufklärung sehr nah. Dieses aufklärerische Denken in Europa hat unendlich viel Neues gebracht. Der aufklärerische Geist wird noch heute von vielen unterschätzt. Menschen wie Rumsfeld haben ihn gründlich mißverstanden. Die Befreiung des Menschen aus der Unmündigkeit im Kant'schen Sinne hat gesellschaftlich, systemisch und politisch sehr viel bewirkt und prägt uns immer noch. Ich glaube, auch die Fähigkeit zum Altruismus ist ein wesentliches Element meines Menschenbildes. Ideale aufzubauen, dafür ein Gerüst zu bilden und daraus Ableitungen zu machen, ist von Bedeutung. Daraus entwickeln wir gesellschaftliche Verantwortung. Dies sind nur einige kurze Gedanken dazu.

Evolution: Ablesefehler im Kopierverfahren?

K.v.B: Sie sprachen vorhin schon von Ihrer Neigung zu evolutionärem Denken und sagen in einer Ihrer Ansprachen: „Evolution ist nur möglich durch Kopierfehler im Ablesen der Gene." – und Sie entwickeln daraufhin den Gedanken der menschlichen Evolution.

D. Ganten: Ja, Evolution ist nur möglich durch Veränderung des genomischen Materials. Diese Veränderungen entstehen natürlich durch Ablesefehler; sonst würde sich alles identisch reproduzieren.

K.v.B: Da würde ich gerne nachfragen: Es gibt ja die menschliche Entwicklung, was unsere Leiblichkeit betrifft – dort sprechen Sie von Veränderungen durch Kopierfehler. Übertragen Sie diesen Gedanken auch auf eine seelisch-geistige Evolution, wie etwa die Veränderung im Gedankengut durch die Aufklärung, von der Sie sprachen?

D. Ganten: Grundlegende geistige Veränderungen haben auch einen Ursprung in biologischen und genomischen Veränderungen wie z.b. der Größe des Gehirns oder der Ernährung, die zu anderen Formen des Hirn- und Nervenwachstums führen und auch die sensorische Leistungsfähigkeit beeinflussen. Das sind biologische Veränderungen, die zu geistigen und anderen intellektuellen Möglichkeiten beitragen. In gleicher Weise machen natürlich neue Ideen und Gedanken geistige Evolution möglich.

K.v.B: Sie sagen also, Materie wirkt auf Geist, Geist wirkt auf Geist – aber wirkt Geist nicht auch auf Materie? Sie sagen, das Erbmaterial bringt Michelangelo hervor; und Michelangelos leibliche Grundlage bestimmt ihn, gleichzeitig bestimmt ihn sein geistiges Umfeld. Wirkt Michelangelos Geist auch prägend auf seine leibliche Grundlage?

D. Ganten: Ich glaube schon, daß ganz genuine eigene Leistungen möglich sind durch Konzentration auf bestimmte Themen, die zu neuem

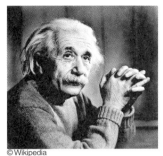

© Wikipedia
Albert Einstein

Ideengut führen können. Solches neue Ideengut kann dann erstaunlich konstant und frei von Materie in der Welt existieren.

K.v.B: Ja, das mag durch Konzentration mit ermöglicht werden. Ich hake aber noch ein wenig nach: Der geistige Michelangelo packt sich sein Erbgut und plastiziert es um, um seine ganz eigenen Ziele verwirklichen zu können. Finden Sie das abwegig?

Fortschritt geschieht immer durch das Individuum

D. Ganten: Nein. Er macht etwas ganz Eigenes daraus, seine Ideen, seine Kunst. Das tut er selber, und es ist nicht biologisch vorgegeben.

Heisenberg z.B. war ein Wissenschaftler, der eine Revolution hervorgerufen hat, die ebenso dramatisch war wie Einsteins Entdeckungen – damit meine ich die Quantentheorie. Diese Menschen hatten eine unglaubliche Konzentrationsfähigkeit auf ein Thema. Heisenberg war ein Mensch, der alles in mathematische Formeln faßte und versuchte, die Welt in ihren Ursprüngen mathematisch zu erklären. Er konzentrierte sich unendlich darauf. Das war selbstgewählt, aber auch beeinflußt durch seine Umgebung, in seinem Falle Göttingen, ebenso durch die Physik der 20er Jahre usw. Das faszinierte ihn stark, aus irgendeinem Grunde. Außerdem war er hochmusikalisch und dachte die Musik nicht nur interpretatorisch, sondern auch mathematisch.

Eines Tages bekam Heisenberg Heuschnupfen und ging nach Helgoland. Plötzlich ist dort der Heuschnupfen weg, er fühlt sich wohl – und gerät in eine fast mystische Versenkung, und hat gewissermaßen eine Erleuchtung, und die Quantentheorie steht vor seinem inneren Auge.

Das ist eine unglaubliche eigene geistige Leistung, die mit der Biologie als solcher nicht mehr viel zu tun hat. Die Biologie schafft die Voraussetzung dafür, daß die Neuronen und Dendriten so feuern kön-

© Wikipedia
Werner Heisenberg

nen, daß dort ein solches Bild entsteht. Aber das ist eine ganz eigene geistige Leistung.

Ich glaube fest daran, daß Fortschritte und Entwicklungen immer durch die Eigenaktivität, durch das Individuum entstehen. Solch eine Individualität muß die Ideen, die sie hervorbringt, dann aber auch konsequent verfolgen. Sie muß daran glauben und überzeugt von ihr sein. Viele gute Ideen, die möglicherweise bedeutsamer sind als das, was wir heute als bedeutsame Ideen diskutieren, fallen einfach nicht auf fruchtbaren Boden, weil sie ihrer Zeit voraus sind, oder weil nicht darüber kommuniziert werden kann, und sie geraten in Vergessenheit.

Therapeutisches und reproduktives Klonen

K.v.B: Können Sie in verständlichen Worten den Unterschied zwischen dem therapeutischen und dem reproduktiven Klonen beschreiben?
D. Ganten: Die Ausgangsform beim Klonen ist immer die Herstellung „identischer" Lebewesen oder biologischer Kreaturen. Bei Pflanzen ist das „Sprossen" die normale Form der Vermehrung. Beim reproduktiven Klonen versucht man, auf asexuellem Wege gleiche Lebewesen herzustellen.

Beim therapeutischen Klonen will man keine Lebewesen herstellen, sondern man möchte Zellersatz betreiben und strebt an, Zellen herzustellen, die z.B. funktionsunfähige Zellen ersetzen können und die exakt so sind, wie der Empfängermensch, der Kranke, sie braucht. Beim therapeutischen Klonen wird die totipotente Zelle oder der Embryo nicht zum Lebewesen weiterentwickelt, sondern die Entwicklung wird zu einem früheren Zeitpunkt abgebrochen, um für die Therapie zur Verfügung zu stehen. Das heißt, die Grundtechnologie für das reproduktive und das therapeutische Klonen ist die gleiche.

Wir implantieren nicht in einen Uterus!

Das therapeutische Klonen ist methodisch aber so angelegt, daß die Herstellung eines Lebewesens absolut sicher ausgeschlossen werden kann; z.B. indem man regelt, daß der Embryo nicht in einen Uterus implantiert wird. Dann kann ein Lebewesen nicht hergestellt werden.
K.v.B: Wir müssen vielleicht noch hinzufügen, daß es sich in unserem Gespräch bei beiden Klonmethoden um menschliche Lebewesen han-

delt. Dieser absolut sichere Ausschluß, also die Aussage, nicht in einen Uterus zu implantieren, wäre das dann eine Grenze, die rechtlich zu ziehen wäre? Oder wollen Sie hier auf Berufsethos bauen?

D. Ganten: Die juristische Konsequenz wäre, daß man die Implantation gesetzlich verbietet, ja. Methodisch ist das sehr einfach zu kontrollieren. Wenn Sie sicherstellen wollen, daß kein Methodenmißbrauch betrieben wird, dann geht es nur mit juristischen Beschränkungen. Das hat ja auch sein Gutes.

Somatisch ein Höchstmaß an Gleichheit

K.v.B: Sie sprechen sich gegen das reproduktive Klonen aus. Darauf kommen wir noch. Angenommen, es gäbe die rechtliche Grundlage für reproduktives Klonen, und ein Mensch mit annähernd identischem Erbgut wie sein leiblicher Spender würde erfolgreich ausgetragen: Würde nach Ihrer Einschätzung ein identischer leiblicher Organismus entstehen – oder ein identisches menschliches Individuum, eine identische menschliche Individualität?

D. Ganten: Es wäre dann wohl somatisch ein Höchstmaß an Gleichheit, gleichzusetzen mit eineiigen Zwillingen, die zeitlich versetzt geboren würden. Ich sage mit Nachdruck: Wenn es versucht würde. Man könnte davon ausgehen, daß es ein hohes Maß an Ähnlichkeit, gleichzeitig aber auch große Unterschiede gäbe, das kennen wir ja von eineiigen Zwillingen. Die geistige Freiheit bleibt immer individuell.

Das verbietet sich von selbst!

Aber ich sage Ihnen ganz deutlich: Ich bin der festen Überzeugung, daß reproduktives Klonen nicht möglich ist. Es wird keine zuverlässige Methode entwickelt werden können, denn reproduktives Klonen kann man nicht verantwortungsvoll betreiben. Um festzustellen, ob diese Methode wirklich zu verantwortbaren Ergebnissen führen kann, müßte man Statistiken erstellen. Das heißt, man müßte eine ausreichende Zahl von Menschen klonieren, um dann festzustellen, ob sie über die ganze Lebensdauer hinweg Nachteile davontragen oder nicht. Denn es genügt ja nicht zu konstatieren, ob solche menschlichen Wesen einigermaßen vital geboren werden. Eine solche Statistik zu erheben, mit der Möglichkeit eines Fehlschlags, verbietet sich von selbst. Wir wissen von Dolly und

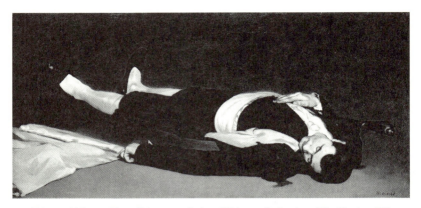

Edouard Manet, Toter Torero, undatiert, Widener Collection, Washington DC

anderen Experimenten aus der Veterinärforschung, daß die Fehlerrate und die postnatale Schadensrate so hoch sind, daß sich das beim Menschen verbietet, aus biologischen, medizinischen und ethischen Gründen.

Reproduktives Klonen: ein Gedankenexperiment?

Ich halte dies für ein Gedankenexperiment. Gedankenexperimente sind immer gut, um die Argumente daran zu schärfen, dennoch halte ich dieses Gedankenexperiment für wenig hilfreich. Es richtet politischen Schaden an. Schaden für Methoden, die möglicherweise medizinisch und biologisch hilfreich wären. Daß viele das therapeutische Klonen in Deutschland so verteufeln, hängt auch damit zusammen, daß uns die furchtbaren zwölf Jahre Naziherrschaft in Deutschland in einer Weise gefangennehmen und uns daran hindern, solche Themen unvoreingenommen zu diskutieren.

K.v.B: Sprechen Sie von der Furcht vor Eugenik?

D. Ganten: Ja, diese Dinge werden in einen eugenischen Zusammenhang gestellt, der mit der Fragestellung in der Realität überhaupt nichts zu tun hat.

K.v.B: Nun ja, die Befürchtung, daß diese Methoden von Menschen angewandt werden, die nicht denselben Ethos haben, wie Sie, ist ja nicht abwegig. Und wo die eine Methode an den „heiligen Schrein" der Individualität rührt, der mit der anderen Methode aufgebrochen und benutzt wird, herrschen da nicht berechtigte Zweifel?

D. Ganten: Mag sein, aber mit dem verbrecherischen Naziregime haben diese Fragen nichts zu tun.

K.v.B: Eckhard Wolf, der 1999 das Klonkalb Uschi ins Leben gerufen hat, sagt dazu: „Über das therapeutische Klonen machen wir langfristig auch das reproduktive Klonen möglich. Ich bin ziemlich sicher, daß bestimmte Kreise von Reproduktionsmedizinern nach kürzester Zeit fordern würden, das reproduktive Klonen als Spezialfall des therapeutischen Klonens, nämlich zur Behandlung von Kinderlosigkeit, zuzulassen."
Was ist Ihre Meinung dazu?

D. Ganten: Da gilt wieder, was ich gesagt habe: Die Methodik ist die gleiche, bis zu einem bestimmten Status. Dort können aber klare Schnitte gemacht werden. Mit Sicherheit könnte man die Methodik für reproduktives Klonen nutzen. Aber was dann folgt – dazu nimmt Wolf ja nicht Stellung. Wolf ist Veterinärmediziner, und bei Tieren stimme ich ihm zu.

Hohe ethische Standards

Nach den allgemeingültigen Gesetzen, die wir in der Humanmedizin haben, wie die Deklaration von Helsinki und die international vereinbarten Kriterien für klinische Versuche, ist solch ein Mißbrauch einfach nicht möglich. Es sei denn, wir würden diese Gesetze komplett aufgeben, was sehr unwahrscheinlich ist. Man könnte sich natürlich ausmalen, daß die Menschheit so in Gefahr gerät, daß wir alles tun müssen, um die menschliche Spezies zu erhalten, und alle Vorsichtsmaßnahmen und rechtlichen Grenzen aufheben. An ein solches Schreckensszenario am Ende der Menschheit mag ich jetzt nicht denken. In der medizinischen Forschung arbeiten wir unter sehr hohen ethischen Standards. Nur wenn man diese Standards aufgäbe, was sicherlich enormen Protest auslösen würde, dann wäre reproduktives Klonen denkbar.

Zentrum für Human- und Gesundheitswissenschaften

K.v.B: Die ethischen Anforderungen an Mediziner und Forscher wachsen mit den rasanten Entwicklungen in der Genforschung. Wird die medizinische Ausbildung, so, wie sie derzeit ist, genügen, wenn wirklich verantwortungsvolle Biomedizin betrieben werden soll? Juristische Kenntnis, ethische Bildung, mangelt es daran nicht?

D. Ganten: Wir haben ein Charité-Zentrum für Human- und Gesundheitswissenschaften mit Medizinhistorikern, Philosophen, Soziologen, Ethikern etabliert. Ich wünsche mir noch Medizinjuristen hinzu. Das ist wichtig, um die gesellschaftliche Begleitung des Medizinstudiums bis hin zur Ethik und zu Rechtsfragen zu sichern. Das muß aus meiner Sicht ausgebaut werden, wobei das Studium natürlich immer nur gewisse Grundlagen legen kann. Wir können nur auf Fragen und Sichtweisen aufmerksam machen und das Rüstzeug vermitteln. Der Rest muß dann individuell, gesellschaftlich und politisch unterstützt werden; so, wie Sie das mit Ihrer Buchreihe tun, indem Sie den Menschen Kenntnisse vermitteln.

Die Engländer machen es richtig!

K.v.B: Ian Wilmut, der wissenschaftliche Initiator und Begleiter des Experiments Klonschaf Dolly, hat im April letzten Jahres einen Antrag auf therapeutisches Klonen bei der HFEA (Human Fertilization and Embryology Authority) eingereicht und bekam ihn überraschend schnell bewilligt. Halten Sie es für sinnvoll, in Deutschland eine ähnliche Lizenzinstanz zu installieren wie in Großbritannien?

D. Ganten: Vom Konzept her haben wir im Robert Koch-Institut eine ähnliche Instanz. Dort gibt es eine Kommission für embryonale Stammzellen, die bis heute über acht Anträge entschieden hat. Ich halte das für eine gute Einrichtung. Das brauchen wir.

Ich denke, die Engländer machen das genau richtig. Sie arbeiten ja nicht nach ethischen Grundsätzen in der Medizin und wie bei uns in der Forschung, aber sie entscheiden nicht so grundsätzlich gesetzlich auf ewige Zeiten wie wir. Sie gehen Antrag für Antrag pragmatisch vor. Das ist aus meiner Sicht gerade im Wissenschaftsbereich der richtige Weg. Wie kann ein Bundestag sich vornehmen, wissenschaftliche Entwicklungen so vorwegzunehmen, daß sie diese über Gesetze regeln wollen? Wie kommt man dazu, zu sagen: Humane embryonale Stammzellen bis zum 1. Januar 2002 können benutzt werden – und danach nicht mehr? Das finde ich unhaltbar.

K.v.B: Sprechen Sie die gesetzliche Regelung an, daß embryonale Stammzellen importiert, aber nicht hier erzeugt werden dürfen – und daß selbst dieser Import nur von Stammzellen möglich ist, die bis zum 1.1.2002 erzeugt wurden?

D. Ganten: Ja, ich spreche von der sogenannten Stichtagsregelung. Nach diesem Gesetz müssen wir uns zum Schaden der Forschung richten.

Ein deutliches Zeichen für die Forschung

K.v.B: Wo Sie schon von der Bundesregierung sprechen: Wie verhält es sich mit dem Nationalen Ethikrat? Ist er eher beratendes Organ der Bundesregierung, oder soll er Öffentlichkeit schaffen? Sie sind ja selbst Mitglied.

D. Ganten: Der Nationale Ethikrat ist vom Bundeskanzler eingesetzt, aber mit einer Geschäftsordnung, die völlig freistellt, welche Themen er aufgreift und welche Vorschläge er machen will. Die einzige Aufgabe, die er hat, ist, dem Bundeskanzler jährlich zu berichten – und der Bundeskanzler entscheidet dann, ob das Budget weiterläuft oder nicht.

K.v.B: Ich frage das, weil in der Vorlage des Nationalen Ethikrats zum therapeutischen und reproduktiven Klonen eindeutig Position gegen das reproduktive Klonen bezogen wird, wie Sie das auch tun. In den drei dargestellten Positionen gibt es aber unterschiedliche Einschätzungen des therapeutischen Klonens. Sie und eine Gruppe weiterer Mitglieder sprechen sich dafür aus. Andere votieren dagegen. Im öffentlichen Bewußtsein herrscht die Einschätzung, daß die Bundesregierung sich restriktiv zu beiden Forschungsmethoden verhält. Ian Wilmut, der nun die Lizenz zum therapeutischen Klonen aus dem UK (United Kingdom, Anm.d.Red.) hat, wird aber Mitte März 2005 in die Paulskirche eingeladen, und man verleiht ihm den Paul-Ehrlich-Preis. Horst Köhler wird zugegen sein. Kann man das als Ehrbekundung für das therapeutische Klonen auffassen? Will man das therapeutische Klonen in der Öffentlichkeit damit ein Stückweit rehabilitieren? Immerhin ist Horst Köhler als Bundespräsident so etwas wie die moralische Instanz der BRD.

D. Ganten: Es ist zumindest ein deutliches persönliches Zeichen von Seiten des Bundespräsidenten für die Freiheit der Forschung, und das hat natürlich Gewicht.

Der Paul-Ehrlich-Preis ist aber ein Wissenschaftspreis, der ganz einfach für wissenschaftliche Leistungen vergeben wird. Insofern hat die Einladung wenig mit formaler Anerkennung zu tun. Die Tatsache, daß der Bundespräsident kommt, ist dessen persönliche Entscheidung, die von der Wissenschaft natürlich so interpretiert wird, daß er sich zur Wissenschaft und Innovation bekennt, auch wenn das mit einem Wagnis verbunden ist.

Es ist schon ein Zeichen in die Richtung: Seid nicht ängstlich in der Forschung, sondern nehmt euch Menschen wie Ian Wilmut durchaus zum Vorbild. Betretet unbekanntes Terrain, aber macht es verantwortlich. Ian Wilmut ist jemand, der mit deutlicher Klarheit die Verantwortung für sein Tun übernimmt. Mit klaren Argumenten, einfachen Worten und sehr deutlich.

K.v.B: Geht es jetzt für Ian Wilmut mit diesem lizensierten Forschungsprojekt um die Erforschung der Muskelschwächeerkrankungen wie ALS (Amyotrophe Lateralsklerose, Anm.d.Red.)?

D. Ganten: Ja.

Therapeutisches Klonen: Stimmt der Begriff?

K.v.B: Wie stimmig finden Sie den Begriff therapeutisches Klonen? Denn so weit ist es ja noch nicht: Ob Therapie damit betrieben werden kann, steht noch offen – und man erforscht lediglich das Zellverhalten, indem man neue Zellverbände herstellt.

D. Ganten: Ich finde den Begriff unpassend. Ein passenderer Begriff wäre gezielte Zellvermehrung, spezifische Zelltransplantation oder Zellersatztherapie. Das ist es eigentlich. Den Begriff Forschungsklonen finde ich auch nicht glücklich, denn langfristig gesehen kann es sein, daß die Zellverbände nicht durch Klonen hergestellt werden müssen. Meine Schlußfolgerung aus der Biologie ist: Therapeutisches Klonen bedeutet nichts anderes, als daß man einen adulten Zellkern unter besonderen Bedingungen in das Embryonalstadium reprogrammieren kann. Jede erwachsene Zelle hat das Potential, in den Embryonalzustand zurückgeführt zu werden. Bei Krebszellen ist das typisch. In Krebszellen werden häufig Gene aktiviert, die üblicherweise im Embryonalzustand aktiviert sind. Darum wachsen sie auch schneller und suchen neue Differenzierungsformen. Das Rückprogrammieren in den embryonalen Zustand ist ein bekanntes biologisches Phänomen.

Erforschung des Genmechanismus

K.v.B: Heißt das, Wucherungszellen haben einen ähnlich undifferenzierten Status wie embryonale Stammzellen vor der Einnistung? Helfen Sie mir einmal bei dem, was Ian Wilmut jetzt vorhat. Er entkernt eine adulte Zelle eines an Muskelschwächekrankheit erkrankten Patienten. Er führt den Zellkern über in eine entkernte Eizelle. Dazu wurden einer Frau Eizellen entnommen, was aufwendig ist. Die Rückprogrammierung in den Embryonalzustand geschieht in der Petrischale. Jetzt gibt er Wucherstoffe bei. Und nun entsteht ein neuer Zellverband?

D. Ganten: Ja. Er nimmt den Zellkern eines Patienten und fügt ihn in eine Ovozyte (Eizelle, Anm.d.Red.) hinein und produziert damit embryonale Stammzellen des Patienten. Das sind also identische Zellen, die nicht abgestoßen werden. Diese kann man dann differenzieren. Ziel ist es, Muskelzellen zu produzieren, die identisch sind mit denen des Patienten. Diese will Ian Wilmut dann transplantieren.

K.v.B: Ich dachte, der Erfolg von Transplantation und nachfolgender Heilung sei noch gar nicht sicher – und Wilmut wolle nur untersuchen, wie dieser embryonale Zellverband sich verhält, wie der Zellstoffwechsel verläuft, ob sich die Krankheit in diesem Embryo genauso entfaltet etc.

D. Ganten: Nun gut, das ist der erste Schritt. Forschung verläuft immer in Schritten. Der erste ist die Erforschung der genetischen Differenzierung, dann Methoden der rationalen Steuerung der Prozesse, schließlich Therapieentwicklung.

Das Menschenleben beginnt beim liebenden Paar

K.v.B: Welche Passagen des Embryonenschutzgesetzes würden Sie ändern, wenn Sie es könnten?

D. Ganten: Die entscheidende Passage ist die der Definition des Embryos.[1] Was ist ein Embryo, und wo beginnt das Leben? Ich glaube, daß das Leben beim liebenden Paar beginnt, auch wenn alle Menschen, denen ich das sage, zunächst über diese Aussage eines Naturwissenschaftlers staunen. Wenn ein Paar sich entschließt, sich in Liebe zu vereinigen und ein Kind zu zeugen, dann ist das der entscheidende Punkt: Sie „bauen ein Nest" und schaffen eine Umwelt, die mindestens so bedeutend ist für den jungen Menschen wie die Gene von Mutter und Vater. Ich gehe jetzt einmal davon aus, daß das bewußt geschieht. Die Umgebung, die diese beiden Menschen schaffen, ist das Entscheidende für das spätere Menschenleben. Nach der Vereinigung von Ei und Samenzelle entwickelt sich das befruchtete Ei, die Implantation des Embryos erfolgt. Es folgen die verschiedenen Stadien der Organ- und der Hirnentwicklung,

---

[1]Die geltende Rechtsordnung definiert in § 8 des Embryonenschutzgesetzes als Embryo „bereits die befruchtete, entwicklungsfähige menschliche Eizelle vom Zeitpunkt der Kernverschmelzung an, ferner jede einem Embryo entnommene totipotente Zelle, die sich beim Vorliegen der dafür erforderlichen weiteren Voraussetzungen zu teilen und zu einem Individuum zu entwickeln vermag."

Pierre-Auguste Renoir: Liebespaar, um 1880/90, Národni Galerie, Prag

die Ausbildung der Schmerzempfindung, das Stadium der Überlebens-
fähigkeit von der möglichen Frühgeburt bis zur reifen Geburt. In einigen
asiatischen Religionen gilt ein Kind erst dann als wirklich geboren, wenn
die Konstellation der Sterne Glück verheißt. Oder nehmen Sie einige
Kirchen, die den Menschen erst wirklich als Menschen anerkennen,
wenn er getauft oder in die Religionsgemeinschaft aufgenommen ist.
Das sind alles Stadien des Lebens, die ich sehr ernst nehme. Ich bin nicht
in der Lage zu sagen, ein Stadium sei wichtiger als das andere.

Ich erkenne bei jeder Kultur und bei jeder persönlichen Einstellung
das von ihr definierte Stadium an, in welchem die Bezeichnung Leben
jeweils wichtig ist. Und ich glaube persönlich, das Prägendste ist in der
Tat die Zuwendung und Liebe, die man dem Kind bei der Entwicklung
entgegenbringt. Diese Liebe ist viel wichtiger als das Genom. Aber eine

solche Definition können Sie natürlich nicht gesetzmäßig fassen. Regeln müssen wir die Möglichkeiten der Forschung bei alten und jungen Menschen in allen Stadien. Vor der Einpflanzung in den Uterus sollte die Forschung nicht grundsätzlich verboten sein.

Abstrakt und skurril

Aber den Beginn menschlichen Lebens rein auf die Verschmelzung von Ei und Samenzelle zu reduzieren, wie es beim Embryonenschutzgesetz geschieht, ist zu somatisch argumentiert. Damit habe ich meine Probleme; insbesondere, wenn es in einer Weise ausgelegt wird, die die Wissenschaft zu sehr einschränkt.

Das heißt also, die Definition des Beginns des Lebens und des absoluten Lebensschutzes ist der entscheidende Punkt im Embryonenschutzgesetz. Der Schutz des Lebens gilt eben auch schon früher, er ist aber relativ.

Nach Verschmelzung der männlichen und weiblichen Zellkerne im Embryo besteht absoluter Lebensschutz, und dieses führt in der praktischen Anwendung zu Problemen. In Deutschland darf kein Embryo eingefroren werden. Das heißt also, die befruchteten Eizellen werden alle im Zweikernstadium, vor der Kernverschmelzung, eingefroren. Stellen Sie sich nur mal vor, es sei Stromausfall, und der Eisschrank kühlt nicht mehr ausreichend, sondern er erwärmt sich auf Zimmertemperatur: Plötzlich verschmelzen die Zellkerne, und wir haben viele neue Embryonen. Was machen Sie nun, wenn die Kernverschmelzung, die zwei Minuten vor ihrem Eintritt angehalten wurde, nun plötzlich stattfindet? Es können ja nicht alle Embryonen eingepflanzt werden. Also, Sie sehen, das führt zu unmöglichen Situationen, die gar nicht durchzuhalten sind. Wenn wir also wirklich strikt den absoluten Schutz in diesen Stadien fordern wollen, sind Methoden der In-vitro-Befruchtung sehr erschwert.

Ohne biotechnologische Industrie geht es nicht

K.v.B: Können Sie mir einen verständlichen Überblick darüber verschaffen, wie in etwa die Biotechnologie in 15 Jahren aussehen könnte?

D. Ganten: Ohne biotechnologische Industrie geht es in der genmedizinischen Forschung schon jetzt gar nicht mehr und in Zukunft noch weniger. Die Nutzung aller Methoden, auch der gentechnischen Methoden – wie der Genomanalyse – für neue diagnostische und therapeutische Wege ist vorgezeichnet und wird sich weiterentwickeln. Auch die konventionelle Pharmakologie wird immer genomische Methoden mitbenutzen. Wenn wir Virusanalysen oder bakterielle Analysen machen, also ganz klassische Mikrobiologie, dann werden die Erreger zum Teil noch klassisch auf dem Nährboden im Reagenzglas gezüchtet und geprüft, z.B. auf Antibiotikaresistenz. Aber um forscherisch festzustellen, ob der Erreger nun resistent ist oder nicht, werden immer auch molekulare, gentechnische Analysen durchgeführt. Das heißt, es wird eine enge Verbindung zwischen klassischer medizinischer, mikrobiologischer und gentechnischer Forschung geben. Das wird der Schwerpunkt sein. Revolutionen sind ja Gott sei Dank – oder leider – nicht so häufig. Neue gentechnische Methoden ergänzen und ersetzen alte etablierte Methoden.

Persönliches Genprofil

Ich glaube, ein Schwerpunkt wird die Verbindung von genomischen Analysen und Medikamentenwirkung sein. Die Vorhersage von Medikamentenwirkung durch Genomanalyse wird wesentlich werden. Es gibt Personen, die Medikamente schnell ausscheiden, und es gibt andere, die diese langsam ausscheiden. Es gibt Personen, die ein Medikament zum Giftstoff verstoffwechseln – und andere Personen machen das nicht. Dazu kann man inzwischen mit Modellsystemen sehr genaue gentechnische Untersuchungen anstellen. Das wird weit um sich greifen.

Auf diesem Gebiet wird, wie ich glaube, mit der elektronischen Gesundheitskarte durch Genanalyse zumindest die Möglichkeit sein, diese Informationen zu speichern. Wenn man dann zu seinem Arzt geht, der ein Medikament verschreibt, so können die möglichen schweren Nebenwirkungen an dem persönlichen Genprofil zum Teil abgelesen und Wirkungen sowie Nebenwirkungen besser als bisher vorhergesagt werden. Dieses Forschungsgebiet heißt Pharmakogenetik und -Genomik. Das wird wohl einer der ersten Schritte sein und schafft damit die Verbindung von klassischer Behandlung und Pharmakologie mit persönlicher, individueller Genanalyse. All das muß natürlich freiwillig sein und persönlich geschützt bleiben, aber ich persönlich hätte kein Problem damit, für die wichtigen Gene, also Krankheitsgene, Stoffwechselgene, bei mir eine solche Analyse zu machen und meinem Arzt vertrauensvoll zur Verfügung zu stellen. Im Notfall könnte es mir helfen, ja lebensrettend sein.

Neue Medikamente

Die gentechnische Herstellung von neuen Medikamenten wird mit Sicherheit ein weiterer Punkt sein; also das, was bisher auf dem Gebiet der Eiweiße, der Proteine und Hormone wie z.b. Insuline und der Blutgerinnungsfaktoren geschieht. Das ist aber nur ein kleiner Ausschnitt und wird sich sehr schnell weiterentwickeln.

Ich glaube auch, daß die Gentherapie oder therapeutisches Klonen oder andere Methoden zum gezielten Ersatz von Zellen oder Genen zu Neuerungen in der Behandlung von Parkinson, Diabetes und vielen anderen Krankheiten große Fortschritte ermöglichen werden. Es ist für den Patienten ja viel besser, eine Zelle zu implantieren, entweder in die Bauchspeicheldrüse selber oder aber in die Haut, so daß die Insulinabgabe natürlich reguliert wird, und damit die Therapie mit täglicher Spritze aufgegeben werden kann. Das sind Dinge, die sich entwickeln werden und die m.E. ausgezeichnete Behandlungsmöglichkeiten eröffnen.

Gefahr droht durch Demagogie, nicht durch Wissenschaft!

Ansonsten gilt: Wissenschaft und Zukunft lassen sich nicht vorhersagen. Die wirklichen Neuigkeiten kommen durch Überraschungen und sind nicht vorhersagbar.

K.v.B: Hoffen wir, daß es keine unangenehmen Überraschungen sein werden.

D. Ganten: Haben Sie Sorge?

K.v.B: Ja.

D. Ganten: Wirklich unangenehme Überraschungen wird es nur geben, wenn wir keine ausreichend breite wissenschaftliche Basis haben und wenn wir sie nicht gesellschaftlich und politisch beherrschen.

K.v.B. Genau das ist unter anderem meine Sorge. Und es geht mir natürlich immer um das, weswegen ich mit Fragen zu Ihnen kam: die Individualität und ihre Unverwechselbarkeit nicht über Genomanalysen festzulegen und das Menschenbild nicht in eine Gesundheitskarte zu pressen.

D. Ganten: Dann haben Sie aber kein Vertrauen in die demokratischen Kontrollmechanismen unserer Gesellschaft, in die Kritikfähigkeit der Mitbürger und in unser Bildungssystem.

K.v.B: Ich habe durchaus Vertrauen in die Kritikfähigkeit der Mitbürger. Aber ich habe trotz aller Präventionsmaßnahmen Sorge vor Mißbrauch und Eingriff in die individuelle Sphäre.

D. Ganten: Ich habe großes Vertrauen in unsere wissenschaftliche Kultur, die parlamentarische Kontrolle, die Reichweiten des bewährten Grundgesetzes und auch in unser Bildungssystem, und ich habe Grundvertrauen in unsere politische Klasse. Die mögliche Gefahr kommt durch Demagogie und verführerische Ideologien. Die Gefahr droht nicht durch Wissenschaft und Fortschritt. Nicht irgendwelche „geklonte Armeen" sind die Gefahr, sondern demagogisch irregeleitete Personen und Völker. Da gilt es, sehr wachsam zu sein.

K.v.B: An wen denken Sie?

D. Ganten: Na, derer hatten wir ja nun wirklich ausreichend in der Geschichte Europas und Asiens. In Deutschland hatten wir ein besonders abschreckendes Exemplar für kurze, aber verhängnisvolle zwölf Jahre.

K.v.B: Menschen, die keine Individuen und keinen eigenständigen Geist gebrauchen konnten, sondern eine manipulierte Masse?

D. Ganten: Ja. Das ist wesentlich gefährlicher für die Zukunft als alles andere. Und wenn ich zurückkehre zum Menschenbild: Wissenschaftlich zu denken bedeutet ja nichts anderes, als neugierig zu sein, Phänomene erkennen zu können und erkennen zu wollen, sie kritisch zu beurteilen und daraus verantwortungsvolle Schlußfolgerungen ziehen zu können. Das betrifft natürlich auch soziale Phänomene wie die kritische Begleitung der Gesellschaft und natürlich immer auch Selbstkritik. Wissenschaftlicher Fortschritt ist gut definiert als die Aufgabe einer Sichtweise zu Gunsten einer neuen besseren Einsicht. Und ich habe Vertrauen, daß der Mensch fähig ist zur Wissenschaftlichkeit, zum kritischen Überdenken eigener und anderer Positionen und dessen, was um ihn herum passiert. Diese umfassende Kritikfähigkeit macht mich zuversichtlich für die Zukunft.

Velazquez: Der Hoffnarr Sebastián de Morra, 1644, Museo del Prado, Madrid

Ein Wort
kann die Geschichte verändern

Interview mit Gerald Häfner

von Henning Kullak-Ublick und Wolfgang Weirauch

Gerald Häfner, *geb. 1956 in München, Publizist. – Studium der Wal-
dorfpädagogik, Sozialwissenschaften und Philosophie. Initiator und
Mitbegründer zahlreicher Initiativen im Bereich von Demokratie,
Bürgerrechten und Verfassung (u.a. „IDEE" [Initiative Demokratie
Entwickeln], „Kuratorium für einen demokratisch verfaßten Bund
deutscher Länder", „Mehr Demokratie") sowie mehrerer Stiftungen
(u.a. „Stiftung zur Aufarbeitung der SED-Diktatur", „Petra Kelly-
Stiftung"). Mitbegründer der Partei Die Grünen, 1979-1981 deren
Landesgeschäftsführer und Pressesprecher, 1990-1994 Landesvorsitzen-*

der. Acht Jahre (1987-1990, 1994-1998 und 2001/02) Mitglied des Deutschen Bundestages, dort u.a. Rechtspolitischer Sprecher sowie Obmann im Rechtsausschuß und im Ausschuß Deutsche Einheit. Autor zahlreicher Gesetzentwürfe zu Fragen der Demokratie und Bürgerrechte (zusammengefaßt in „Das große Demokratiepaket") sowie zu anderen Gebieten. Mitautor mehrerer Verfassungsentwürfe und Beratungstätigkeit als Sachverständiger zu Demokratie- und Verfassungsfragen für die Landtage von Niedersachsen, Sachsen, Sachsen-Anhalt, Thüringen und Schleswig-Holstein sowie für mehrere Parlamente im europäischen und internationalen Ausland. Mitglied im Vorstand der „Anthroposophischen Gesellschaft in Deutschland" und Sprecher des Bundesvorstandes von „Mehr Demokratie e.V.". Publizistische, Vortrags- und Lehrtätigkeit zu politischen, rechtlichen und zeitgeschichtlichen Fragen sowie zu anthroposophischen Themen. Ausgezeichnet u.a. mit dem „Silbernen Mikrophon" (als bester Redner des Deutschen Bundestages, 2002) sowie 2005 mit dem „National Leadership Award" für seine Initiativen zur Verbesserung des politischen Systems und der Demokratie in Deutschland.

Oft wird Politikern vorgeworfen, lediglich die Meinung einer Partei oder einer Gruppe zu vertreten, nicht aber individuell gestaltend auf die politischen Verhältnisse einzuwirken. Vielfach mag dieser Vorwurf berechtigt sein, aber keineswegs immer.

Nach dem 11.09.01 stand Deutschland vor der Frage, ob es sich am weltweiten Antiterrorkampf beteiligen sollte oder nicht. Die Zeichen standen auf grün – nur bei einigen Grünen nicht. Bundeskanzler Schröder verband die Abstimmung zu dieser Frage mit der Vertrauensfrage, was zur Folge hatte, daß einige MdBs gegen ihre Überzeugung abstimmen mußten, wollten sie die Regierung nicht stürzen. Diese Zwickmühle, gegen die eigene Überzeugung abstimmen zu müssen, belastete das Gewissen einiger Politiker existentiell.

Das individuelle Engagement und politische Geschick Gerald Häfners – damals MdB der Grünen – in diesen politisch heißen Herbsttagen des Jahres 2001 hat eine entscheidende Wende gebracht und zeigt, wie man mit neuen Ideen Bewegung in erstarrte Fronten bringen kann. Lesen Sie in dem folgenden Interview, welche tiefgreifenden Auswirkungen Gerald Häfners Verhandlungsmarathon hatte, besonders im Hinblick auf den damals noch nicht absehbaren Irak-Krieg.

Wolfgang Weirauch: Du gehörtest zehn Jahre dem Deutschen Bundestag an. Kannst Du aus dieser Zeit ein Fazit ziehen, inwieweit es in der gegenwärtigen Politik noch Werte gibt bzw. inwieweit noch Werte angestrebt werden?

Gerald Häfner: Im Grunde geht es ständig um Werte, gleich, ob man sie ausspricht, von anderen einfordert oder nach ihnen handelt. Denn ein wertfreies Handeln gibt es m.E. nicht in der Politik. Die Frage ist natürlich, welche Werte für das Handeln der Menschen eine Rolle spielen. Und ob sie diese ernst nehmen – bzw. ob sie sich bewußt sind, welche Werte im konkreten Falle ihre Entscheidung bestimmen.

Politiker halten einen Zipfel der Welt in der Hand

Mir scheint, daß ein Gutteil des Bösen – wenn man das so pauschal formulieren darf – in unserer Welt daraus resultiert, daß Menschen in den Situationen, in denen sie zu entscheiden haben, nicht wirklich ichhaft entscheiden. Sie machen sich oft nicht klar, daß immer wieder alles davon abhängt, wie sie selbst als Ich entscheiden. Wenn ein Politiker Entscheidungen treffen muß, dann hält er – wenn auch nur in einem bestimmten Bereich – einen Zipfel der Welt in der Hand. Aber ein Bewußtsein für diese Dimension und die daraus resultierende Verantwortung erlebt man nur in wenigen Fällen. Statt dessen erlebt man viel zu oft, daß die Menschen sich gewissermaßen treiben lassen. Dann bestimmen sie nicht, sondern werden bestimmt – häufig von nicht bewußt gemachten Motiven. Das gleiche gilt, wenn sie anderen als den in der Sache liegenden Gesichtspunkten folgen – oder sich ganz bewußt zum Agenten anderer machen, wenn sie handeln, wie etwa Geld-, Arbeit- und Auftraggeber es von ihnen erwarten.

W.W.: Kannst du dafür ein Beispiel nennen?

G. Häfner: Der Abgeordnete steht unter einem hohen Druck. Denn von seinen Entscheidungen hängt vieles ab. Der stärkste Druck kommt von „oben", von der Fraktionsführung. Der hat noch mal eine wesentlich schärfere Dimension als der ohnehin bestehende immense Konformitätsdruck in jeder Partei. Dazu kommt der Einfluß bestimmter Presseorgane; dann der von Lobbyisten, bezahlten Interessenvertretern. Und dann: selbstgewählte Abhängigkeiten. Wir wissen ja heute, daß zahlreiche Abgeordnete nebenbei auf den Zahllisten einflußreicher Unternehmen stehen. Die erwarten natürlich etwas von ihren Zahlungsempfängern.

Steuern steuern – in die falsche Richtung

Ich will aber ganz bewußt kein Beispiel solch massiver, auch finanzieller Einflußnahme wählen, sondern ein ganz typisches, eines aus dem normalen Alltag; eines, das jeder aus eigener Beobachtung kennen kann, wenn er die Politik in den letzten Jahren nur einigermaßen aufmerksam verfolgt hat. Nehmen wir also das Problem des Steuerrechtes in Deutschland. Das ist kein nebensächliches Problem, sondern eines der zentralsten überhaupt. Mit den Steuern kann der Staat steuern, und er tut es auch – auch wenn gerade dies immer wieder bestritten wird. Das Steuerrecht hat unmittelbare Auswirkungen auf das Leben und Verhalten der Menschen. Es ist mitentscheidend für die finanzielle Situation der Bürger und der Unternehmen, des Staates, der Länder und Gemeinden, der vielfältigsten kulturellen und sozialen Einrichtungen und damit in einem recht weitgehenden Sinne für den Zustand einer Gesellschaft, für die ökonomische und soziale Lage im Land.

Arbeit wird steuerlich bestraft

Das deutsche Steuerrecht ist in nicht mehr nachvollziehbarer Weise überreguliert. Es kennt so viele Schlupflöcher und Ausnahmetatbestände, daß gerade diejenigen, die dies in höherem Maße sollten, so gut wie keine Steuern zahlen. Jedem, der sich damit beschäftigt, ist klar: Das System ist intransparent, ineffizient und in obszöner Weise unsozial. Mehr noch: Wir belasten nicht nur in sehr vielen Fällen die Falschen, wir belasten das Falsche – was noch schlimmer ist. Wir legen fast alle Steuern direkt oder indirekt auf die menschliche Arbeit. Gleichzeitig wird der Verbrauch, werden Vermögen und Kapitalbesitz in Deutschland fast nicht besteuert. Das belastet die Wirtschaft und die Gesellschaft. Denn so ist die Arbeit beinahe unbezahlbar geworden. Wer irgend kann, schmeißt Menschen raus und ersetzt sie durch Maschinen. Das Sinnvollste, Produktivste, Altruistischste, was ein Mensch tun kann, nämlich seine Arbeitskraft einzusetzen, um für andere etwas zu leisten, wird steuerlich bestraft, dagegen wird, wer von den Leistungen anderer lebt, belohnt bzw. entlastet.

Dieses Problem ist nicht neu. Es besteht seit Jahrzehnten. Und es hat sich über die Jahre noch verschärft. Seit ich einigermaßen politisch denken kann, beklagen das kundige Menschen. Und genauso lange schon kenne ich Vorschläge, wie man es besser machen könnte. In allen Legislaturperioden, in denen ich dem deutschen Parlament angehörte, hatten wir dort Arbeitsgruppen zu einer grundlegenden Reform des Steuerrechts. Noch jede Bundesregierung in den letzten zwei Jahrzehnten hat sich dieses Projekt auf die Fahne geschrieben. Ziel war jedesmal ein einfacheres, transparenteres und gerechteres Steuerrecht. Doch statt besser wurde es oft noch schlimmer.

W.W.: Warum?

G. Häfner: Weil beim Blick auf die Bäume der Wald vergessen wird. Was immer sie ändern wollen – es gibt immer jemanden, der von den bestehenden Regelungen profitiert und sich gegen jede echte Veränderung wehrt. Weil man aber Angst hat, nennenswerte oder einflußreiche Gruppen als Wähler zu verlieren, gibt man deren Forderungen nach. So bleibt von den Vorschlägen nur noch wenig übrig. Wenn dann aber doch wenigstens ein kleiner Schritt herauskommt, können sie fast sicher sein, daß sich die Opposition dagegen sperrt und das meiste spätestens im Bundesrat scheitert. Denn dort will man der Regierung keinen Erfolg gönnen. Jeder hat gewonnen, seine Interessen durchgesetzt, auf der Strecke blieb dabei nur eines: ein gerechteres Steuersystem. Im erweiterten Sinne: das Gemeinwesen.

Einflüsterungen und Bewußtseinstrübungen

An einem solchen Beispiel sieht man wie in einem Nukleus das gesamte Problem unserer heutigen Zeit. Dieses Phänomen erlebt man in der Politik ständig. Im Moment, in dem entschieden werden muß, lassen sich viele Beteiligte gar nicht davon leiten, was ihrer Überzeugung nach für das Land und die Menschen das Beste wäre. Vielmehr schiebt sich eine andere Schicht in den Vordergrund, die den Blick auf die eigentliche Frage oftmals völlig verdeckt. Und diese Schicht wird von ganz anderen, manchmal sehr egoistischen und kurzsichtigen Gesichtspunkten wie Machterhalt, Parteidenken, rücksichtslosem Egoismus usw. geprägt.

Das gilt natürlich nicht nur für die Politik. Auch im Beruf, im wirtschaftlichen Leben und in anderen Bereichen beobachten wir das gleiche Problem. Wie oft fühlen wir uns gezwungen, wie oft getrieben, wie oft folgen wir unbewußten oder niedrigen Motiven – und wie oft treffen wir bewußt und mutig wirklich ichhafte Entscheidungen? Wenn aber ein Mensch nicht ichhaft entscheidet, mischt sich das Nicht-Ichhafte, das nicht in vollem Sinn, sondern nur scheinbar menschlicher Natur ist, hinein und flüstert ihm andere Gesichtspunkte ein. Diese partiellen Bewußtseinstrübungen halte ich für die große Gefährdung, die schleichende Katastrophe der gegenwärtigen Politik und der derzeitigen Menschheit überhaupt.

W.W.: Wird das durch die derzeitige politische Ordnung verstärkt?

G. Häfner: Ja. Mit Sicherheit zum Beispiel durch das System der Repräsentation in unserer „repräsentativen Demokratie". Denn dadurch werden Verantwortlichkeiten verdeckt und wird eine Art Gruppendenken an die Stelle rein individueller Abwägung gesetzt. Im Grunde kann man nicht einen anderen Menschen repräsentieren. Eigentlich kann jeder Mensch nur vollverantwortlich für sich selbst entscheiden. Zum Ausgangspunkt demokratischer Entscheidungen wird das erst, wenn man nicht die Stimmabgabe an eine Person oder Partei, sondern die Sachentscheidung in den Vordergrund stellt.

Entscheidungen aus dem Ich

W.W.: Ist es im heutigen Bundestag überhaupt möglich, Entscheidungen nach eigenem Gewissen zu treffen – gegen den Fraktionszwang –, ohne die eigene Karriere zu gefährden?

G. Häfner: Das kann man. Man redet zwar viel über Fraktionszwang, aber wenn man ganz ehrlich ist, dann gibt es ihn nicht. Jedenfalls nicht im juristischen Sinne. Mehr noch: es darf ihn gar nicht geben! Jeder Abgeordnete ist bei allen Abstimmungen wirklich frei. Doch das ist Theorie. In der Praxis steht der Abgeordnete unter unglaublichem Druck und muß diese Freiheit erst realisieren. Erst durch ihn, durch sein Handeln wird die Idee der Gewissensfreiheit Wirklichkeit – für ihn und über ihn hinaus für das Land, die politische Kultur.

Das Problem ist nur, daß die freie Entscheidung Konsequenzen haben kann. Wenn ich mich anders als meine Partei entscheide, opfere ich damit u.U. mein Mandat oder meine Karriere und damit meine Möglichkeit, in Zukunft mitzuentscheiden. An dieser Stelle sind die Parteien ziemlich gnadenlos, weil sie glauben, daß „Geschlossenheit" und „Disziplin" wichtiger wären als die Freiheit des einzelnen oder eine in der Sache richtige Entscheidung. Das gilt selbst für vergleichsweise unwichtige Entscheidungen – auch hier geht „Geschlossenheit" über alles. Anders ist es nur, wenn – was eigentlich ja ein Hohn ist und auch sehr selten

Albrecht Dürer: Ecce Homo, undatiert, Kunsthalle Karlsruhe

vorkommt – das Abstimmungsverhalten zur individuellen Entscheidung jedes einzelnen freigegeben worden ist.

Der Politiker erlebt im Brennglas die Situation des heutigen Menschen

In den anderen Fällen muß ich meine Freiheit gegen Widerstände erkämpfen und verteidigen. Der Abgeordnete hat da m.E. kein anderes Problem als der moderne Mensch überhaupt. Denn einfach ist die Freiheit nie. Die Freiheit muß sich immer gegen Widerstände realisieren – und sei es die eigene Trägheit. Die Individualität ist ständig gefährdet, geneigt, Erwartungen, Zwängen oder Verlockungen zu folgen, die sie sich selbst entfernen. Beim Politiker haben wir in einem Brennglas die Situation des heutigen Menschen. Nur daß sie hier extrem verschärft auftritt und noch eine zusätzliche Dimension und Brisanz erhält dadurch, daß ich als Politiker eben nicht für mich, sondern – als deren „Repräsentant" – für Millionen andere Menschen verbindliche Entscheidungen treffe.

Trotzdem ist es auch unter starkem Druck immer möglich, mutig Nein zu sagen. Aber die Sache ist schwierig, und ich will es mir auch mit dieser Antwort keineswegs leicht machen. Es ist eine Mutfrage und eine Erkenntnisfrage, eine Frage, wie ich eine Sache beurteile, und wie groß dabei gewissermaßen der Weltzusammenhang ist, den ich in mein Urteil mit einbeziehe. Schließlich muß ich alle denkbaren Folgen meiner Tat mit einbeziehen, nicht nur die zeitlich ersten und die offensichtlichen. So kann ich auch umgekehrt nicht in jedem Fall mit Gewißheit sagen, daß etwa ein Ausscheren und Neinsagen entsprechend der eigenen Überzeugung das Richtige wäre. Denn ich muß auch die weiteren Konsequenzen meiner Entscheidung im Auge haben. Man redet leicht über diese Dinge. Aber so richtig erlebt man das erst, wenn man mitten darin steht.

W.W.: Kannst Du dafür ein Beispiel geben?

G. Häfner: Ich könnte ein Beispiel geben, an dem man die gesamte Komplexität eines solchen Vorgangs ziemlich genau studieren kann. Daran zeigt sich dann auch: Es gibt keineswegs immer nur zwei Möglichkeiten, also etwa A oder B, Ja oder Nein, Dafür oder Dagegen, sondern manchmal gibt es auch noch eine dritte Möglichkeit, an die man zunächst gar nicht dachte – und auch kein anderer. Da kann es dann gelegentlich erst richtig interessant werden, denn mit dem Dafür- oder Dagegenstimmen sagt man Ja oder Nein zu etwas Vorgegebenem, mit dem Versuch einer neuen, dritten Position aber kann man die Ausgangs-lage verändern, etwas ganz Neues ins Spiel bringen.

Das Junktim zwischen Vertrauensfrage und Kriegsbeteiligung

W.W.: Ist es etwas, was Du selbst erlebt hast?

G. Häfner: Ja. Es war die schwierigste Entscheidung in meinen insgesamt zehn Jahren als Abgeordneter, ein tragischer, eigentlich unlösbarer Gewissenskonflikt. Für mich war es die dramatischste Stunde bzw. Zeit in meinem Politikerleben überhaupt. Es war nach dem Terroranschlag auf das World Trade Center am 11. September 2001, und es ging damals um die Reaktion darauf, um die Beteiligung Deutschlands am von US-Präsident Bush ausgerufenen „Krieg gegen den Terror". Konkret stand damals die Entsendung deutscher Soldaten nach Afghanistan zur Abstimmung. Wir haben ja das große Glück, daß Militäreinsätze nur vom Deutschen Bundestag, nicht von der Regierung allein, beschlossen werden können. Es gab eine breite Mehrheit für diese Politik, vereinzelt aber auch heftigen Widerstand

Man muß sich an die Stimmung und das Klima der damaligen Zeit erinnern, denn das hat man heute kaum noch im Gedächtnis: Der Kanzler hatte sogleich und wiederholt von „uneingeschränkter Solidarität" gesprochen und, im Wettlauf mit dem italienischen, dem polnischen und vor allem dem britischen Regierungschef, den USA mehr versprochen als diese überhaupt gefragt hatten. Die Regierung sah es aus langfristigen strategischen Überlegungen als eine Existenzfrage für Deutschland, daß wir, wie es z.B. in den Fraktionssitzungen vom Kanzler und vom Außenminister formuliert wurde, uns ohne wenn und aber an der Seite unseres stärksten Verbündeten, unserer Schutzmacht, die den Naziterror besiegt, uns befreit und diese Freiheit immer geschützt hatte, an dem angekündigten Kampf gegen den Terrorismus zu beteiligen hätten. Um seine Entschlossenheit zu demonstrieren und alle Widerstände gegen diese weitreichende Entscheidung zu brechen, hatte der Kanzler die Entscheidung über die Beteiligung deutscher Truppen am Einmarsch in Afghanistan mit der Vertrauensfrage verknüpft.

Das war absolut ungewöhnlich, war so noch nie vorgekommen. Laut Artikel 68 des Grundgesetzes kann in parlamentarischen Krisensituationen die Vertrauensfrage gestellt werden, um das Parlament aufzulösen und den Weg für Neuwahlen freizumachen. Dies geschieht sinnvollerweise dann, wenn eine Regierung gescheitert ist bzw. keine Mehrheit mehr findet. Die Vertrauensfrage wurde in der Geschichte der Bundesrepublik Deutschland nur dreimal gestellt, und zwar immer in Situationen, in denen eine Regierung erkennbar oder höchstwahrscheinlich am Ende war.

Hier aber war gerade dies nicht der Fall. Der Kanzler hat die Vertrauensfrage als Machtinstrument entdeckt und benutzt. Es ist das stärkste Erpressungsmittel, das ein Regierungschef hat. Denn durch die Verknüpfung mit der Vertrauensfrage bedeutete ein Nein zur Vorlage der Regierung zugleich ein Ende dieser Regierung, ein Ende des Rot-Grünen Projektes, das ja immer noch ziemlich einzigartig war in der Welt. Damit war klar: die gesamte Opposition, die, wie sie mehrfach erklärte, eigentlich geschlossen für diesen Kriegseinsatz war, würde nun nach kruder politischer Logik dagegen stimmen, schlicht um Rot-Grün in den Abgrund zu stoßen. Umgekehrt hieß das: Alle Rot-Grünen Abgeordneten, unter denen die Gegner des kriegerischen Planes weit zahlreicher waren, mußten für den Militäreinsatz stimmen. Täten sie dies nicht, begingen sie politisch Selbstmord – mit allen absehbaren Folgen für die Politik, das Land und die eigene Existenz.

Erpressung des Parlaments

Damit diese Erpressung gelingen konnte, wählte Schröder eine besonders infame Variante der Vertrauensabstimmung. Normalerweise stimmt man, schon aus Respekt vor dem unterschiedlichen sachlichen Charakter der Fragestellungen und vor der Gewissensentscheidung der Abgeordneten, über die Vertrauensfrage getrennt von etwaigen anderen Sachfragen ab. Schröder aber hat – meines Wissens zum ersten Mal in der deutschen Geschichte – die Vertrauensfrage mit einer Sachfrage gekoppelt. Somit konnte man eigentlich nicht mehr richtig und schon gar nicht mehr frei entscheiden. Denn das waren ja zwei ganz verschiedene Fragen, und man konnte da auch zu ganz verschiedenen Ergebnissen kommen.

W.W.: Wie war Deine persönliche Einstellung?

G. Häfner: Meine persönliche Situation war, daß ich den Kriegseinsatz ablehnen, die Vertrauensfrage aber mit Ja beantworten wollte. Da man aber nur im Paket mit Ja oder Nein abstimmen konnte, mußte, wer so dachte wie ich, notwendig in bezug auf den einen Teil des Junktims falsch abstimmen. Die Frage war, zu welchem Teil man falsch abstimmte.

Und das realistische Kalkül dieses Kanzlers war, daß der Bestand der Regierung für die Abgeordneten ein weit größeres Gewicht hätte als die Politik Deutschlands am Hindukusch und in anderen Teilen der Welt. So standen viele vor einem wirklichen Dilemma.

Mir war natürlich auch klar, daß ich, wenn ich mich für ein Nein entscheide, entscheidend dazu beitrage, die derzeitige Regierung zu beenden. Diese Entscheidung stand wenige Wochen nach dem 11. September an, in einer extrem aufgeheizten politischen Stimmung. Im Falle des Endes von Rot-Grün hätte der neue Bundeskanzler Merkel, Stoiber oder vielleicht Koch geheißen, und der Außenminister wäre von der FDP gestellt worden – alles Leute, die eine noch wesentlich schärfere und USA-hörige Politik nach innen und nach außen vertraten. Damit wäre genau das in viel weitgehenderer Form eingetreten, was ich mit meinem Nein verhindern wollte.

Dieses Problem hatten viele. In meiner Fraktion gab es einen Teil Abgeordnete, die von vorneherein und teils auch aus ehrlicher Überzeugung beidem zustimmen wollten. Ein zweiter Teil wollte entgegen der eigenen Überzeugung beidem zustimmen, weil er nicht wollte, daß es noch schlimmer käme. Und ein dritter Teil verkündete früh schon öffentlich, daß er beiden Fragen nicht zustimmen wolle. Dies Gruppe umfaßte acht Abgeordnete – letztendlich hielten das aber nur vier von ihnen durch.

Druck auf die Abgeordneten

W.W.: Aber das war doch ein politischer Deal.

G. Häfner: Das stimmt. Da spielte leider nicht nur innere Überzeugung eine Rolle. Die beteiligten acht Abgeordneten haben in der Öffentlichkeit erklärt, daß sie unter sich gewürfelt hätten, wer mit Nein stimmen dürfe und wer nicht. Das alles war ein menschlich und politisch höchst würdeloser Vorgang.

W.W.: Inwiefern?

G. Häfner: Es ging ja darum, daß diese acht Abgeordneten nicht daran schuld sein wollten, daß die Regierung stürzt. Gleichzeitig wollten aber alle deutlich machen, daß sie die gleiche Überzeugung hätten und diese sich nicht geändert habe. Man wußte: Maximal vier Gegenstimmen waren verkraftbar, die konnte man sich gewissermaßen folgenlos leisten. Jede Stimme mehr hätte das Ende der Regierung bedeutet. Also mußte unter diesen acht Abgeordneten in irgendeiner Weise dafür gesorgt werden, daß nur vier mit Nein stimmen. Da ging es um Überzeugungen – aber auch um das Image. Und um Angst vor den Folgen. Keiner wollte umfallen, aber alle wollten von vornherein, daß genügend umfallen. Das heißt, man hatte von Anfang an die Sache nicht so ernst gemeint, wie sie zunächst erschien. Man wollte der Regierung eine Mehrheit sichern. Dafür mußten einige einlenken. Wie zu hören war, wurde nicht gewürfelt, sondern es wurde miteinander besprochen und auch taktisch entschieden. Man schaute also auch darauf, wem das Nein imagemäßig bzw. beim Aufstellen der Landeslisten – die innerparteiliche Kandidatenaufstellung stand kurz bevor – am meisten nützte und wem das Umfallen am wenigsten schadete.

W.W.: Und wie wurden die vier, die eigentlich Nein sagen wollten, zum Gegenteil bewegt?

G. Häfner: Ich kann und will dazu nicht allzuviel sagen. Denn ich gehörte diesem Kreis nicht an.

W.W.: Du warst sozusagen der neunte!

G. Häfner: Ich habe zwei Wochen tage- und nächtelang nur geredet, verhandelt, Gespräche geführt, wahrscheinlich mehr als jeder andere in dieser Zeit. Das hatte meistens den Charakter von durchaus dramatischen Verhandlungen, aber zwischendurch auch manchmal eher den von wechselseitiger Seelsorge. Aber ich war an dem Vorgang innerhalb dieser acht Abgeordneten nicht beteiligt. Ich kenne nur einiges aus den Erzählungen von Beteiligten. Und ich erlebte, wie Abgeordnete, die mit Nein stimmen wollten, die aber dann doch mit Ja stimmten, unter Tränen berichteten, wie es ihnen ergangen war. Sie haben das Verfahren, wie sie dazu gebracht wurden, am Ende doch zuzustimmen, als absolut unfair empfunden.

Die Behauptung mit dem Würfeln hatte die erfreuliche Folge, daß sie alle Nachfragen, warum X nun umgefallen sei und Y nicht, alle Spekulationen, was intern tatsächlich abgelaufen war, erübrigte. Und ich persönlich finde das tatsächliche Vorgehen übrigens letztlich sogar noch akzeptabler. Denn mir erscheint es weniger absurd, als das persönliche Entscheidungsverhalten im Parlament in einer Frage von Krieg oder Frieden Würfeln anzuvertrauen. Aber ich will die Kollegen nicht kritisieren. Denn die Kollegen waren ja, wie wir alle, in eine Situation gebracht worden, in der sie sich nur falsch entscheiden konnten. Da ist es schwer, nein: unmöglich, ohne Beschädigung herauszukommen.

Bedingungslose Unterstützung der USA
nach dem 11. September

W.W.: Und wie war Deine Position?

G. Häfner: Ich versuchte ein Drittes. Ich versuchte, aus der Situation etwas zu machen. Denn mir war klar: Wenn ich in der von anderen angerührten Patsche sitzen bleibe, kann ich am Ende nur falsch handeln. Damit ist nichts gewonnen, nur sehr viel verloren.

Mein Bestreben ging deshalb dahin, möglichst viele aus der Fraktion anzusprechen und für ein gemeinsames Vorgehen zu gewinnen, die das gleiche Problem hatten wie ich, die also zu dem ursprünglich geplanten Afghanistan-Einsatz Nein sagen wollten, die Vertrauensfrage aber nicht ablehnen mochten. Insgesamt kamen so 17 Abgeordnete der Grünen-Fraktion zusammen. Wir versuchten nun, mit dem Gewicht dieser Zahl Verhandlungen mit der Fraktionsführung, der Parteiführung und dem Entscheidungszentrum der Koalition aufzunehmen.

Mit dem Gewicht dieser 17 Abgeordneten – einer für die Abstimmung entscheidenden Zahl – habe ich zunächst gegenüber Partei und Fraktion dargestellt, daß wir nicht zustimmen könnten, wenn sich der vorgelegte Antrag nicht radikal ändern würde. Mein Bemühen ging dahin, Bewegung in die ganze Angelegenheit zu bringen und faktische Veränderungen zu erwirken, so daß man dem Junktim möglicherweise doch noch zustimmen konnte. Teilweise mehrmals am Tag fanden nun Gespräche statt. Ich wurde in die Vorstandssitzung geladen, Sondersitzungen fanden statt – am Anfang mit Druck und Drohungen, am Ende, als das nichts gefruchtet hatte, immer mit dem Ziel, noch einen gangbaren Weg zu finden. So entstand in diesen zwei Wochen am Ende regelrecht eine Art Pendeldiplomatie zwischen der Regierungsseite, dem Partei- und dem Fraktionsvorstand der Grünen und uns – den nicht festgelegten, aber auch nicht erpreßbaren Abgeordneten.

Um das, worüber da gesprochen wurde, zu verstehen, muß man wissen, was in dem Antrag der Bundesregierung stand. Denn dieser enthielt eine generelle Ermächtigung zur Beteiligung an diesem sogenannten Kampf gegen den Terror. Er nannte zwar die Länder, in die zunächst Soldaten geschickt werden sollten und auch deren Zahl, aber immer so, daß dies nur die zunächst entsandten Verbände seien und der Beschluß weitere Verlängerungen, Aufstockungen und Ausweitungen mit sich bringen konnte – ohne die Notwendigkeit einer neuerlichen Befassung des

Eugène Ferdinand Victor Delacroix: Die Freiheit führt das Volk an, 1830,
Musée Nationale du Louvre

Parlamentes. Der Beschluß sollte die Ermächtigung für eine Beteiligung am „Kampf gegen den Terror" liefern – ohne jede klare – z.B. geographische – Beschränkung. Das hätte bedeutet, daß wir mit diesem Beschluß im Rücken überall auf der Welt hätten Krieg führen können.

W.W.: Also auch im Irak!

G. Häfner: Dein Einwurf ist ganz berechtigt, denn damals hatte Bush bereits weitere mögliche Kampffelder benannt. So hatte er öffentlich von der Achse des Bösen – Afghanistan, Irak, Iran, Nordkorea – gesprochen. Das war als eine Drohung gemeint und auch verstanden worden. Und intern war uns bereits bekannt, vom Außenminister ziemlich unverklausuliert – aber eher affirmativ als mit innerer Distanzierung – angedeutet worden, daß zuerst Afghanistan und als nächstes der Irak an die Reihe kommen würde – immer mit dem Ziel, „die Verantwortlichen für die Terroranschläge zu finden und zur Verantwortung zu ziehen".

W.W.: Daß Bush den Krieg gegen den Irak in einem internen Papier bereits am 18.09.2001 unterschrieben hat, ist mittlerweile bekannt. War man sich seitens der Bundesregierung damals der Konsequenzen nicht bewußt?

Streit um die politische Rolle Deutschlands

G. Häfner: Inwieweit bzw. wie detailliert die Bundesregierung in den Tagen vor der besprochenen Abstimmung Bescheid wußte, kann ich nicht im einzelnen sagen, aber wie eben schon gesagt: in den Beratungen ist mehr als deutlich geworden, daß es mit den Kriegen nicht bei Afghanistan bleiben würde. Und man wußte, daß der Irak wahrscheinlich das nächste Land sein würde. Aber die Stimmung bei der Bundesregierung war immer noch, den USA bedingungslos zu folgen. Das hat sogar zu den heftigsten Auseinandersetzungen vor allem zwischen Joschka Fischer und mir geführt, daß er immer wieder sagte, ich sollte endlich begreifen: Deutschland sei in dieser Frage überhaupt nicht frei. Es gebe für uns nur diese eine Option, wenn wir „die Lehren der Geschichte" ernst nähmen: „ohne Wenn und Aber an der Seite des Westens, an der Seite der USA" zu stehen. Das Schlimmste sei, wenn dieses 80-Millionen-Volk das aus der Geschichte Gelernte vergäße und wieder unberechenbar, wieder, wie er sich ausdrückte, „zum Wanderer zwischen den Welten" würde.

Dagegen hielt ich gerade diese Engführung, die jedes eigenständige Denken und Handeln zu unterbinden suchte, für fatal. Sie errichte, hielt ich Joschka entgegen, ein gefährliches Denkverbot, das gerade dasjenige erst postuliere und zementiere, was sie zu meiden behaupte: einen deutschen Sonderweg. Denn Deutschland müsse wie jedes Land seine eigene Entscheidung fällen, seinen eigenen Weg finden. Und der sei keineswegs mit dem der USA identisch. Deutschland sei eben gerade nicht ein Land des Westens, sondern eher der Mitte – in Europa sowie zwischen Ost und West. Hier müsse es seine Rolle und Aufgabe finden, im Verbinden, Vermitteln, Verstehen, in Krisenprävention und Konfliktmanagement zum Beispiel – und nicht darin, in einen fragwürdigen Krieg zu ziehen.

Zu dem damaligen Zeitpunkt hatten die USA die uneingeschränkte Zustimmung der deutschen Bundesregierung zu ihrem Vorgehen. Das sollte man nicht vergessen! Es gab sogar eine Art Wettlauf, welches Land die meisten Truppen stellen dürfe. Es war nicht so, daß die Amerikaner ständig in Deutschland angerufen und die Truppen eingefordert hätten. Die Deutschen haben sich ihrerseits darum bemüht. Man wollte damit einen Beitrag leisten, um das internationale Gewicht Deutschlands zu erhöhen sowie die Freundschaft mit den USA festigen.

Der Antrag konnte radikal verändert werden

W.W.: Haben diese Gespräche irgend etwas bewirkt?

G. Häfner: Was ich in Zusammenarbeit mit drei, vier anderen aus dieser spontan zusammengerufenen Gruppe der 17 Abgeordneten der Grünen-Fraktion und in Gesprächen mit den Zuständigen in der Regierung erreicht habe, war, daß der Antrag tatsächlich radikal geändert worden ist. Jeden Tag waren wir ein kleines Stückchen weiter gekommen, und in der Nacht zwei Tage vor der Abstimmung war es dann endlich gelungen, daß die Regierungsseite sowie die beiden Fraktionen bereit waren, den Antrag in entscheidenden Punkten nach unseren Forderungen zu verändern. Das wichtigste war, daß wir eine enge zeitliche und geographische Einschränkung durchsetzen konnten, ihn also geographisch auf Afghanistan und zeitlich zu begrenzen. Der so veränderte Antrag erlaubte lediglich die Stationierung von maximal 3.000 Bundeswehrsoldaten in Afghanistan, die Entsendung eines beschränkten Flottenverbandes, der allerdings keinen Kampfauftrag, sondern reine Beobachtungsaufgaben hatte, ans Horn von Afrika sowie die Stationierung einer begrenzten Zahl von Fuchs-Spürpanzern (mit ebenfalls reinen Meß- und Beobachtungsaufgaben) in Saudi-Arabien. Alles andere war nicht von diesem Antrag gedeckt. Es war also klar, daß vor jeder Erweiterung oder Veränderung des Auftrags ein neuer Antrag gestellt werden müßte.

Das war ein riesiger Erfolg.

Es gab während dieser Verhandlungen übrigens auch eine Fraktionssitzung der Grünen, an der notgedrungen auch Bundeskanzler Schröder teilnahm. Es war das erste und einzige Mal, daß er das tat. Denn er mußte um seine Mehrheit und damit seine Regierung fürchten. Auf dieser Sitzung haben Antje Vollmer und ich für die beschriebene Position gesprochen. Dabei ging es auch um den Stil der Erpressung, den Schaden für das Parlament und die Demokratie, um die Rolle und Haltung Deutschlands und um die Gefahren eines Kriegseinsatzes auch für die Anstachelung des Terrorismus. Im Ergebnis aber haben wir unmißverständlich erklärt, daß wir bei der Abstimmung zustimmen würden, wenn der Antrag in der beschriebenen Weise verändert würde, anderenfalls nicht. Die Kritik an der Vorgehensweise wurde übrigens von den meisten bei den Grünen geteilt. Wir haben dem Bundeskanzler deutlich gemacht, daß die Grünen-Fraktion eine solche Erpressung nicht noch einmal mit sich machen lassen würde – und daß eine

Zustimmung für einen Angriff auf den Irak (oder noch ein anderes Land) völlig indiskutabel sei. Nachdem die gewollten Veränderungen tatsächlich durchgesetzt waren, habe ich dann bei der Abstimmung im Bundestag diesem veränderten Text zugestimmt, wenn auch immer noch mit einem schlechten Gefühl. Denn auch wenn ich viel erreicht hatte, blieb es für mich doch immer noch eine Entscheidung wie zwischen Pest und Cholera. Die Frage, ob ich richtig entschieden habe, begleitet mich bis heute.

W.W.: Du warst aber gezwungen zuzustimmen. Ist das nicht etwas anderes?

G. Häfner: Natürlich. Aber was heißt gezwungen? Das raubt einem nichts von seiner Verantwortung! Allerdings kann man sich die Situationen nicht immer aussuchen. Und man darf dann nicht kneifen. Diese ließ eigentlich keine freie Handlung mehr zu. Und trotzdem habe ich versucht, so frei und ichhaft wie möglich zu handeln, das heißt in diesem Falle, nicht nur mich von der Situation bestimmen zu lassen, sondern so gut es geht auch selbst die Situation zu bestimmen. Ich habe versucht, in einer fatalen Situation die wohl bestmögliche Entscheidung zu treffen. Und ich glaube, jede andere Entscheidung wäre nicht besser, sondern weit schlimmer gewesen, vor allem wenn man die Konsequenzen bedenkt.

Rückblickend bin ich sogar unendlich froh, daß ich damals so gehandelt habe. Denn als es etwa ein Jahr später dann tatsächlich um den Einmarsch in den Irak ging und erneut die Frage der Haltung Deutschlands auf der Tagesordnung stand, zeigten sich die Früchte des damals Erreichten. Zunächst einmal muß man bedenken, daß ohne den damaligen Einsatz diese Frage gar nicht auf die Tagesordnung gekommen wäre. Sie hätte sich nicht gestellt, denn der ursprünglich vorgesehene Beschluß hätte ja den Einsatz im Irak bereits mit umfaßt. So aber mußte neu diskutiert werden. Und jetzt zeigten sich die Früchte der damaligen Auseinandersetzung noch in einer anderen Weise. Denn jetzt waren zumindest die Abgeordneten von Grünen und SPD mutiger, kritischer und selbstbewußter. Eine größere Zahl derjenigen Abgeordneten, die vordem beim Kampf gegen den Terrorismus unbedingt dabei sein wollten, sprach diesmal deutlich gegen eine Beteiligung deutscher Truppen. Sehr früh schon war erkennbar, daß eine Beteiligung Deutschlands nicht in Frage käme, denn daran wäre die Regierung sofort zerbrochen. Die Mehrheit der Grünen und Teile der SPD hätten das nicht mitgemacht. So hat die Regierung dann das einzig Richtige getan, hat früh schon die

Flucht nach vorne angetreten, die „Schwäche" (in den Augen des „Apparates") zur Stärke deklariert und den eigenständigen „deutschen Weg", die Ablehnung eines Einsatzes im Irak, offensiv zur Profilierung auch im Wahlkampf benutzt.

Die Geschichte wäre anders verlaufen

W.W.: Denken wir die Geschichte einmal anders: Nehmen wir an, Du hättest nicht die Initiative ergriffen, den Antrag für die Beteiligung deutscher Truppen am Krieg gegen den Terrorismus deutlich zu verändern. Vermutlich hättest Du dann – vielleicht mit einigen weiteren Abgeordneten der Grünen-Fraktion – zusätzlich zu den vier bzw. acht Gegnern des Antrags ebenfalls mit Nein gestimmt. Wenn daraus folgend die Regierung zerbrochen wäre, hätte es eine CDU/CSU/FDP-Regierung gegeben. Diese wiederum hätte später höchstwahrscheinlich dem Einsatz deutscher Truppen beim Angriff auf den Irak zugestimmt. Dann hätten wir heute deutsche Truppen im Irak. Ist dieser Gedankengang realistisch?

G. Häfner: Sehr wahrscheinlich wäre das so gelaufen, auch wenn man Geschichte niemals abschließend vorhersehen kann. Ich will mir gar nicht ausmalen, was das alles bedeutet hätte – und wie anders die Geschichte dadurch verlaufen wäre. Denn wir hätten dann nicht nur bis zum heutigen Tag deutsche Kampfverbände im Irak – was ich alleine schon katastrophal fände. Sondern die Situation war ja auch sonst sehr hysterisch – und wir hätten nach einem Regierungswechsel wohl in vielen Bereichen, z.B. auch der Innenpolitik, massive Verschärfungen bekommen, etwa bei der Einschränkung von Bürgerrechten oder beim Abbau wichtiger ökologischer und sozialer Errungenschaften.

Deshalb bin ich ja so unendlich froh, daß ich durch das Schicksal die Chance hatte, gerade in dieser Phase entscheidenster Weichenstellungen für die politische und internationale Rolle Deutschlands dem Bundestag anzugehören und die Weichen mit stellen zu können. Denn ich war in dieser Legislaturperiode gar nicht von Anfang an dabei, war, im Gegensatz zu den Jahren davor, eigentlich gar nicht Mitglied des Parlamentes. Vielmehr wurde ich, völlig unvorhergesehen und unverhofft, 5 Monate vor dem 11.9. von meinen Fraktionskollegen und dann auch vom Bundeswahlleiter angerufen und informiert, daß ich infolge einer begrenzten Regierungskrise und zweier Rücktritte ab sofort in den Bundestag nachrücken würde. Und ich habe mich damals schon und seither immer wieder gefragt, was es mit dieser einschneidenden Veränderung meines Lebens auf sich hatte.

W.W.: Was ist der Sinn, im nachhinein betrachtet?

G. Häfner: Das ist keine mit wenigen Worten zu beantwortende Frage. Vor allem aber ist es so, daß man als Beteiligter natürlich befangen ist. Und daß man im letzten Sinne ja auch nicht alles weiß, daß sich einem zwar Bedeutungen und Wirkungen zeigen, daß man aber das Urteil in diesen Dingen einer anderen Instanz überlassen muß. Insofern ist jedes Urteilen, jedes Vermuten über Zusammenhänge in diesen Dingen zu Lebzeiten nur ein Fragen.

Ich habe es tatsächlich als schicksalhaft empfunden, denn es traf mich völlig unerwartet; und ich fragte mich von Anfang an: was ist der Sinn in diesem Nachrücken? Ich habe mich sogar sehr ernsthaft gefragt, ob ich das Nachrücken überhaupt annehmen soll. Ich hätte es auch ablehnen können. Und normalerweise ist es so, daß man da nicht viel daraus machen kann. Die Würfel für eine Legislaturperiode fallen am Anfang. Da werden die Weichen gestellt – im Inhaltlichen wie im Personellen. Da wird vereinbart, was man politisch bewegen will, da werden die Zuständigkeiten verteilt und sämtliche Positionen besetzt. Wer zu spät kommt, bleibt in der Regel ohne Einfluß und Gestaltungsmöglichkeit.

So war es auch in meinem Fall zunächst. Dann aber kam der 11. September – und nichts war wie vorher. Es stellten sich völlig neue Fragen – und auch die bisherigen zeigten sich plötzlich in einem deutlich veränderten Licht und Klima. Jetzt war die Frage, entscheidend, wer zu diesen Fragen Substantielles zu sagen hatte, etwa zur Frage nach den Gründen und der richtigen Antwort auf den 11.9. Und vor allem zur Frage der Rolle und des Verhaltens Deutschlands in der sich nun abzeichnenden völlig neuen Weltkonstellation.

Nun war es keineswegs egal, ob ich dabei war. Vielmehr konnte ich in dieser Situation aus meinen Erkenntnissen sowie durch meine Haltung und mein Handeln Beiträge leisten, die sich als wesentlich erwiesen. Ich rückte zu einem Zeitpunkt nach, als es wenig später bereits um sehr entscheidende Dinge ging. Für mich selbst war diese Situation zur damaligen Zeit zwar sehr belastend, trotzdem läßt sich, glaube ich, rückblickend sagen, daß ohne mein Dabeisein manches anders gelaufen wäre. Insofern erlebe ich es im nachhinein als eine Art Gnade bzw. als Glück, daß ich durch einen merkwürdigen „Zufall" dabei sein durfte. Denn ich habe – nicht alleine, aber mit anderen – dazu beigetragen, daß die Geschichte etwas anders geschrieben wurde als geplant.

W.W.: Wenn Du in dieser Phase nicht im Bundestag gewesen wärest und wenn Du nicht die Initiative ergriffen hättest, diesen Antrag inhaltlich zu verändern, hätten dann mehr als die vier Abgeordneten der Grünen mit Nein gestimmt? Oder hätten andere Abgeordnete Deine inhaltliche Initiative ergriffen und ihrerseits den Antrag entsprechend verändert?

G. Häfner: Diese Frage kann ich nicht beantworten. Sie läßt sich vermutlich überhaupt nicht mit Gewißheit beantworten. Denn man weiß ja niemals, wie die Geschichte verlaufen wäre, wenn bestimmte Dinge anders gewesen wären. Klar ist, daß ich nicht alleine gehandelt habe und nicht alleine stand. Da haben viele mitgewirkt, ohne die es nicht gegangen wäre. Andererseits aber war es so, daß die Initiative von mir ausging, daß ich der erste war, der in der beschriebenen Weise die Stimme erhoben und versucht hat, tätig zu werden. Das lag sicherlich auch an meiner Art, über diese Fragen zu denken, die sich doch von der der meisten meiner Abgeordnetenkollegen erheblich unterscheidet. Und es lag auch an meinem Verständnis von Demokratie und damit auch des Mandats, das Fraktionszwang und Stimmviehverhalten nicht akzeptiert, sondern in jeder Abstimmung versucht, die individuelle Verantwortung und das persönliche Gewissen ernst zu nehmen. Vielleicht – obwohl ich es nicht glaube – half mir auch meine Situation als Nachrücker. Wer höher in der Hierarchie steht, hat mehr zu verlieren und handelt deshalb oftmals weit weniger individuell, mutig und unabhängig. Ich dagegen brauchte nicht darauf zu schielen, ob mir meine Initiative bei der Fraktionsführung, beim Außenminister oder beim Kanzler Punkte einbringen oder ob ich mir damit lebenslange Feinde schaffen würde. Natürlich habe ich mir mit meiner Initiative massive persönliche Feinde geschaffen, aber das gehörte für mich mit zu dem Preis, der eben zu bezahlen war.

Im politischen Prozeß ist man niemals allein

W.W.: Eigentlich müßte Schröder Dir doch dankbar sein, daß er durch den veränderten Antrag zu einem späteren Zeitpunkt die Beteiligung am Irak-Krieg ablehnen konnte, denn sonst wäre er doch jetzt wahrscheinlich gar nicht mehr Kanzler, und es stünden deutsche Truppen im Irak!

G. Häfner: Ich habe ihn noch nicht gefragt, wie er das heute im Rückblick sieht. Aber damals, in den Tagen vor der Abstimmung über die Vertrauensfrage, waren er und der Außenminister unvorstellbar wütend über einen Abgeordneten, der es wagte, ihnen Paroli zu bieten, der sich nicht einschüchtern ließ und dem es – aus ihrer Perspektive – nichts ausmachte, die Regierung in einer Frage von solchem Ausmaß in Schwierigkeiten zu bringen.

Aber mit letzter Gewißheit kann ich Deine Frage nicht beantworten, hier gilt dasselbe wie zuvor: daß ein Urteil über die wirkliche Bedeutung mir selbst nur eingeschränkt möglich ist.

W.W.: Aber Du kannst doch in Kenntnis der Abgeordneten der Grünen eine Vermutung aussprechen, ob jemand von ihnen eine entsprechende Initiative gestartet hätte bzw. wie die Abgeordneten ohne eine solche Initiative abgestimmt hätten. Ich verstehe ja, daß Du Dich scheust, an dieser Stelle deutlicher zu werden, aber es sieht – vielleicht etwas überspitzt – so aus, als sei durch Deine Initiative die Beteiligung Deutschlands am Irak-Krieg verhindert worden.

G. Häfner: Was ich sagen kann, ist, daß in der ersten Sitzung, als ich meine Stimme erhob, kein anderer Abgeordneter seine Stimme erhoben hat. Aber bereits nach der Sitzung ist eine Reihe von ihnen zu mir gekommen, und sie alle haben mir jeweils unter vier Augen versichert, daß ich ihnen absolut aus dem Herzen gesprochen hätte. Sie seien unendlich froh und dankbar, daß es einer gewagt habe, in dieser Weise zu sprechen. Und mehrere fragten mich, ob ich eine Idee hätte, wie es nun weitergehen könnte.

Alles war ein Prozeß. Wenn die Abgeordneten mich nicht anschließend angesprochen hätten, dann hätte ich vielleicht auch gar nicht weiter an meiner Initiative gearbeitet. Man ist bei einem solchen Prozeß niemals allein. Und schon in den nächsten Sitzungen mußte ich nicht mehr allein sprechen. Trotzdem war der Stein, den ich ins Rollen gebracht hatte, das auslösende Moment. Ob ein anderer den Mut gehabt hätte, etwas Entsprechendes zu initiieren, wenn ich diesen Stein nicht ins Rollen gebracht hätte, ist nicht mit letzter Sicherheit zu sagen.

Schröder entglitten die Gesichtszüge

W.W.: Wie hat Schröder bei seinem Besuch in der Fraktion der Grünen reagiert, als Du Deine Stimme gegen den Antrag erhobst?

G. Häfner: Ihm entglitten die Gesichtszüge. Er hätte niemals vermutet, daß ihm ein grüner Abgeordneter auf diese Weise gegenübertreten könnte.

Übrigens: Nicht nur ich habe ihn gereizt. Auch der Beitrag von Antje Vollmer, die in einer ähnlichen Richtung redete, hat ihm schwer zugesetzt.

Es ist schon ein Phänomen, wie Menschen, die viel Macht innehaben, in der Öffentlichkeit auftreten – und, mehr noch: was von ihnen als Wirkung auf die anderen ausgeht. Noch deutlicher als bei Schröder war das bei dem ehemaligen Bundeskanzler Helmut Kohl zu spüren. Das konnte man schon erleben, wenn er nur den Raum betrat. Ich war mal auf einem Fest, über 1.000 Menschen waren anwesend, die Stimmung war entspannt, und Kohl kam zur Tür herein. Sofort war alles anders im Raum. Alles wurde wie in einem Magnetfeld auf Kohl zentriert und unter dem Gesichtspunkt der Macht umgepolt; alles ordnete sich in die entsprechenden Machtpositionen ein. Die Art, wie er den Raum betrat, war so, daß alle Anwesenden, die vorher einander unter Gleichen begegnet waren, schlagartig Untergebene waren. Und er war der Herr. Es ist mir immer noch ein Rätsel, woran das liegt.

Ähnlich ist es auch bei Schröder, wenn auch nicht so massiv wie bei Kohl. Die Frage dabei ist für mich, was bei diesem machterfüllten Auftreten Substanz der Persönlichkeit ist und was Substanz ist, die ihm andere zur Verfügung stellen. Auf letzterem, scheint mir, liegt das Schwergewicht.

Es ist eine ziemliche Mutfrage, Schröder gegenüberzusitzen und ohne jede Scheu so rückhaltlos offen und direkt zu sprechen. Wenige nur haben das getan. Dabei ging es doch um absolut existentielle Fragen. Im übrigen sind Menschen wie Schröder m.E. darauf angewiesen, daß es Leute gibt, die das tun.

Im Mittelpunkt des Weltgeschehens

Die Argumentation von Schröder und Fischer war damals, daß unsere Haltung und unsere Vorschläge ahistorisch, idealistisch und im Grunde völlig unpolitisch und vor allem, daß sie gegen das deutsche Interesse gerichtet seien. Es sei die Quintessenz von 50 Jahren Bundesrepublik Deutschland, daß wir immer an der Seite der USA zu stehen hätten. Und wenn wir diese Position verlassen würden – durch dick und dünn mit den USA zu gehen –, dann würden wir wieder ein Wanderer zwischen den Welten werden und in der Folge würde unweigerlich die Katastrophe über Deutschland hereinbrechen. Der Schaden einer solchen Politik wäre wesentlich größer als der jedes an der Seite der USA geführten Krieges in Afghanistan, im Irak oder im Iran auch im ungünstigsten Fall sein könnte.

W.W.: Das ist doch absurd, wenn man sich die veränderte Position von Schröder und Fischer in den nächsten Monaten in der Irak-Frage anschaut.

G. Häfner: Genau. Dieselben Menschen haben wenig später die Loslösung von den USA in der Irak-Frage veranlaßt. Mittlerweile ist man wieder am Zurückrudern.

Henning Kullak-Ublick: Eure Auseinandersetzung in der Fraktion ist im Grunde ein Spiegel dessen, was Monate später in der großen Politik zwischen der deutschen Bundesregierung und der Regierung der Vereinigten Staaten entstand.

G. Häfner: Daran sieht man, daß man mitunter ganz unerwartet an Wegscheiden der Weltgeschichte stehen kann. Im Grunde gilt das nicht nur für das politische Leben, sondern potentiell für jeden Menschen. Dann ist jedes Wort wichtig. Ein Wort kann die Geschichte verändern. Den Mut zu haben, etwas auszusprechen, kann die gesamte zukünftige Geschichte verändern.

Einführung des bundesweiten Volksentscheids

H.K.-U.: In den beiden Jahren (2001/02), in denen Du in den Bundestag nachgerückt bist, konntest Du die Frage der direkten Demokratie, der Einführung des bundesweiten Volksentscheids, noch einmal ausgiebig zur Sprache bringen. Am Ende der letzten Legislaturperiode standen die Abgeordneten der Grünen und der SPD hinter dem Gesetzentwurf zur Einführung des bundesweiten Volksentscheids. Das war eine Art von Bewußtseinssprung im Bundestag.

In der jetzigen Legislaturperiode wurde alles wieder ganz anders. Seitens einiger SPD-Abgeordneter wurde ein Antrag gestellt, über die EU-Verfassung einen Volksentscheid durchzuführen. Das wäre eine historische Chance gewesen, mit einer deutlichen Mehrheit im Bundestag für diesen bundesweiten Volksentscheid zu stimmen. Nun hat aber die Mehrzahl der Grünen und der SPD-Abgeordneten am 6. November 2003 gegen diesen Antrag gestimmt.

Da Du in dieser Legislaturperiode nicht mehr im Bundestag bist, stellt sich für mich die Frage, ob auch die Initiative für den bundesweiten Volksentscheid an die Person Gerald Häfner gebunden war bzw. ist. Woraus resultiert dieser Bewußtseinswandel bei den Abgeordneten der Regierungskoalition? Wie kann es angehen, daß fast alle vor noch knapp zwei Jahren die Einführung des bundesweiten Volksentscheids wollten und daß sich diese Frage danach wie in nichts aufgelöst hat? Warum können Parteien keine Begriffsbildung über eine längere Zeit durchtragen, die in sich einen Wert darstellt?

Die Sisyphusarbeit der direkten Demokratie

G. Häfner: Als rechtspolitischer Sprecher der Fraktion habe ich zuerst in der 11. Legislaturperiode gegen große Widerstände die Idee der direkten Demokratie in der grünen Partei und Fraktion durchgesetzt. Damals waren die Sozialdemokraten – ebenso wie alle anderen Fraktionen – in den Beratungen und Abstimmungen des Bundestages noch entschieden dagegen.

Seither habe ich unermüdlich innerhalb und außerhalb des Bundestages daran gearbeitet, dieses Ziel, das die Demokratie auf einen ganz anderen Boden, nämlich nicht auf den der Parteienherrschaft, sondern den der Freiheit und des individuellen Urteiles jeder bzw. jedes einzelnen, stellen würde, zu erreichen. Hierfür habe ich viele hundert Gespräche mit Abgeordneten aus allen Fraktionen geführt.

Einen entscheidenden Durchbruch konnte ich in der 13. Legislaturperiode erzielen. Es gelang mir, auch etliche Sozialdemokraten zu überzeugen und schließlich, nach langen Debatten und heftigem Hin und Her, durchzusetzen, daß dieses Projekt als verbindliches Vorhaben der Koalition in den Koalitionsvertrag von SPD und Grünen aufgenommen wurde.

In der darauf folgenden Legislaturperiode, der, von der wir die ganze Zeit sprachen, sollte das nun umgesetzt werden. Statt dessen passierte überhaupt nichts. Zweieinhalb Jahre lang hat die Koalition ihr eigenes Versprechen in den Wind geschrieben. Es gab zwar schüchterne Versuche mehrerer Abgeordneter, Cem Özdemir z.B. könnte ich nennen – aber sie alle blieben stecken, erreichten nichts. Sie scheiterten an einer Absprache auf höchster Ebene, diesen Teil des Koalitionsvertrages nicht umzusetzen. Ich selbst konnte in dieser Zeit nur von außen helfen, beraten, Anstöße geben, Gespräche führen und auch Entwürfe schreiben. Aber am Tisch saßen andere. Die führten die Verhandlungen und trafen die Entscheidungen.

Vom Objekt zum Subjekt der Politik

Als ich dann im April 2001 in den Bundestag nachrückte, habe ich mich, wie schon gesagt, immer nach dem Sinn dieser Fügung, noch einmal für eine begrenzte Zeit im Bundestag mitwirken zu können, gefragt. Das Thema 11. September, Afghanistan- und Irak-Krieg war damals ja noch nicht abzusehen. Erkennbar war aber, daß in der Frage der direkten Demokratie, die ich zunächst ganz alleine und dann mit immer mehr Unterstützung seit 1987 im Deutschen Bundestag beharrlich vorangetrieben hatte, seit meinem Ausscheiden nichts mehr passiert war. Im Gegenteil: die Entwicklung hatte begonnen, rückwärts und nicht mehr vorwärts zu laufen. Es drohte also, daß alles in der Sache schon Erreichte am Ende folgenlos verpuffen würde. So entschied ich mich, mich in meiner nochmaligen Zeit im Bundestag fast vollständig auf diesen Punkt zu konzentrieren, um hier wirklich noch einen substantiellen Fortschritt erreichen zu können. Daneben nahm ich das dringende Thema der Ausarbeitung der EU-Verfassung und insgesamt die Frage der Demokratisierung der EU auf die Hörner. Denn das ganze Politikfeld der Demokratie- und Verfassungspolitik war nach meinem Ausscheiden 1998 brachgelegen, die enorme Bedeutung, die hiervon für das Leben der Menschen und die Qualität einer Gesellschaft sowie auch für jedes einzelne Sachpolitikfeld ausgeht, offenbar unterschätzt worden. Also waren die Frage der direkten Demokratie sowie der Demokratie und der Verfassunggebung überhaupt der Aufgabenbereich, den ich mir für die restliche Zeit der Legislaturperiode vorgenommen hatte. Darin, in der Möglichkeit, hier noch einmal etwas bewegen zu können, lag für mich zunächst und bis heute der naheliegende Sinn meines unerwarteten Nachrückens. Das andere kam dann erst dazu.

Aber bei der Demokratiefrage geht es um die Machtfrage, darum, wer Entscheidungen treffen kann. Eine zentralere Frage gibt es nicht in der Politik. Im Kern geht es um einen Qualitätssprung des Öffentlichen, des Gemeinwesens, darum, daß die Menschen von Objekten der Politik zu deren Subjekten, zu den Initiatoren und Verantwortungsträgern der sie und das Gemeinwesen bestimmenden Entscheidungen werden.

„Jetzt erwachte mein Kämpferherz"

Daher war es mein vorrangiges Ziel, daß die Einführung von bundesweiten Volksinitiativen, Volksbegehren und Volksentscheiden auf Bundesebene Gesetz wird. Laut Koalitionsvertrag war das ja auch Ziel beider Fraktionen. Als ich dann aber im April 2001 tatsächlich in den Bundestag nachrückte, teilte man mir nachdrücklich mit, das mit dem Volksentscheid könne ich „vergessen". Man habe sich intern längst und endgültig gegen die Einführung des bundesweiten Volksentscheids entschieden. Und das sei absolut unumstößlich, die Entscheidung, die von der Regierung ausging, sei „ganz oben" gefallen – und sie sei zudem nicht einseitig, sondern im Konsens beider Koalitionspartner getroffen worden.

H. K.-U.: Und wie hast Du reagiert?

G. Häfner: Ich habe dann schon in den ersten Tagen meines frischgebackenen Volksvertreterdaseins alle fachlich dafür relevanten Mitglieder der beiden Koalitionsfraktionen an einen Tisch geladen und habe mit ihnen verschiedene Fragen des weiteren Vorgehens und der Einbringung eines Gesetzentwurfes erörtert. Mein Hauptziel war, grünes Licht für die Begründung einer Arbeitsgruppe zur Vorbereitung eines Gesetzentwurfes zu bekommen. Noch während dieser Zusammenkunft wurde dieses Treffen abrupt gesprengt, weil plötzlich jemand vom Fraktionsvorstand kam und sich beschwerte, daß wir kein Mandat hätten, uns mit dieser Frage zu befassen.

Er erklärte, die Koalition habe sich geeinigt, diese Frage nicht weiter zu erörtern. Es gebe eine klare Festlegung, „daß wir das nicht machen". Er wollte dann dieses Treffen beenden und unmißverständlich klarstellen, daß es keine weiteren solchen Treffen geben dürfe.

Ich habe mich davon nicht einschüchtern lassen. Im Gegenteil: jetzt erwachte mein Kämpferherz! Daß eine Regierung oder ein Fraktionsvorstand den frei gewählten Abgeordneten das Nachdenken verbietet, das konnte ich nicht hinnehmen. Ich habe dann gewiß mehrere hundert Gespräche in dieser Sache geführt, denn ich wußte: überzeugen kann ich nur, wenn eine persönliche Begegnung möglich ist und ein wirkliches Gespräch über die Sache, bei dem Vorurteile überwunden und Positionen verändert werden können. Denen, die dem Thema unabänderlich feindselig gegenüberstanden und mich, zum Teil auch mit Drohungen und massivem Druck, umstimmen oder hindern wollten, erklärte ich, daß ich aus echter und voller Überzeugung meine Arbeit in den Dienst dieses Zieles stellen würde und daß es ihnen nicht gelingen werde, mich davon abzubringen. Sie müßten sich schon argumentativ mit der Sache auseinandersetzen und nicht per Dekret oder Drohungen. Am Ende werde sich ja zeigen, wer sich durchsetze.

Persönliche Gespräche und Begegnungen
sind der Schlüssel

Gleichzeitig aber fand ich immer mehr Verbündete – zunächst innerhalb der Fraktion und der Koalition, dann aber auch parteiübergreifend.

Allein innerhalb der beiden Fraktionen und der Koalition hatte ich von diesem Tag bis zum Ende der letzten Legislaturperiode – über die vorhin erwähnten individuellen Gespräche hinaus – etwa 40 Verhandlungsrunden, jeweils in und mit verschiedenen Gremien. Allmählich kippte die Mehrheit.

Ich habe also, vom ersten Tag an gewissermaßen, Verbündete gesucht und Verhandlungen geführt. Doch auch für diese förmlichen Verhandlungen galt, daß sie nicht erfolgreich verlaufen wären, wenn ich nicht dazwischen eine Vielzahl von sehr persönlichen Vier-Augen-Gesprächen geführt hätte. Nicht, um im Hintergrund etwas zu drehen, sondern um eine wirkliche Öffnung, ein Sich-Einlassen auf das Thema und eine Veränderung des eigenen Standpunktes zu ermöglichen, was in größeren Runden oder gar Gremiensitzungen nur sehr selten möglich ist.

W.W.: Wie kommt es, daß so viele Politiker die direkte Demokratie so massiv ablehnen?

G. Häfner: Natürlich kann man jetzt Argumente wiedergeben: das an den Haaren herbeigezogene Argument mit der Todesstrafe, die Weimar-Lüge oder die angebliche, längst widerlegte Föderalismusfeindlichkeit des Volksentscheides. Aber das ist es nicht. Es gibt auch berechtigtere – oder zumindest nachvollziehbarere – Einwände, z.B. die Angst vor der Macht der Presse, die allerdings kein Phänomen der direkten Demokratie ist, eher im Gegenteil. Doch im Kern geht es um etwas anderes. In der Tiefe der Seele fühlt sich jeder Politiker von der Forderung nach Volksentscheiden zunächst einmal angegriffen – und auch gekränkt. Denn die erste, innerliche Frage ist meistens: Wieso? Mache ich es nicht richtig? Ohne überhaupt weiter darüber nachgedacht zu haben, ist meist das erste Empfinden: *Ich* bin doch als Politiker gewählt, *ich* habe zu entscheiden. Gerade bei der Frage des Volksentscheids besteht bei Berufspolitikern immer ein innerer Widerstand, eine Art Widerwillen – und die unbewußte Frage: Und wenn die Menschen jetzt selbst entscheiden, was wird dann aus mir? Es wird nicht so direkt ausgesprochen, aber es ist für viele ein Anschlag auf das ohnehin geschwächte eigene Selbstverständnis als Politiker.

Honoré Daumier: Drei Anwälte im Gespräch, 1843/48, Phillips Memorial Gallery, Washington D.C.

Deshalb findet man in fast allen Parteien an der Parteibasis für diese Frage eine Mehrheit, aber weiter oben, unter den Berufspolitikern, den Vorständen, den Abgeordneten und erst recht den Regierungsmitgliedern stößt man zunächst fast überall auf Ablehnung. Ich mußte sehr viele Vorurteile ausräumen, aber es war möglich.

Trotzdem wären wir nicht weitergekommen, wenn es nicht gelungen wäre, mit der Zeit auch in den Fraktionsspitzen Menschen zu finden, die sich für die Sache begeistern konnten. Auf Kerstin Müller und Peter Struck z.b., die damaligen Fraktionsvorsitzenden, konnte ich ab einem bestimmten Zeitpunkt zählen. Am Schluß war auch hier ein herzliches Vertrauensverhältnis entstanden. Manchmal genügte ein kurzer Anruf bei Müller und Struck, und die beiden halfen mit, immer neu entstehende Schwierigkeiten aus dem Weg zu räumen. Denn es verging fast keine Woche, ohne daß mir neue Knüppel zwischen die Beine geworfen wurden.

Die vertrauensvollen persönlichen Gespräche genügten allerdings nicht. Denn die Sache konnte nicht gelingen, ohne daß nicht immer wieder auch sehr heftige Konfrontationen zu bestehen waren, unter vier Augen wie auch in den verschiedenen Gremien, bei denen es entscheidend darauf ankam, überzeugend zu argumentieren, geschickt zu agieren, entschlossen zu kämpfen und auch bei Angriffen und Druck nicht einzuknicken.

Die Knüppel übrigens, von denen ich gerade gesprochen hatte, kamen am Ende immer öfter nicht mehr aus dem Parlament, sondern aus der Regierung, das heißt, von dort, wo von Anfang an der Widerstand am heftigsten gewesen war.

„Ich werde das Gesetz schreiben"

Zu den Problemen, mit denen ich umzugehen hatte, gehörte z.b., daß, nachdem ich mich damit durchgesetzt hatte, daß die Koalition doch noch einen Gesetzentwurf für den bundesweiten Volksentscheid vorlegen sollte, durch einen geschickten Coup die inhaltliche Federführung an meinen Hauptgegner, den Innenminister, gegeben wurde. Man hat das Innenministerium damit betraut, einen entsprechenden Gesetzentwurf auszuarbeiten. Mir war klar, daß aus diesem Ministerium kein geeigneter, funktionierender, bürgerfreundlicher Gesetzentwurf entstehen konnte, sondern eher ein Volksentscheidsverhinderungsgesetz – zumal ich weitgehend die Personen kannte, die dabei die Richtung bestimmt hätten. Hier mußte ich sofort einschreiten, widersprechen und dafür kämpfen, daß dieses Gesetz eben kein von der Regierung, sondern ein aus der Mitte des Parlamentes initiiertes Gesetz sei, und daß deshalb auch der Entwurf hierzu im Parlament geschrieben werden müsse.

Normalerweise gibt es so etwas kaum, daß ein Gesetzentwurf nicht in einem Ministerium geschrieben wird. Selbst parlamentsinitiierte Gesetze werden in der Regel von der Regierung ausgearbeitet, weil man glaubt, nicht auf den Sachverstand der Beamten in den Ministerien verzichten zu können und sich die schwierige Aufgabe im Parlament nur in den seltensten Fällen zutraut.

Der Fraktionsvorsitzende der SPD fragte mich dann in der gleichen Sitzung, wer denn nach meiner Auffassung dann das Gesetz schreiben solle. Ich antwortete ihm, daß ich einen Entwurf schreiben würde. „Kannst Du das?" fragte er mich in seiner knappen, direkten Art. Ebenso knapp sagte ich Ja. „Dann macht das der Gerald!", sagte er – und niemand aus seiner Fraktion wagte zu widersprechen.

Das war ein Vertrauensbeweis, den es zu rechtfertigen galt. Allerdings hatte ich meine Zusage auf einer festen Grundlage gemacht und nicht ins Blaue hinein. Ich hatte zum damaligen Zeitpunkt schon eine große Zahl von Gesetzesentwürfen, gerade zu Demokratiefragen, nicht nur für den Bundestag, sondern auch für die einzelnen Bundesländer sowie einzelne Parlamente im Ausland geschrieben. Viele davon sind geltendes Gesetz geworden und bestimmen heute die Rechtslage.

Mein Gesetzentwurf zur Einführung des bundesweiten Volksentscheids war einer für die Grünen und die SPD zusammen. Als er fertig war, versuchte das zu Anfang gescheiterte Innenministerium eine erneute Breitseite. Der Innenminister verfaßte eine vernichtende Stellungnahme, und für einen Moment schien es, als ob es doch noch gelänge, der Sache den Todesstoß zu geben. Trotzdem ist es gelungen, auch diesen Widerstand – wie viele andere, die ich hier gar nicht erwähnen will, zu überwinden.

Dann kamen die Änderungs-, Einschränkungs- und Abschwächungsanträge von zahlreichen Seiten. Auch hier musste wieder gesprochen, verhandelt und gekämpft werden. Nicht alles blieb so, wie ich es wollte. An einigen Stellen mußte ich auch einen Kompromiß eingehen – dabei aber nie die Linie überschreiten, ab der ein Kompromiß in der Sache nicht mehr tragbar gewesen wäre.

Ein überwältigender Abstimmungserfolg

Und am Ende hat, nach den Grünen, die das schon früher taten, auch die SPD meinem Entwurf zugestimmt und diesen Gesetzentwurf als ihren eigenen mitgetragen. Und ganz zum Schluß, nach zahlreichen weiteren Gesprächen, hatte ich nicht nur die Koalition praktisch geschlossen hinter mir, sondern ebenso die gesamte PDS, die damals ja noch in Fraktionsstärke vertreten war, schließlich etwa die Hälfte der FDP-Abgeordneten – und sogar aus der Union hatten mir einzelne für die Abstimmung im Bundestag ihre Unterstützung zugesagt.

Auch wenn nicht alle dies gegen den enormen Druck, den ein Abgeordneter in solchen Fällen zu gewärtigen hat, durchgehalten haben: Am Ende stand nicht nur der Erfolg, den Gesetzentwurf, der eigentlich hatte verhindert werden sollen, trotz allen Widerstandes und gegen erhebliche Drohungen und Erpressungsversuche von „oben" doch noch auf die Tagesordnung zu bringen, sondern, was noch weit wichtiger ist, zum ersten Mal in der Geschichte der Republik eine Mehrheit, ja sogar eine unerwartet große und eindrucksvolle Mehrheit für die Einführung von Volksinitiative, Volksbegehren und Volksentscheid zu gewinnen.

Leider aber ist für die Einführung dieses Gesetzes eine Zweidrittel-Mehrheit erforderlich. Und die haben wir diesmal noch verfehlt.

Nach diesem überwältigenden und in dieser Form eigentlich von allen unerwarteten Erfolg haben wir vereinbart, daß der Gesetzentwurf in der kommenden, also der jetzt laufenden, Legislaturperiode neu eingebracht würde. Und mehrere Kollegen, die ihn damals noch abgelehnt hatten, versprachen, dieses Mal zuzustimmen. So war klar, daß die Zahl der Ja-Stimmen diesmal noch höher würde. Man muß ja auch berücksichtigen, daß die Zeit, die mir damals für Verhandlungen und Gespräche, für die Ausarbeitung des Entwurfes, die Einholung der Stellungnahmen hierzu und den Gang durch alle erforderlichen Institutionen und Gremien geblieben war, sehr knapp war. Viel Zeit war zu Beginn der Periode schon vertan worden. Mit diesem Erfolg im Rücken und wesentlich mehr Zeit für die Gespräche, um noch weitere Unterstützer zu gewinnen, war ich sehr zuversichtlich, daß in dieser Legislaturperiode der Durchbruch, mindestens aber ein deutlicher weiterer Fortschritt erreicht werden könnte.

Allerdings würde ich dann selbst nicht mehr dabei sein können. Das sollte aber auch nicht nötig sein. Es gab genügend Nachfolger, die sich um das Thema rissen und erklärten, es weiter und zum Erfolg führen zu wollen. Was ich unmittelbar noch tun konnte, um für den weiteren Fortgang bestmöglich die Weichen zu stellen, das habe ich getan. So habe ich mir dazu beitragen können, daß das Thema auch in den neuen Koalitionsvertrag wieder als verbindliches Vorhaben aufgenommen wurde – und zwar, recht ungewöhnlich: „auf der Grundlage des Entwurfes aus der 14. Legislaturperiode". Das hieß, man müßte nicht wieder bei Null anfangen, es müßte kein neuer Entwurf – mit allen Risiken zeitlicher und inhaltlicher Art – in Auftrag gegeben und erarbeitet werden, sondern mein erfolgreich durch alle diese Verhandlungen gegangener und einer breiten Mehrheit von Abgeordneten aus ausnahmslos allen Fraktionen mitgetragener Entwurf aus der vorangegangenen Periode würde die gemeinsame Grundlage bilden.

Keine Volksabstimmung über die EU-Verfassung

In der jetzigen Legislaturperiode habe ich nicht mehr die Möglichkeit, selbst die Verhandlungen zu dieser Frage zu führen, auch wenn ich immer wieder von Abgeordneten aus allen Fraktionen zu Gesprächen hierüber eingeladen werde. Ich kann im Hintergrund beraten, kann Leuten die Bälle zuspielen, aber nutzen, verwandeln müssen sie sie selbst. Leider aber fehlt im Deutschen Bundestag ein Mensch, der diese Angelegenheit mit ähnlicher Überzeugungskraft, mit ähnlichem Mut und ähnlicher Beharrlichkeit vorantreibt.

Bis heute ist außer gelegentlichen Ankündigungen, Pressekonferenzen oder Interview-Äußerungen nichts Substantielles passiert. Der Gesetzentwurf wurde nicht wieder eingebracht, auch nicht ein anderer, schlicht nichts. Wie um die Abgeordneten wachzuküssen schenkte uns das Schicksal dann sogar noch eine neue, zusätzliche Chance: das Thema Volksabstimmung über die EU-Verfassung. „Mehr Demokratie", die Initiative, deren Vorstandssprecher ich bin und die ich mit einigen anderen vor bald zwei Jahrzehnten in Bonn gegründet habe, setzte sich früh schon für eine Volksabstimmung über den vorliegenden Entwurf einer künftigen Verfassung Europas ein. Nicht nur in Deutschland, sondern in allen europäischen Ländern. Doch während Polen, Dänemark, Frankreich, England, Irland, Spanien, Portugal und weitere unserer Nachbarnationen darüber abstimmen werden, scheiterte das Vorhaben im Deutschen Bundestag schmählich.

Das war doppelt deprimierend, weil die Zustimmung zu einer Volksabstimmung über diese Frage in den Parteien und Fraktionen eigentlich sogar noch wesentlich breiter war als die zur generellen Einführung bundesweiter Volksentscheide. Den Bürgern das letzte Entscheidungsrecht in potentiell allen Fragen der Bundespolitik zu überlassen, verlangt von den Abgeordneten sehr viel mehr, als wenn es lediglich um eine einzige, einmalige Frage geht.

W.W.: Wie viele Stimmen gab es denn für den Volksentscheid über die EU-Verfassung?

G. Häfner: 55 Stimmen dafür. Leider nicht mehr. Das ist fürwahr ein dramatischer Rückgang.

H.K.-U.: Ich gewinne den Eindruck, daß es schon eher etwas damit zu tun hat, daß gewisse Sachbereiche im Bundestag damit stehen und fallen, wer im Bundestag sitzt und sie engagiert bearbeitet. – Dieses Abstimmungsergebnis zeigt auch den Wertungsprozeß in bezug auf die Sache direkte Demokratie. Vor einem Jahr war es den meisten Abgeordneten noch etwas wert, jetzt nicht mehr. Und das ist m.E. an die Kraft gebunden, mit der ein Einzelmensch eine solche Sache gegenüber anderen vertritt.

Der Schauplatz des Kampfes ist der Mensch

G. Häfner: Ich gebe zu: Ich habe unterschätzt, wie schnell die Gegner wieder ihr Drohpotential aufbauen und wie wirksam das viele wohlmeinende Kollegen von substantiellen Schritten abhält. Und ich habe vor allem unterschätzt, wie elementar jeder Fortschritt ganz unvermeidlich davon abhängt, ob es unter den Abgeordneten welche gibt, die wirklich mit maximaler Überzeugung, mit Herzblut, Mut und Beharrlichkeit – und auch selbstlos, d.h. auch dann, wenn sie bei Ihren „Oberen" dafür scheel angesehen sind – für die Sache kämpfen. Alle, die sich jetzt innerhalb des Parlaments darum bemühen, tun zweifellos ihr Bestes. Dennoch ist schon jetzt deutlich: Das reicht nicht. Es muß ein bißchen mehr sein als Business as usual, will wirklich etwas Neues gegen die Widerstände der Profiteure des Alten in die Welt kommen.

Deshalb ist es für mich außerordentlich deprimierend zuschauen zu müssen, wie dieser einmal erreichte Stand erkennbar wieder erodiert. Natürlich hängt das auch damit zusammen, daß Ideen Träger brauchen, also Menschen, in denen diese Ideen leben. Ohne Ideen keine Menschen, ohne Menschen keine Ideen.

Daß Entwicklungen letzten Endes von Menschen abhängen, ist eine alltägliche Erfahrung. Es geht darum, wer wann was und wie sagt. Das kennt man auch aus der Schule, aus dem Arbeitsleben oder anderen Bereichen: Wenn dieser oder jener Kollege z.B. in der Konferenz nicht etwas ganz Bestimmtes gesagt hätte, dann wäre ein Entscheidungsprozeß vollkommen anders verlaufen.

Don Lorenzo Monaco: Hl. Nikolaus rettet die Schiffbrüchigen, 1. Viertel 15. Jh.,
Galeria dell'Accademia, Florenz

Und daß Entwicklungen, wie ich eben sagte, letztlich von Menschen abhängen, ist ja auch gut so. Von wem denn sonst?

Von uns hängt nun mal der Fortgang der Welt entscheidend ab. Sie ist in unsere Hände gelegt. Joseph Beuys hat schon recht, wenn er sagt: „Die Investitionen der Götter sind beendet". Natürlich sind sie noch da, alle die geistigen Wesen, die die Entwicklung der Menschheit so liebevoll – und gelegentlich auch weniger liebevoll – begleiten. Aber der Schauplatz dieses Kampfes ist der Mensch. Hier werden die Schlachten geschlagen. Wir sind verantwortlich für unsere Taten sowie für das, was wir unterlassen. Und davon hängt die Zukunft der Welt ab!

Verwandlungen im Gespräch

In der Politik stellen sich keine anderen Probleme als auch sonst in der Welt und im Leben. Sie stellen sich nur ganz verschärft. Und die Entscheidungen haben eine andere Reichweite, eine andere Dimension, als das unsere Alltagsentscheidungen gewöhnlich haben. Aber die Anforderungen an die Klarheit und Wachheit des Bewußtseins, an Wahrhaftigkeit und Mut, sind prinzipiell ähnlich.

Auch das Wie ist gerade auch in der Politik sehr entscheidend, selbst wenn es um etwas so einfaches wie Gespräche oder Verhandlungen mit einem „politischen Gegner" geht. Denn man steht hier fast immer vor dem Problem, eine andere sachliche Auffassung als sein Gegenüber zu haben. Deshalb muß man es lernen, dem anderen so zu begegnen, daß man ihn überzeugt. Man muß dabei meist eine Position formulieren, die der andere nicht nur nicht hat, sondern sogar ablehnt. Umso wichtiger ist, daß man sich so verhält und auch so formuliert, daß der andere sich sowohl als Person als auch mit seiner Position wirklich verstanden fühlt.

Nur wenn man den anderen wirklich versteht, nicht nur seine Worte, sondern was ihn bewegt, kann man darauf hoffen, auch selbst verstanden zu werden. Auf der Grundlage solchen Verständnisses und solcher Gemeinsamkeit kann man dann manchmal gemeinsam ganz frei auf etwas blicken. Und wenn es gut geht, kann der andere an dieser Sache etwas erkennen, was ihm eine Verwandlung im Gespräch möglich macht. Das gilt natürlich auch umgekehrt. Dieser Prozeß ist immer nach beiden Seiten offen. Gespräche, in denen solche Verwandlungen stattfinden, sind nicht sehr häufig. Deswegen ist die Gesprächsführung in der Verhandlung eine große Kunst. Und ich trage große Bewunderung für Menschen, die das gut können.

Verschüttete Werte verlebendigen

Was man einmal erfaßt hat, ist übrigens kein Besitz. Man hat es nicht für immer. Das gilt auch für Werte. Man kann etwas einsehen, aber dann sinkt es wieder ab. Auch Werte gehen wieder verloren, verfallen, erodieren, wenn sie nicht wachgehalten werden. Anderes schiebt sich in den Vordergrund. Wenn die Individualität es nicht schafft, diesen Wert innerlich immer wieder zu verlebendigen, oder wenn es in einer Situation oder Debatte nicht geschafft wird, einen solchen Wert wieder erlebbar zu machen, bleibt er schattenhaft. Das gilt auch für Abgeordnete und Politiker. Die meisten hatten einmal Werte, für die sie sich eingesetzt haben, derentwegen sie vielleicht sogar in die Politik gegangen sind, die aber unter den zahllosen Zynismen und Konzessionen eines normalen Politikerdaseins längst abgesunken, kraftlos geworden, oftmals sogar ganz vergessen sind. Deshalb scheint es mir von hoher Wichtigkeit, bestimmte Werte, gerade solche, die über das Eigeninteresse hinaus in einem höheren Sinne das Denken und Handeln beleben können, erkenn- bzw. erlebbar in die Debatte und auch das Handeln einzubringen, so daß auch die anderen Anwesenden sich an ihre ursprünglich gefaßten, aber mittlerweile verschütteten Werte wieder erinnern und diese verlebendigen können. Das schafft häufig eine Begegnungs- und gemeinsame Entwicklungsmöglichkeit, die anders nicht möglich wäre.

Deshalb gilt es, in einem Gespräch mit anderen so zu sprechen, daß sich in diesem Gespräch ein Drittes auftut, daß Ideen und Werte nach Möglichkeit wirklich erlebbar werden. Es geht – und es reicht auch nicht, daß ein anderer einen zu einem Wert drängt. Jeder muß in einem solchen Gespräch den Blick darauf selbst und frei richten, denn nur dann fühlt man sich wahrhaft begeistert und befreit. Wenn das gelingt, ist es eine Gnade.

Einweihung durch das Leben

H. K.-U.: Als ganz junger Abgeordneter der Grünen hast Du im Jahr 1989 den FLENSBURGER HEFTEN einmal ein Interview gegeben, in dem Du ausgesprochen hast, daß der Weg in die Politik häufig eine Art umgekehrter Einweihungsweg zum Verlust der Individualität sei und daß der Bundestag ein geistig und moralisch weitgehend verkommenes Organ sei. (FLENSBURGER HEFTE Nr. 24, „1789-1989. Direkte Demokratie", S. 84 f und S. 80 f.) Wenn man das in Relation zu dem bringt, was Du gerade eben ausgesprochen hast, dann klingt das schon etwas anders. Würdest Du Deine früheren Aussagen im Rückblick bestätigen, oder würdest Du es anders formulieren?

G. Häfner: War meine Analyse hier weniger scharf? Ich meine nicht. Ich würde auch alles bestätigen, was ich da früher formuliert habe. Ich habe alles das durch mein mit der Zeit noch tieferes Eindringen in die Bezirke der Macht und der Politik sogar noch schärfer bestätigt gefunden. Daß ich trotzdem heute anders spreche, hat einen anderen Grund: mehr Milde, mehr Verständnis, vielleicht sogar mehr Liebe. Es ist einfach so, daß mir die Menschen, mit denen ich so weite Wege gegangen bin, ans Herz gewachsen sind. Ich sehe ihre Schwierigkeiten, aber ich hasse sie deswegen nicht. Im Gegenteil. Ich frage mich vielmehr: Woran liegt es, wenn einer seine Ideale vergessen hat, wenn er zynisch wurde? Und was ist mein Beitrag, in diesem Moment, in dem ich ihm begegne? Was tue ich dazu? Kann ich ihm helfen, weniger zynisch zu werden, finde ich etwas, das eine wirkliche Begegnung und Entwicklung ermöglicht, das ihn wieder Berührung mit einer Idee, einem Ideal haben läßt? Oder lehne ich ihn ab und verschärfe seinen Zynismus?

Meine Zuneigung wächst

Das Neue ist, daß ich immer weniger urteilen kann, ohne mich selbst einzubeziehen. Ich finde das allerdings gesund. Denn meine Zuneigung wächst – und das ist gut so.

Den „umgekehrten" Einweihungsweg kann man nach wie vor beobachten, aber es muß nicht immer ein Einweihungsweg zum Negativen sein. Ich bin immer überzeugter, daß es neben einem Einweihungsweg, den man außerhalb des Alltagslebens in besonderen Momenten des Lebens beschreitet, auch einen solchen Einweihungsweg gibt, der durch das Leben selbst bestimmt wird und durch dieses Leben führt. Und dieser Einweihungsweg, scheint mir, bekommt eine immer größere Bedeutung. Insofern stehe ich zu meiner Aussage von damals, denn jede Seele geht im Leben durch Prüfungen. Diese können zu negativen Ergebnissen führen. Doch sie müssen das nicht. Denn ich kann auch gerade durch die gefährlichsten Versuchungen des Lebens an innerer Substanz, Ich-Kraft und Entscheidungsfreude gestärkt werden, nicht nur geschwächt.

Als Politiker in der repräsentativen Demokratie kommt man vor allem dann nach oben und schließlich auch in die Kreise, in denen man etwas bewegen kann, wenn man Dinge sagt und tut, die andere Menschen gutheißen. Das muß für sich noch nicht schlecht sein. Denn es kann sehr verschiedene Gründe haben, warum Menschen etwas gutheißen, das ich sage und warum ich das tue. Wenn ich aber etwas sage, nicht weil es richtig ist, sondern nur, weil andere dies gutheißen, so stärkt dies im Menschen die ohnehin recht verbreitete Tendenz, denen, die über meine Rolle zu befinden haben, nach dem Mund zu reden. Die sogenannte Ochsentour in den Parteien schafft man also häufig nur dann, wenn man den Parteioberen nicht ständig widerspricht. Sie wollen das Gefühl haben, daß man ihre Interessen vertritt. So bildet sich ein sehr merkwürdiger, fataler Politikertypus. Das kann man mittlerweile leider auch innerhalb der Partei der Grünen an einzelnen Personen schmerzvoll beobachten. Dieser Typus ist es, dem die Bevölkerung zunehmend ablehnend gegenübersteht, während dagegen diejenigen, die sich immer ein eigenes Urteil erlauben, von den Menschen als interessant, als authentisch und glaubwürdig empfunden werden, aber leider meistens keine Karriere machen.

Trotzdem glaube ich, daß es auch anders geht. Und ich glaube, daß ich in den insgesamt 20 Jahren hauptamtlicher politischer Tätigkeit und zehn Jahren Bundestagszugehörigkeit ein Stückweit beweisen konnte, daß und wie das möglich ist. Natürlich stand ich vor Abgründen, natürlich mußte ich Umwege beschreiten, so wie bei der vorhin geschilderten Afghanistan-Frage, natürlich habe ich auch Fehler gemacht. Aber wenn man immer sofort und vollständig sein Ideal realisieren könnte, dann wäre das Leben zu einfach. Außerdem scheint mir wichtig, sich nicht zu drücken, sondern dahin zu gehen, wo es schwer ist. Das Politikerleben ist vielleicht eines der gefährdetsten überhaupt. Trotzdem bin ich der festen Überzeugung, daß man als Abgeordneter und auch als Regierungschef sich selbst treu, ein authentischer Mensch bleiben kann.

Menschen und kalte Techniker der Macht

Allerdings sehen wir in der Geschichte, daß solche Menschen ungeheuer gefährdet sind. Willy Brandt war m.E. ein Mensch, der sich ein Stück davon bewahrt hat. Das war zum einen gerade das, was die Menschen an ihm fasziniert hat, warum sie ihn nicht nur geachtet, sondern wirklich geliebt haben. Trotzdem haben ihn die Apparatschiks, die kalten und zynischen Techniker der Macht, fallengelassen, während dagegen die Parteibasis ein ganz anderes Wärmegefühl für ihn empfand. Brandt selbst war nie ein kalter Techniker der Macht.

Und wenn ich jetzt für einen Moment auf diejenigen Politiker schaue, die in jüngerer Zeit ermordet worden sind – das ist jetzt vielleicht ein erschreckender Gedanke –, dann sind es in der Regel gerade nicht die kalten Techniker der Macht, sondern fast immer sind es – jedenfalls nach meinem Dafürhalten – gerade solche Menschen, die sich diese innere Aufrichtigkeit bewahrt haben: Jitzhak Rabin, Anna Lindh, Olof Palme, Martin Luther King, Alfred Herrhausen, um nur einige der Bekannteren zu nennen. Alle waren sie wirklich hochinteressante und individuelle Menschen. Diese Frage beschäftigt mich seit einiger Zeit: warum gerade diese Menschen ermordet wurden. Diese Vorgänge machen mich sehr nachdenklich und können den Blick auf die Kräfte lenken, die eben auch, weniger sichtbar und meistens unverstanden in den politischen

Zusammenhängen eine große Rolle spielen. Man darf das Kräftefeld, in das man sich da begibt, also nicht unterschätzen.

Rasante Veränderung des Wertegefüges

W.W.: Die transatlantischen Beziehungen sind im letzten Jahr durch die Irak-Krise schwer belastet worden. Haben wir in Europa mittlerweile vollkommen andere Werte als in den Vereinigten Staaten? Wieso meint Bush etwas völlig anderes, wenn er über Freiheit spricht, als wenn dies ein europäischer Politiker formuliert?

G. Häfner: Jeder Nominalismus führt an der Sache vorbei. Man sollte sich niemals von Worten und Begriffen blenden lassen. Wenn Bush von Freiheit und Demokratie im Zusammenhang eines Kriegszuges spricht, hinter dem vor allem ökonomische, geopolitische und machtstrategische Absichten stehen, ist das m.E. eher ein Täuschungsmanöver als ehrliche politische Rhetorik. Das schließt nicht aus, daß er selbst in dem Moment, in dem er das sagt, daran glaubt. Ich habe das schreckliche Gefühl, daß bei Bush beides zur gleichen Zeit zutreffen könnte.

Aber das muß man immer wissen, wenn man über Werte redet: daß es eigentlich keinen Wert gibt, der nicht mittlerweile in erschreckender Weise mißbraucht worden ist. Deshalb müßte das Mißtrauen der Menschen groß sein, und es ist ständig angebracht.

Was die USA anlangt, beobachte ich einen fatalen Größenwahn und eine erschreckende Unkenntnis vom Rest der Welt. In Europa mußte man sich über all die Jahrhunderte ständig mit Nachbarn auseinandersetzen, mit einer Vielzahl unterschiedlicher Länder, Staaten, Fürstentümer, die sich auf engstem Raum balgten und vertrugen. Europa hat schreckliche Fehler gemacht, aber es hat daran gelernt. Heute spürt man die Last dieser Geschichte fast überall in Europa. Amerika dagegen ist jung, ist stark, ist reich – und ist für sich, ist quasi eine Insel, ist riesengroß und sehr von sich selbst und seiner Mission überzeugt. Kriege (mit Ausnahme des Bürgerkrieges) hat Amerika, wenn überhaupt, nicht auf dem eigenen Boden geführt und erlebt, nicht an den eigenen Grenzen, sondern weit weg, sicher durch das Meer vom Schauplatz getrennt. Da wird verständlicherweise vieles anders erlebt, haben viele Begriffe einen anderen Klang, eine andere Färbung, sieht man sich selbst und die Welt anders.

Rembrandt Harmenszoon van Rijn: Mann mit Rüstung, 1655,
Art Gallery and Museum, Glasgow

Europa ist wieder auferstanden

W.W.: Was ist in der deutschen und europäischen Politik geschehen, daß in der Irak-Frage diese erste Absetzbewegung von den USA vollzogen worden ist? Ist das eine Position, zu der man durch den Wahlkampftaumel fand, oder wurde sie aus Überzeugung vorgebracht?

G. Häfner: Zunächst ist es sicher ein Stück Taumeln im Wahlkampf gewesen, woraus dann aber allmählich – auch durch die eingetretenen Wirkungen, die normative Kraft des Faktischen – mehr wurde. Nach allem, was ich weiß, war es ursprünglich gerade nicht die Strategie der deutschen Bundesregierung – weder des Kanzleramts noch des Außenministeriums –, Deutschland von den USA loszulösen oder gar eine Achse mit Frankreich und Rußland zu bilden. Hätte man das in früheren so Zeiten vorgeschlagen, wären alle amtlich zuständigen Ansprechpartner schreiend davongelaufen. Unter dem Druck der Ereignisse aber änderte sich diese Position. Deutschland konnte und wollte den Irak-Krieg nicht mitmachen.

Das führte Deutschland automatisch mehr an die Seite Frankreichs und Russlands, die aus ganz anderen Gründen zu ähnlichen Konsequenzen kamen. Hinzu kam, daß Deutschland zu dieser Zeit Sicherheitsratsmitglied war und sich als solches ja ständig auch diplomatisch verhalten mußte, nicht einfach abtauchen konnte. Aus diesen Gegebenheiten und der Qualität und Intuition des beteiligten diplomatischen Personals sind einige m.E. richtig schöne, hocherfreuliche und langfristig wirkende Initiativen entstanden. Der unbeabsichtigte Befreiungsakt von den USA hat Deutschland gut getan, den Spielraum des Landes deutlich erweitert und den Ort des Landes wieder mehr in die Mitte Europas verlegt. Die neue Position der Bundesregierung entstand, und dem messe ich ein hohes Gewicht zu.

Wir haben vorhin darüber gesprochen, welche immense Bedeutung einzelne Individualitäten, der einzelne Mensch, für den Fortgang der Geschichte und deren Richtung hat. Doch darf sich der einzelne darauf nie zuviel einbilden. Denn gleichzeitig läßt sich noch etwas anderes beobachten, was damit durchaus zusammenhängt: Nicht selten wirkt in der Geschichte eine Intelligenz, die klüger ist als die konkreten, jeweils handelnden Akteure. Und in der Irak-Frage scheint mir das so gewesen zu sein. Mehreres kam zusammen, damit sich die Dinge so gefügt haben. Europa ist dadurch mindestens für einen historisch durchaus bedeutsamen Moment in einer gewissen Weise wieder auferstanden – trotz aller Wermutstropfen, etwa der von Rumsfeld zugespitzter Differenz zwischen „old" und „new Europe".

Eine dritte Stimme hat sich gebildet

Allerdings möchte ich nicht so verstanden werden, daß ich Europa schlechterdings als Gegenspieler zu den USA betrachte, das tue ich keineswegs so generell. In dieser Sache aber war ein Gegenspieler nötig, und ich bin froh, daß wenigstens einige europäische Länder die Sprache dazu gefunden haben. Ich möchte auch nicht so verstanden werden, als ob ich etwa nur die Staaten, die den USA deutlich widersprochen haben, zu Europa zählte. Mitnichten. Trotzdem gilt, daß sich in diesem stetig verschärften Konflikt, den Frieden der Welt bedrohenden Konflikt so etwas wie eine dritte Stimme gebildet hat. Eine, die sich nicht einfach zum Kombattanten machte, die nicht der Logik folgte, daß man nur auf der einen oder der anderen Seite stehen, nur entweder Freund oder Feind sein könne. Diese Stimme hat sich in Europa gebildet. Und diese Stimme war mehr, als von den einzelnen Beteiligten intendiert war. Dadurch wurde, wenn auch nur für kurz und halb ungewollt, eine Möglichkeit sichtbar, die für zukünftige Entwicklungen von größter Bedeutung sein kann.

„Nur dann kann Anthroposophie unter den Menschen leben"

W.W.: Du bist jetzt im Vorstand der Anthroposophischen Gesellschaft Deutschland. Kannst Du Deine Vorstellungen, Ideale, Werte benennen, die Du in dieser Position auf der anthroposophischen Ebene verwirklichen möchtest?

G. Häfner: Es ist ein großes Glück für mich, Rudolf Steiners Lebenswerk begegnet zu sein – und, zur gleichen Zeit, eine Verpflichtung. Genauso glücklich bin ich darüber, daß ich dieses Schicksal nicht alleine habe. Es gibt andere auf der Welt, die dieses Schicksal mit mir teilen. Dies ermöglicht uns, wenn wir auf unsere jeweiligen Fähigkeiten und Möglichkeiten blicken, ganz anders zusammenzuarbeiten, als wenn jeder nur für sich alleine arbeiten würde. Das gelingt aber nur, wenn man nicht primär auf das achtet, was einen am anderen stört, was man an ihm falsch findet, sondern wenn man auf das achtet, was man vom anderen lernen kann – und umgekehrt darauf, was man zum Besten der anderen als eigene Stimme zum Ganzen hinzufügen kann.

Wenn jeder lauscht und im rechten Moment seine Stimme erhebt und spielt, ertönt anschließend ein ganzes Orchester. Dieses Orchester kann allerdings nicht von außen gelenkt werden, sondern es ist ein Zusammenfluß der Beiträge aller. Genauso sollten gerade auch die Vorstandsämter in der Anthroposophischen Gesellschaft nicht dahingehend mißverstanden werden, daß hier bestimmten Menschen in irgendeiner Weise eine geistige Führungsposition über andere zukäme. Vielmehr geht es darum, daß jeder an der Stelle, an der er steht, dazu beiträgt, den Bau der Anthroposophischen Gesellschaft zur Erscheinung zu bringen. Nur dann kann Anthroposophie unter den Menschen leben. Wenn alle diejenigen, die an der Arbeit der Anthroposophischen Gesellschaft beteiligt sind und sich dieser Gesellschaft verbunden fühlen, begreifen würden, daß es diese Gesellschaft eigentlich gar nicht gibt, wenn ihre Mitglieder sie nicht zu jedem Zeitpunkt neu bilden, dann wäre schon etwas sehr Wichtiges erreicht. Das ist natürlich jetzt sehr vereinfacht und auch etwas zugespitzt gesagt. Die Tragik entsteht aus den Erwartungen an eine Gesellschaft, die nicht selbst erfüllt werden. Nur in einer Blickwendung, die uns von Erwartungen frei macht – und die auch im Blick auf die Anthroposophie nicht darauf schaut, was wir zu haben meinen, sondern was wir sind und zu werden versuchen, wird Anthroposophische Gesellschaft als eine befreiende und kraftvolle Wirklichkeit entstehen.

Zugleich sollte dieser gemeinsam geschaffene seelische Raum so gestaltet sein, daß sich die einzelnen Mitglieder in der Begegnung miteinander und vor allem mit der Anthroposophie gegenseitig lebendig befruchten können. Das setzt das stete Ringen um rückhaltlose Ehrlichkeit ebenso voraus, wie Verzicht auf jedes So-tun-als-Ob, Verzicht auf angemaßte Kompetenz, auf ungeschriebene Gesetze oder auf ein vorschnelles moralisches Be- und Verurteilen. Wenn ein solcher lebendiger und freier seelischer Raum in der Anthroposophischen Gesellschaft entsteht, kann wirkliche Menschenbegegnung untereinander und mit der Anthroposophie neue Entwicklungsmöglichkeiten eröffnen – und zwar nicht nur für die einzelnen Mitglieder selbst, sondern auch für die Zeit und die Welt, der diese Gesellschaft angehört und auf die sie ausstrahlt. Denn Anthroposophie und erst recht Anthroposophische Gesellschaft ist kein Selbstzweck. Sie hat eine Aufgabe für die Welt.

Jheronimus Bosch: Das Narrenschiff, um 1500, Musée Nationale du Louvre

Interviewer und Autoren

Katharina von Bechtolsheim, geb. 1967 in Würzburg, Studium der Slawistik in Berlin und Petersburg, Ausbildung zur Klassenlehrerin am Waldorflehrerseminar Kiel, Ausbildung zur heilpädagogischen Lehrerin in Hamburg, Russisch- und Klassenlehrerin an der Freien Schule Hitzaker, seit August 2004 Klassenlehrerin an der FWS Berlin Kreuzberg.

Renate Hasselberg, geb. 1946. Ausgebildete Krankenschwester. Tätigkeit in der Psychiatrie am Gemeinschaftskrankenhaus Herdecke. Studium der Waldorfpädagogik in Dornach/Schweiz und Zusatzstudium der Psychotherapie. Fortbildung zum Schul- und Entwicklungsbegleiter in anthroposophischen Einrichtungen und Kindergärten.

Dr. Dr. Wolf-Ulrich Klünker, geb. 1955 in Holzminden. Begründer der Delos-Forschungsstelle für Psychologie in Berlin, Leiter der Turmalin-Stiftung (bei Lübeck) und Vorstandsmitglied der Anthroposophischen Gesellschaft in Deutschland. Veröffentlichungen auf den Gebieten Geistesgeschichte, Psychologie und therapeutische Menschenkunde.

Henning Kullak-Ublick, geb. 1955 in Buenos Aires; verheiratet, vier Kinder, Klassenlehrer an der Flensburger Waldorfschule, Seminartätigkeit zu Sucht- und Drogenfragen, Initiator der Aktion mündige Schule: www.freie-schule.de

Andreas Laudert, geb. 1969 in Bingen. Erzieher-Ausbildung in Freiburg, Studium des „Szenischen Schreibens" in Berlin, daneben Tätigkeit in der anthropos. Pädagogik und Heilpädagogik (1995-2001). 2001-2004 Studium am Priesterseminar der Christengemeinschaft in Hamburg. Seitdem freier Schriftsteller, Dramatiker und Kursleiter. Viele Veröffentlichungen.

Claus-Peter Röh, geb 1955. Studium an der PH Flensburg. Seminar für Waldorfpädagogik Stuttgart. 1983 Mitbegründung der WS Flensburg, dort Klassenlehrer, Fachlehrer für Musik/Religion. Seit 1996 Gastdozent: Seminare für Waldorfpädagogik. Seit 1997 Initiativkreis der Päd. Sektion Deutschland. Seit 2002 Sektionskollegium der Päd. Sektion Dornach.

Wolfgang Weirauch, geb. 1953 in Flensburg, Studium der Politik und Germanistik und der Theologie an der Freien Hochschule der Christengemeinschaft. Herausgeber der Flensburger Hefte, Politiklehrer an der WS Flensburg, Vortragsredner, Mitarbeiter beim Fernstudium Waldorfpädagogik & Coaching e.V.

Jesaiah Ben-Aharon
Die globale Verantwortung der USA
Individuation, Initiation und Dreigliederung
148 S., kt., € 15,–
ISBN 3-935679-19-X

Johannes Rogalla von Bieberstein
Die These von der Verschwörung 1776–1945
Philosophen, Freimaurer, Juden, Liberale und Sozialisten als Verschwörer gegen die Sozialordnung
216 S., kt., € 17,–
ISBN 3-926841-36-2

Jimmy Carter
Frieden schaffen im Gespräch
Ein Impuls für die nächste Generation
206 S., kt., € 17,–
ISBN 3-926841-71-0

Carola Cutomo
Medialität, Besessenheit, Wahnsinn
188 S., kt., € 11,–
ISBN 3-926841-19-2

Hans-Diedrich Fuhlendorf
Rückkehr zum Paradies oder Erbauen des Neuen Jerusalem?
Geschichtsbetrachtungen in apokalyptischer Zeit
352 S., kt., € 20,–
ISBN 3-926841-37-0

Wolfgang Gädeke
Anthroposophie und die Fortbildung der Religion
448 S.
Leinen, € 25,–
ISBN 3-926841-23-0
kt., € 19,–
ISBN 3-926841-24-9

Ludger Helming-Jacoby
Zeugnissprüche
und Sprüche aus dem Hauptunterricht einer Waldorfschule
2. Aufl., 188 S., kt., € 15,–
ISBN 3-926841-95-8

Dieter Hornemann
Geheimnisvolles Afrika
Anthroposophische Arbeit im Urwald
102 S., 32 farb. Abb., kt., € 14,–
ISBN 3-926841-60-5

Johannes Kiersch
Argumente für die Waldorfschule
Die Antwort auf PISA
2. veränd. Auflage,
160 S., kt., € 15,–
ISBN 3-926841-33-8

Peter Krause
Das Judasproblem
Von den spirituellen Hintergründen der Gewalt
128 S., kt., € 11,–
ISBN 3-926841-38-9

Peter Krause
Feuer in Tschernobyl
Die Ukraine nach dem SuperGAU
168 S., 37 farb. Abb., kt., € 15,–
ISBN 3-926841-58-3

Peter Krause, Faustus Falkenhahn (Hg.)
Einsam – gemeinsam
Jugend im Gespräch
192 S., kt., € 12,–
ISBN 3-926841-43-5

Henning Kullak-Ublick (Hg.)
Erziehung zur Freiheit – in Freiheit
Aktion Mündige Schule
160 S., 15 farb. Abb., kt., € 10,–
ISBN 3-926841-94-X

Andreas Meyer (Hg.)
Seele und Geist
Ansätze zu einer spirituellen Seelentherapie
160 S., kt., € 14,–
ISBN 3-926841-47-8

FH = Flensburger Hefte

Hans Philippsen
Götter, Hexen und Naturgeister
Sagen und Sagenhaftes der Insel Föhr
144 S., 16 farb. Abb., kt., € 13,–
ISBN 3-926841-84-2

Sidney Saylor Farr
Tom Sawyers Nah-Todeserfahrung und die Wandlung seines Lebens
2. Aufl., 204 S., kt., € 17,–
ISBN 3-926841-82-6

Wolfgang Weirauch
Im Spiegel der Finsternis
Roman für Jugendliche und Erwachsene. Ab 13 Jahre.
252 S., geb., € 17,–
ISBN 3-926841-86-9

Verena Staël von Holstein, Friedrich Pfannenschmidt (Hg.)
Gespräche mit Müller
Feinstofflicher Austausch mit Geistwesenheiten
Band 1 und 2
Band 1: 324 S., geb., € 22,–
ISBN 3-935679-11-4
Band 2: 344 S., geb., € 22,–
ISBN 3-935679-12-2

FH 11
Über Tod und Sterben
4. Aufl., 232 S., kt., € 15,–
ISBN 3-926841-11-7

FH 13
Hexen, New Age, Okkultismus
3. Aufl., 196 S., kt., € 13,–
ISBN 3-926841-08-7

FH 14
Erneuerung der Religion
Die Christengemeinschaft, Sakramente, Kirche und Kultus
4. Aufl., 184 S., kt., € 12,–
ISBN 3-926841-07-9

So = Flensburger Hefte Sonderhefte

FH 15
Waldorfschule und Anthroposophie
3. Aufl., 132 S.,
kt., € 8,–
ISBN 3-926841-00-1

FH 16
Kulturvergiftung: Rauschgift, Sucht und Therapie
2. Aufl., 228 S.,
kt., € 12,–
ISBN 3-926841-21-4

FH 17
Alkohol
3.erweiterte Aufl., ca. 200 S.,
kt., € 12,–
ISBN 3-926841-34-6

FH 18
Biologisch-dynamische Landwirtschaft, Ökologie, Ernährung
2. Aufl., 184 S.,
kt., € 13,–
ISBN 3-926841-03-6

FH 19
Musik
2. Aufl., 184 S., kt., € 12,–
ISBN 3-926841-06-0

FH 20
Sexualität, Aids, Prostitution
2. Aufl., 170 S., kt., € 12,–
ISBN 3-926841-09-5

FH 22
Erkenntnis und Religion
Zum Verhältnis von Anthroposophischer Gesellschaft und Christengemeinschaft
132 S., kt., € 12,–
ISBN 3-926841-13-3

FH 23
Engel
3. Aufl., 196 S.,
9 farb. Abb., kt., € 15,–
ISBN 3-926841-15-X

Siehe auch die folgende Seite.

FH 24
Direkte Demokratie / 1789– 1989
240 S., kt., € 12,–
ISBN 3-926841-16-8

FH 25
Rechtsleben und soziale Zukunftsimpulse
Von der Dreigliederungsidee Rudolf Steiners zur Volksgesetzgebung
244 S., kt., € 12,–
ISBN 3-926841-17-6

FH 26
Michael
Januskopf Bundesrepublik
184 S., 8 farb. Abb.,
kt., € 12,–
ISBN 3-926841-22-2

FH 27
Strafprozeß, Strafvollzug, Resozialisierung
224 S., kt., € 12,–
ISBN 3-926841-20-6

FH 28
Naturwissenschaft und Ethik
204 S., kt., € 12,–
ISBN 3-926841-25-7

FH 29
Freie Schule
248 S., kt., € 13,–
ISBN 3-926841-28-1

FH 30
Märchen
2. Aufl., 212 S.,
kt., € 15,–
ISBN 3-926841-29-X

FH 31
Biographiearbeit
5. Aufl., 232 S.,
7 farb. Abb., kt., € 15,–
ISBN 3-926841-31-1

FH 32
Anthroposophen und Nationalsozialismus
168 S., kt., € 12,–
ISBN 3-926841-32-X

www.flensburgerhefte.de

FH 33
Destruktive Kulte, schwarze Magie, Sexualmagie
232 S., kt., € 14,–
ISBN 3-926841-40-0

FH 34
Alte und neue Seelenfähigkeiten
192 S., kt., € 13,–
ISBN 3-926841-41-9

FH 35
Die Christengemeinschaft heute
Anspruch und Wirklichkeit
212 S., kt., € 13,–
ISBN 3-926841-42-7

FH 36
Schwangerschaftsabbruch
212 S., kt., € 14,–
ISBN 3-926841-44-3

FH 37
Indianer
212 S., 6 farb. Abb., kt., € 14,–
ISBN 3-926841-45-1

FH 38
Konfliktbewältigung
2. Aufl., 220 S., 10 farb. Abb., kt., € 14,–
ISBN 3-926841-50-8

FH 39
Christus
184 S., 16 farb. Abb.,
kt., € 14,–
ISBN 3-926841-51-6

FH 40
Ausländerhaß, Nationalismus, Rassismus
188 S., 13 farb. Abb.,
kt., € 14,–
ISBN 3-926841-52-4

Abo- und Bezugsbedingungen s. Impressum, 2. Umschlagseite. Alle Titel auch im Buchhandel erhältlich. Preisänderungen vorbehalten.

FH 41
Anthroposophie und Rassismus
212 S., kt., € 14,–
ISBN 3-926841-54-0

FH 42
Sind wir noch zu retten?
Zerstörung oder Verwandlung der Erde?
224 S., 26 farb. Abb., kt., € 14,–
ISBN 3-926841-56-7

FH 43
Gebet heute
168 S., kt., € 14,–
ISBN 3-926841-57-5

FH 44
Scheidung – warum?
Partnerschaftsprobleme und ihre Bewältigung
2. Aufl., 228 S., 11 farb. Abb., kt., € 15,–
ISBN 3-926841-59-1

FH 45
Hüter der Schwelle
Der Mensch am Abgrund
172 S., kt., € 14,–
ISBN 3-926841-61-3

FH 46
Jugendideale
208 S., kt., € 14,–
ISBN 3-926841-62-1

FH 47
Übungen zur Selbsterziehung
2. Aufl., 216 S., 16 farb. Abb., kt., € 15,–
ISBN 3-926841-65-6

FH 48
Angst
188 S., 16 farb. Abb., kt., € 14,–
ISBN 3-926841-66-4

FH 49
Depression
200 S., 8 farb. Abb., kt., € 14,–
ISBN 3-926841-67-2

FH 50
Erziehung
188 S., 8 farb. Abb., kt., € 14,–
ISBN 3-926841-68-0

FH 51
Nah-Todeserfahrungen
Rückkehr zum Leben
2. Aufl., 180 S., kt., € 15,–
ISBN 3-926841-72-9

FH 52
Auferstehung
Von der Gegenwart Christi
168 S., 8 farb. Abb., kt., € 15,–
ISBN 3-926841-73-7

FH 53
Gedächtnis und Erinnerung
184 S., kt., € 15,–
ISBN 3-926841-74-5

FH 54
Ernährungsfragen
176 S., kt., € 15,–
ISBN 3-926841-75-3

FH 56
Über Reinkarnation und Karma
Erfahrungen früherer Erdenleben
188 S., kt., € 15,–
ISBN 3-926841-78-8

FH 55
Naturgeister
Vom Wirken der Elementarwesen
2. Aufl., 192 S., 16 farb. Abb., kt., € 15,–
ISBN 3-926841-76-1

FH 57
Die Welt im Umbruch
Globalisierung und Kampf aller gegen alle
196 S., 29 farb. Abb., kt., € 15,–
ISBN 3-926841-79-6

FH 58
Wirkungen der Musik
204 S., kt., € 15,–
ISBN 3-926841-80-X

FH 59
Umgang mit dem Sterben
204 S., 8 farb. Abb., kt., € 15,–
ISBN 3-926841-81-8

FH 60
Die Impulse des Bösen am Jahrtausendende
196 S., kt., € 15,–
ISBN 3-926841-83-4

FH 61
Die Hintergründe von 666
196 S., 8 farb. Abb., kt., € 15,–
ISBN 3-926841-85-0

FH 62
Arbeitslosigkeit
Weg ins Ungewisse
184 S., kt., € 15,–
ISBN 3-926841-87-7

FH 63
Feldzug gegen Rudolf Steiner
Über O.T.O.-, Rassismusvorwürfe und Angriffe auf die Waldorfschulen
240 S., kt., € 15,–
ISBN 3-926841-88-5

FH 64
Liebe – Die Sonne der Welt
200 S., 8 farb. Abb., kt., € 15,–
ISBN 3-926841-90-7

FH = Flensburger Hefte　　　　**So** = Flensburger Hefte Sonderhefte

FH 65
Doppelgänger
Der Mensch und sein Schatten
228 S., 8 farb. Abb.,
kt., € 15,–
ISBN 3-926841-91-5

FH 66
Hellsehen
Der Blick über die Schwelle
192 S., kt., € 15,–
ISBN 3-926841-92-3

FH 67
Esko Jalkanen – der Heiler aus dem Norden
Vom Zauber finnischer und baltischer Kultur
184 S., 19 farb. Abb.,
kt., € 15,–
ISBN 3-926841-89-3

FH 68
Liebe Leben
Homosexualität und die Vielfalt der Lebensformen in Zeiten der Individualisierung
192 S., kt., € 15,–
ISBN 3-926841-93-1

FH 69
Islamische Impressionen
Brücken zwischen Orient und Okzident
228 S., 12 farb. Abb.,
kt., € 15,–
ISBN 3-926841-96-6

FH 70
Träume
Was wollen sie uns sagen?
192 S., kt., € 15,–
ISBN 3-926841-97-4

FH 71
Einblicke in die Anthroposophie
200 S., kt., € 15,–
ISBN 3-926841-99-0

FH 72
Es ist an der Zeit
Aspekte der Anthroposophie
216 S., kt., € 15,–
ISBN 3-935679-00-9

Siehe auch die folgende Seite.

FH 73
Eurythmie
Aufbruch oder Ende einer jungen Kunst?
204 S., 12 farb. Abb., kt., € 15,–
ISBN 3-935679-01-7

FH 74
Abgründe und Chancen in Zeiten des Egoismus
192 S., kt., € 15,–
ISBN 3-935679-02-5

FH 75
Einsamkeit
Wege des Ich
216 S., 20 farb. Abb., kt., € 15,–
ISBN 3-935679-04-1

FH 76
Kampf der Kulturen?
Eine andere Welt ist möglich
204 S., kt., € 15,–
ISBN 3-935679-06-8

FH 77
Gegen das Elend der Welt
Eine Reise nach Afghanistan
200 S., 16 farb. Abb., kt., € 15,–
ISBN 3-935679-07-6

FH 78
Familie im Wandel
192 S., kt., € 15,–
ISBN 3-935679-08-4

FH 79
Was die Naturgeister uns sagen
Naturgeister 1
Im Interview direkt befragt
4. Aufl., 208 S., kt., € 15,–
ISBN 3-935679-09-2

FH 80
Neue Gespräche mit den Naturgeistern
Naturgeister 2
3. Aufl. in Vorb., 196 S., kt., € 15,–
ISBN 3-935679-10-6

www.flensburgerhefte.de

FH 81
Die neue Weltordnung
Der Irak-Krieg und seine Folgen
200 S., kt., € 15,–
ISBN 3-935679-13-0

FH 82
Aspekte anthroposophischer Psychotherapie
208 S., kt., € 15,–
ISBN 3-935679-14-9

FH 83
Werte
Was bestimmt unser Tun und Lassen?
228 S., kt., € 15,–
ISBN 3-935679-15-7

FH 84
Eine andere Welt erbauen
Das WeltSozialForum in Mumbai
244 S., kt., € 15,–
ISBN 3-935679-16-5

FH 85
Sucht
Neue Drogenwirkungen, Onlinesucht, Beziehungssucht
240 S., kt., € 15,–
ISBN 3-935679-20-3

FH 86
Schuld…
…immer nur die anderen?
240 S., kt., € 15,–
ISBN 3-935679-21-1

FH 87
Individualität
Ich sein oder Ich haben?
228 S., kt., € 15,–
ISBN 3-935679-22-X

So 1
Partnerschaft und Ehe
5. Aufl., 212 S.,
kt., € 15,–
ISBN 3-926841-04-4

Abo- und Bezugsbedingungen s. Impressum, 2. Umschlagseite. Alle Titel auch im Buchhandel erhältlich. Preisänderungen vorbehalten.

So 2
Das Geheimnis der EAP
212 S., kt., € 9,–
ISBN 3-926841-05-2

So 4
Partnerschaft und Ehe II –
Briefe
2. Aufl., 72 S.,
kt., € 8,–
ISBN 3-926841-14-1

So 5
Volkssouveränität und
Volksgesetzgebung
Die Kernpunkte der Demokra-
tiefrage
338 S., kt., € 14,–
ISBN 3-926841-18-4

So 7
Kunst
368 S., 25 farb. Abb., kt., € 16,–
ISBN 3-926841-26-5

So 8
Anthroposophen in der Zeit
des deutschen Faschismus
164 S., kt., € 12,–
ISBN 3-926841-27-3

So 9
Zehn Jahre real-existierendes
freies Geistesleben
Zur Geschichte der Gädeke-
Studie
92 S., kt., € 12,–
ISBN 3-926841-39-7

So 10
Biographiearbeit II
Grundlagen, Praxis, Ausbildungen
2. Aufl., 184 S.,
8 farb. Abb., kt., € 15,–
ISBN 3-926841-48-6

So 12
Schwarze und weiße Magie
Von Satan zu Christus
2. Aufl., 184 S., kt., € 14,–
ISBN 3-926841-55-9

So 13
Waldorfschulen in Not
244 S., kt., € 14,–
ISBN 3-926841-63-X

FLENSBURGER HEFTE 39
Christus

16 farb. Abb.
184 S., kt., € 14,-
ISBN 3-926841-51-6

Dieses Buch über Christus beinhaltet eine überaus schwierige Materie. In ei-nem einleitenden Artikel geben wir Ihnen einen kurzen Überblick über die Wider-sprüche der Geburtsge-schichte Jesu im Matthäus-und Lukasevangelium, die diesbezügliche Ansicht heu-tiger Bibelexegese.

Das Interview mit Hans-Werner Schroeder umfaßt vorwiegend das dreijährige Erdenwirken des Christus, von seinem Einzug in den Menschen Jesus während der Jordantaufe bis zu sei-nem Tod und seiner Aufer-stehung, ferner die Wirkung des Christus im Kultus, im Menschen selber sowie das Erscheinen des ätherischen Christus in heutiger Zeit. Eugen Drewermann stellt demgegenüber seine An-sicht dar, die vor allem den Menschen Jesus zum Vor-bild hat, sowie die Botschaft, die von den bilderreichen Erzählungen seines Wirkens ausgeht.

Weitere Artikel über Bei-spiele falscher Christuser-scheinungen im 20. Jahr-hundert sowie über das Je-susbild des Korans.

Flensburger Hefte Verlag ·
Holm 64 ·
D-24937 Flensburg ·
Fax 0461 / 2 69 12

So 14
Mensch und Computer
156 S., kt., € 14,–
ISBN 3-926841-64-8

So 16
Die Schande Europas
Der Krieg auf dem Balkan
200 S., kt., € 15,–
ISBN 3-926841-70-2

So 17
Ita Wegman und die
Anthroposophie
Ein Gespräch mit Emanuel Zeylmans
216 S., kt., € 16,–
ISBN 3-926841-77-X

So 18
Erfahrungen im Umgang
mit Tod und Sterben
Beiträge von Leserinnen und Lesern
180 S., kt., € 15,–
ISBN 3-926841-98-2

So 19
Die Welt am Abgrund
Jeder Mensch eine Bombe?
200 S., kt., € 15,–
ISBN 3-935679-03-3

So 20
Wortgetreu und unverfälscht?
Haben wir in der Gesamtausga-be Texte Rudolf Steiners?
76 S., kt., € 8,–
ISBN 3-935679-05-X

So 21
Naturgeister 3
Von Rauchwesen, Wiesenwesen, Torfwesen und Maschinenwesen
196 S., kt., € 15,–
ISBN 3-935679-17-3

So 22
Naturgeister 4
Fragenkompendium
236 S., kt., € 15,–
ISBN 3-935679-18-1

FH = FLENSBURGER HEFTE   So = FLENSBURGER HEFTE Sonderhefte